JN412340

비거주자 실무

세무사 김철훈 저

SAMIL | 삼일인포마인

www.**samil*i*.com** 사이트 **제품몰** 코너에서 본 도서 **수정사항**을 클릭하시면 정오표 및 중요한 수정 사항이 있을 경우 그 내용을 확인하실 수 있습니다.

머리말

현재 전세계 각 국은 과세권을 확보하기 위하여 치열하게 세금전쟁 중입니다. 한국의 거주자는 한국에 세금을 내야하고, 미국의 거주자는 미국에 세금을 내는게 당연합니다. 그러나 한명의 사람이 한국의 거주자에도 해당하고, 미국의 거주자에도 해당하는 경우가 의외로 많이 발생합니다. 이러한 사람을 이중거주자라고 합니다. 이중거주자는 하나의 소득에 대하여 한국에도 세금을 내고, 미국에도 세금을 내는 이중과세의 문제가 생깁니다. 이를 해결하기 위한 가장 근본적인 방법이 거주자에 해당하는지 비거주자에 해당하는지를 명확하게 판단하는 것입니다.

거주자·비거주자의 구분과 관련된 법령은 명확하게 정해놓으면 정해놓을수록 그 문구를 역이용하여 조세회피를 시도하는 사람들이 있습니다. 그렇기 때문에 최소한의 문구로 법을 정하고 종합적인 사실판단에 맡기게 됩니다. 이로 인해 예상치도 못하게 선한 피해자들이 생겨 부당한 세금폭탄을 맞을 수 있습니다. 재외동포, 외국인들을 포함한 많은 납세자를 만나서 상담을 해보았지만 본인의 상황인데도 거주자인지 비거주자인지 모르는 분들이 대부분이었습니다. 본 서는 혹여라도 이러한 분들이 잘못된 거주자·비거주자 판정으로 인하여 억울한 세금납부를 하지 않을수 있게끔 조금이나마 도움이 되었으면 하는 마음으로 집필하였습니다.

현재 국내에 비거주자 관련 책이 없는 상황에서 세법 곳곳에 퍼져있는 비거주자의 내용을 정리하여 집필한 책이라 더욱 조심스럽게 글을 썼습니다. 원체 딱딱한 비거주자의 법령들이라 최대한 쉽게 전달하기 위하여 노력하였음에도 불구하고 그 내용들이 어렵게 느껴지진 않을까 하는 두려움도 있습니다. 책 내용에 최선을 다하고자 하였지만 부족한 부분이나 잘못된 부분이 있을 수 있습니다. 독자 여러분의 많은 지적을 바라며, 앞으로도 계속된 비거주자의 업데이트를 통해 더욱 이해하기 쉬운 책을 만들기 위해 정진할 것을 약속드립니다.

본 책자의 출판을 위하여 많은 조언과 도움을 주신 조원오 전무님, 좋은 책을 만들어 주신 임연혁 사장님과 편집부 직원분들, 출간의 기회를 연결해준 조남철 세무사, 외국환실무를 담당해준 배부건 님께 감사드리며, 사랑하는 아내 앤트세무법인 광화문점 김예리 세무사와 예쁜 딸 누리와 우리 가족의 든든한 지원사이신 장모님, 누구보다 존경하는 부모님께 진심 어린 감사를 드립니다.

2021년 3월

저자 김철훈

제1장 거주자와 비거주자 5

차 례

제 1 장

거주자와 비거주자

I 거주자와 비거주자

1 거주자, 비거주자란 무엇인가?

거주자와 비거주자라는 용어는 세금신고를 위하여 우리나라 세법에서 구분해 놓은 말이다. 쉽게 풀어서 설명하면 한국에서 거주를 하고 있는 사람을 **거주자**(Resident)라고 하고, 한국에서 거주하지 않는 사람을 **비거주자**(Non-Resident)라고 보면 된다.

예를 들어보자. 우리나라에서 태어나서 외국에 한 번도 나가보지 않은 김누리 씨는 한국의 거주자이다. 그리고 여기 또 다른 한 명이 있다. 미국에서 태어나서 한 번도 미국을 떠나 해외로 나가보지 않고 미국에서만 살고 있는 스티브 씨는 미국의 거주자이다.

만약 김누리 씨가 본인이 서울시에 가지고 있던 건물을 팔게 되면 우리나라에 세금을 신고하고 납부할 것이다. 마찬가지로 스티브 씨가 본인이 시애틀에 가지고 있던 빌딩을 팔게 되면 미국에 세금을 신고하고 납부할 것이다. 우리나라는 스티브 씨가 미국에서 보유하고 있다가 양도한 빌딩에 대해서는 세금을 과세할 수도 없고, 그럴 이유도 없다. 여기까지는 당연한 얘기다.

그런데 이제 스티브 씨가 미국을 떠나 한국으로 이민을 와서 서울에 집을 얻고 S전자에 취직을 하였다. 1년이라는 시간이 흘러 스티브 씨가 S전자에서 근무하면서 벌게 된 소득에 대하여 세금을 신고하려 한다. 스티브 씨는 한국에 세금을 신고해야 할까? 미국에 세금을 신고해야 할까? 아니면 한국에도 미국에도 양국가에 세금을 이중으로 신고하고 납부를 해야 할까?

미국에서 태어나고 미국 시민권자인 스티브 씨는 아직 한국으로 귀화한 적도 없기 때문에 현재 국적도 미국이다. 그렇다면 스티브 씨가 미국국적이기 때문에 미국에 세금을 신고해야 하는지, 아니면 한국에서 거주하고 있기 때문에 한국에 세금을 신고해야 하는지 기준을 정한 것이 바로 세법의 <u>거주자 · 비거주자의 개념</u>이다.

(1) 세법상 거주자 · 비거주자

거주자와 비거주자를 구분하는 기준은 소득세법에서 찾아볼 수 있다.

> 소득세법 제1조의 2 **【정의】**
> …
> 1. **"거주자"**란 국내에 주소를 두거나 183일 이상의 거소를 둔 개인을 말한다.
> 2. **"비거주자"**란 거주자가 아닌 개인을 말한다.

소득세법에서는 이렇게 몇 개의 단어만으로 거주자와 비거주자를 구분하였다. 사실 비거주자는 정의를 내린것도 아닌 거주자가 아니면 비거주자라고 정하고 있다. 이 내용을 가지고 스티브 씨가 한국에 세금을 신고할 지 아니면 미국에 세금을 신고할 지를 내포하고 있다. 이제부터 자세한 내용을 하나씩 풀어나가 보자.

(2) 비거주자란?

우리나라에서 비거주자란 "거주자가 아닌 개인"을 뜻한다(소법 §1의2①).

한국에서 스티브 씨가 거주자가 아니라면 스티브 씨는 한국의 비거주자인 것이다. 그렇다면 다시 거주자의 정의를 살펴보자. 우리나라에서 거주자란 "국내에 주소를 두거나 183**일 이상의 거소**를 둔 개인"을 뜻한다(소법 §1의2①),

즉, ① 대한민국 내에 주소가 있거나, ② 183일 이상의 거소를 두었다면 대한민국의 거주자가 된다. 거주자가 되는지 자세한 여부는 뒤의 비거주자의 판정요소 부분에서 자세히 다루도록 하겠다.

(3) 왜 거주자 · 비거주자 구분을 할까?

우리나라 세법에서는 거주자에게 적용되는 세법과 비거주자에게 적용되는 세법이 다르다. 거주자에게는 전세계 모든소득에 대해서 과세를 한다(무제한 납세의무). 그러나 비거주자에게는 대한민국 내에서 발생한 소득에 대해서만 과세를 한다(제한 납세의무).

예를 들어, 한국의 거주자 김누리 씨가 한국에서 사업을 하면서 미국과 일본에서 소득이 발생했다면 미국에서 발생한 소득과 일본에서 발생한 소득에 대해서도 한국의 국세청에 신고 · 납부를 해야 한다. 그러나 한국의 비거주자인 스티브 씨가 한국에서 사업을 하면서 김누리 씨와 같은 소득이 미국과 일본에서 발생했다면 스티브 씨는 **한국의 사업소득**만 한국의 국세청에 신고・납부를 하면 된다. 이 경우 스티브 씨의 한국의 사업소득을 국내원천소득이라 한다.

비거주자는 국내원천소득에 대하여만 과세를 한다. 따라서 비거주자로 판단하여 국내원천소득에 대하여만 세금을 신고하였는데, 추후 국세청 등에 의하여 거주자로 판정이 된다면 그동안 신고하지 않았던 전세계의 모든 소득에 대하여 세금을 한번에 납부하여야 하며, 추가로 여기에 신고하지 않은 페널티로서 가산세까지 부담하여야 한다. 보통 이러한 경우에는 하나의 과세기간(1년: 1월 1일~12월 31일)에 대하여만 과세를 하는 것이 아니라 수개 년도의 과세기간에 대하여 과세를 하기 때문에 엄청난 세금폭탄을 맞게된다.

직업운동선수 또는 해외에서 활동하는 연예인 같은 경우에는 활동하는 국가의 세법을 적용하게 되어 그 국가에서도 거주자가 되고, 대한민국의 세법을 적용하여 대한민국에서도 거주자가 되는 이중거주자에 해당하는 경우가 자주 발생하게 된다.

그렇기 때문에 국외이주자, 국내재산 또는 사업장이 있는 재외동포, 재외국민, 해외에서 활동하는 연예인, 직업운동선수 등은 미국, 중국, 일본 등에서 이중거주자로 판정되는 경우가 많으니 반드시 거주자여부 판단시에 주의하여야 한다.

2 외국인 VS 비거주자

외국인과 비거주자가 같은 말일까? 우리나라에서 외국인과 비거주자는 다른 의미이다. 비거주자인지 여부는 국적과는 무관하다. 외국인은 국적이 대한민국이 아닌 자를 뜻하며, 비거주자는 국내에서 거주하지 않는 자를 뜻하는 말이다.

만약 미국 국적의 스티브 씨가 한국에 들어와 서울시 송파구에 거주하면서 한국내에서 183일 이상 근무를 할 회사에 취직을 하게 된다면 스티브 씨는 외국인이면서 거주자가 되는 것이다. 따라서, 아래와 같이 4개의 구분이 발생할 수 있다.

국민이면서 거주자인자	국민이면서 비거주자인자
외국인이면서 거주자인자	외국인이면서 비거주자인자

거주자・비거주자 여부는 대한민국 국민이라는 개념과는 상이한 것이며, 당해 개인의 국적이나 외국영주권의 취득여부와도 관련이 없다.

예 규

특정인이 국내세법상 거주자에 해당하는지 여부는 가족관계, 자산관계 등 생활관계의 객관적 사실을 소득세법의 관련규정에 근거하여 국적이나 영주권의 소지 여부에 관계없이 판단하는 것이므로 상기 미국영주권자의 과거 출입국자료나, 영주권증서, 사회보장청 등록카드 등은 향후 이자소득 수취시점에 당해 소득 수취자가 소득세법상 거주자에 해당하는지 여부에 관한 판단에 참고자료가 될 수 있으나 절대적인 기준이 될 수는 없음(국업 46017-136, 2001.3.14.).

3 비거주자의 판정요소

(1) 주소

거주자 · 비거주자인지 여부를 판단하는 데 있어서 가장 중요한 것 중의 하나가 바로 주소이다. 여기에서 **주소**란 단순하게 주민등록등본과 같이 국가에서 관리하는 문서 상의 주소를 뜻하는 것이 아니다. 세법에서 말하고 있는 주소란 국내에서 생계를 같이하는 가족 및 국내에 소재하는 재산의 유무 등 생활관계의 객관적 사실에 따라 생활의 근거지가 되는 곳이다(소령 §2①).

1) 국내에 주소를 가진 것으로 보는 경우

국내에 거주하는 개인이 다음 중 어느 하나에 해당하는 경우에는 국내에 주소를 가진 것으로 본다(소령 §2③).

① 계속하여 183일 이상 국내에 거주할 것을 통상 필요로 하는 직업을 가진 때
② 국내에 생계를 같이하는 가족이 있고, 그 직업 및 자산상태에 비추어 계속하여 183일 이상 국내에 거주할 것으로 인정되는 때

위의 ①, ②에 해당하여 '주소를 가진 것으로 본다'라는 것은 '거주자로 본다'라는 뜻으로 해석할 수 있다.

2) 국내에 주소가 없는 것으로 보는 경우

국외에 거주 또는 근무하는 자가 외국국적을 가졌거나 외국법령에 의하여 그 외국의 영주권을 얻은 자로서 국내에 생계를 같이하는 가족이 없고 그 직업 및 자산상태에 비추어 다시 입국하여 주로 국내에 거주하리라고 인정되지 아니하는 때에는 국내에 주소가 없는

것으로 본다(소령 §2④).

민법 제18조 【주소】
① 생활의 근거되는 곳을 주소로 한다.
② 주소는 동시에 두 곳 이상 있을 수 있다.

(2) 거소

거소도 거주자 · 비거주자인지 여부를 따지는 데 있어서 가장 중요한 것 중의 하나이다. 거소는 주소지 이외의 장소 중에 상당기간 거주하나 주소와 같이 밀접한 생활관계가 발생하지 아니하는 장소를 말한다(소령 §2②). 개인에 따라서는 거소만 가지는 자가 있을 수 있고 또한 그 밖에 주소도 가지는 자가 있을 수 있다. 예를 들어, 장기간투숙하는 호텔, 게스트하우스 등이 있다. 외국에서 한국으로 들어올 때 작성하는 입국신고서에 한국 내에서 지낼 거주지를 적어야 하는데 이 곳이 거소라고 생각하면 된다. 단기간이 아닌 장기간 체류를 할 경우에는 거소신고를 하게 되며, 일정기간의 심사가 끝나면 관련법에 따라 거소신고증을 받게 된다.

■ 출입국관리법 시행규칙 [별지 제1호의 2 서식] 〈개정 2020.9.25.〉

입국신고서 (영어-앞면)

(제주특별자치도 외 지역 입국 외국인용)

ARRIVAL CARD
입국신고서(외국인용)

※Please fill out in Korean or English.
※한글 또는 영어로 작성해 주시기 바랍니다.

Family Name / 성	Given Name / 명	[ ] Male / 남 [ ] Female / 여
Nationality / 국적	Date of Birth / 생년월일 Y Y Y Y M M D D	Occupation / 직업

Address in Korea / 한국내 주소 (☎:)

※ 'Address in Korea' should be filled out in detail. (See the back side)
※ '한국내 주소'는 반드시 상세하게 작성해 주시기 바랍니다. (뒷면 참조)

Purpose of visit / 입국 목적	Signature / 서명
[ ] Tour 관광 [ ] Visiting Relatives 친지방문 [ ] Business 상용 [ ] Employment 취업 [ ] Others 기타 ( )	

120㎜(가로)×90㎜(세로) 인쇄용지(OCR급) 105g/㎡

입국신고서 (영어-뒷면)

(제주특별자치도 외 지역 입국 외국인용)

< How to fill out the Arrival Card >

ARRIVAL CARD 입국신고서(외국인용) ※Please fill out in Korean or English. ※한글 또는 영어로 작성해 주시기 바랍니다.
Family Name / 성 | Given Name / 명 ① | Male / 남 | Female / 여
Nationality / 국적 | Date of Birth / 생년월일 Y Y Y Y M M D D | Occupation / 직업 ②
Address in Korea / 한국내 주소 (☎:) ③
※ 'Address in Korea' should be filled out in detail. (See the back side)
※ '한국내 주소'는 반드시 상세하게 작성해 주시기 바랍니다. (뒷면 참조)
Purpose of visit / 입국 목적 ④ Tour 관광 / Business 상용 / Others 기타 ( ) / Visiting Relatives 친지방문 / Employment 취업 | Signature / 서명 ⑤

① Name, Date of Birth and Nationality on your passport

② Occupation(job) in your country

③ Address or accommodation where you are planning to stay in Korea

④ Purpose of entry into Korea

⑤ Your signature(autograph)

※Choose one of the below examples of Address in Korea.

Address in Korea	
▪Hotel, Accommodation	**e.g.)** Seoul ○○ Hotel
▪Address	**e.g.)** 1, Myeongdong-gil, Jung-gu, Seoul
▪Sponsor Company	**e.g.)** ○○ Corporation

KOREA IMMIGRATION SERVICE

120㎜(가로)×90㎜(세로) 인쇄용지(OCR급) 105g/㎡

만약 스티브 씨가 대한민국 내에 183일 이상의 거소를 두었다면 그의 국적과는 관계없이 한국의 거주자가 된다.

'183일' 기준은 과거(2015년 1월 이전)에는 '1년'을 기준으로 하였으나, 이 규정을 통해 해외거주자를 가장한 탈세방지 목적으로 개정되었다. 미국·영국·독일 등 대부분의 경제협력개발기구(OECD) 국가들도 183일 기준을 적용하여 거주자를 판단하고 있어 그에 맞춰 개정하였다.

1) 183일의 계산방법

국내에 183일 이상의 거소를 두었다면 거주자가 되게 된다. 여기에서 말하는 183일은 다음과 같이 계산한다.

① 국내에 거소를 둔 기간은 입국하는 날의 다음날부터 출국하는 날까지로 한다.

② 국내에 거소를 두고 있던 개인이 출국 후 다시 입국한 경우에 생계를 같이하는 가족의 거주지나 자산소재지 등에 비추어 그 출국목적이 관광, 질병의 치료 등으로서 명백하게 **일시적인 것으로 인정되는 때에는 그 출국한 기간도 국내에 거소를 둔 기간으로** 본다.

예를 들어, 국내에 거소를 두고 있으면서 한국과 일본에서 사업을 하고 있는 한국국적의 K씨가 치료목적으로 2020.1.1.에 일시적으로 일본으로 출국하여 2020.11.12.에 다시 입국하였다면 K씨가 일본에서 치료를 받은 기간도 국내에 거소를 둔 기간에 포함하기 때문에 K씨는 거주자이다.

단기 관광의 경우	관광시설 이용에 따른 입장관, 영수증 등
질병치료의 경우	진단서, 증명서, 처방전 등
병역의무의 경우	주민등록초본(병역사항 기록), 병적증명서
친족 경조사 등의 경우	청첩장, 부고장 등 관련 입증자류

③ 국내에 거소를 둔 기간이 1과세기간 동안 183일 이상인 경우에는 국내에 183일 이상 거소를 둔 것으로 본다.

예를 들어, 일본국적인 나카무라 씨가 20×1년에 100일, 20×2년에 100일을 국내에 거소를 두고 있다면 나카무라 씨는 20×1년에도 비거주자, 20×2년에도 비거주자가 된다.

④ 재외동포의 국내방문을 원활하게 하기 위하여 재외동포가 입국한 경우 생계를 같이

하는 가족의 거주지나 자산소재지 등에 비추어 그 입국목적이 관광, 질병의 치료 등 기획재정부령으로 정하는 사유에 해당하여 그 입국한 기간이 명백하게 일시적인 것으로 기획재정부령으로 정하는 방법에 따라 인정되는 때에는 해당 기간은 국내에 거소를 둔 기간으로 보지 않는다. 여기에는 단기관광, 질병의 치료, 병역의무의 이행, 친족 경조사 등의 참여가 있으며 일시적인 입국 사유와 기간을 아래의 객관적인 자료로 입증하는 것을 말한다.

Q

저는 해외에 자주 나가게 되어 한국에 거소를 둔 기간이 183일 이상이지만 잦은 해외여행으로 인하여 연속하여 한국에 거소를 둔 기간은 183일은 안되지만 총 기간을 합산하면 183일을 초과합니다. 이럴 경우에는 어떻게 되나요?

거소로 거주자여부를 판정하는 경우에 있어서 국내에 거소를 둔 기간이 1과세기간동안 183일 이상인 경우에는 거주자로 구분하게 됩니다. 183일 이상을 판정함에 있어서 **연속하여 거주할 필요는 없기 때문에** 183일 이상 거소를 둔 것으로 봅니다.

- 국내에 거소를 두고 있던 개인이 출국 후 다시 입국한 경우에 생계를 같이하는 가족의 거주지나 자산소재지 등에 비추어 그 출국목적이 관광, 질병의 치료 등으로서 명백하게 일시적인 것으로 인정되는 때에는 그 출국한 기간도 국내에 거소를 둔 기간으로 본다(소령 §4②).
- 소득세법상 거주자로 보는 요건을 판단함에 있어 국내에 거소를 둔 기간이 단절됨이 없이 연속하여 1년 이상인 경우만을 의미하는 것이 아니고 입국과 출국을 반복하여 국내에 거소를 둔 기간의 합계가 1년 이상인 경우도 해당함(서울행정법원 2006구합32726, 2007.1.25.).

Q

저는 10여년 전 현재 뉴질랜드로 가족 전체가 이민을 와서 현재까지 뉴질랜드에서 살고 있습니다. 뉴질랜드로 이민 오기 전부터 한국에 보유하고 있던 집을 이번에 처분하려고 합니다. 현재 상태에서 양도를 하게 되면 비거주자이므로 양도소득세가 많이 나올 것 같아 거주자 신분으로 만들 예정입니다. 현재 나이는 55세라서 직업은 따로 없고, 본인만 한국으로 들어와서 183일 이상의 거소 요건을 만족한 뒤 양도하려 합니다. 이 후에도 한국에서 거주할 예정은 없는데, 단순히 183일 이상의 거소요건만 만족하여도 거주자가 되나요?

A

소득세법에서 거주자의 정의는 국내에 주소를 두거나 183일 이상 거소를 둔 개인은 거주자라 하고, 거주자가 아닌 개인을 비거주자라고 합니다. 주소는 국내에서 생계를 같이하는 가족 및 국내에 소재하는 자산의 유무 등 생활관계의 객관적 사실에 따라 판정합니다. 또한 거소는 주소지 외의 장소 중 상당기간에 걸쳐 거주하는 장소로서 주소와 같이 밀접한 일반적 생활관계가 형성되지 아니하는 장소를 말합니다. 이 부분에서 대한민국의 소득세법상 거주자로 적용되어 거주자의 세제혜택을 받기 위해 비거주자를 거주자로 변경하는 방법 중 대한민국 내에 거소를 두고 183일 이상 있으면 되려고 생각할 수 있습니다. 일반적으로 주택에 대한 비과세나 일반 감면규정 등이 대부분 거주자에게만 적용되기 때문에 거주자보다는 비거주자가 양도소득세에서 불리한 편입니다.

그러나 세법에서는 단순히 비거주자를 국내에 183일 이상 거소를 두었다는 것만으로 거주자로 보지는 않습니다. 국내에 183일 이상 거소를 두었다는 것은 하나의 사실이며 이는 거주자를 판정하는데 있어서 필요조건이지 충분조건은 아닙니다.

따라서 위의 사례와 같은 경우에는 비거주자로 볼 개연성이 높습니다.

그러나 거주자로 보는 경우도 있습니다. 뉴질랜드에서의 이민생활을 정리하고 한국에 들어와서 정착할 생각으로 가족들과 다시 한국으로 들어와 183일이 지난다면(일부는 그 전에라도 가능합니다.) 거주자로 될 수 있습니다.

거주자 여부는 가족, 재산, 주소 및 거소 등을 종합하여 판단하며, 양도일 현재 항구적인 주거지로 볼 수 있는 곳을 거주지국으로 봅니다.

거주자가 되었을 경우의 다른 부분도 고려하셔야 합니다.

- 항구적 주거 여부를 판단함에 있어 실제 체류일수는 고려요소가 아닌 점(서울행정법원 2012구합29028, 2014.6.13.)

2) 거소기간 183일 이상 거주자 판정 개정내용

거주자를 판단하는 요건은 대한민국에 183일 이상의 거소를 둔 경우에도 거주자로 판단된다. 여기에서 말하는 183일의 기준은 여러번 개정되었다. 개정된 이유는 해외거주자를 가장한 탈세를 방지하고 미국·영국·독일 등 대부분의 경제협력개발기구(OECD) 국가들도 183일 기준을 적용하고 있기에 그에 맞추기 위함이다. 과거 개정된 내용을 보면 다음과 같다.

1995년 1월 1일	2015년 2월 3일	2018년 2월 13일
2과세기간에 걸쳐 1년 이상인 경우	2과세기간에 걸쳐 183일 이상인 경우	1과세기간 동안 183일 이상인 경우

소득세법시행령 제4조〔거주기간의 계산〕(1994.12.31. 개정)

③ 국내에 거소를 둔 기간이 2과세기간에 걸쳐 1년 이상인 경우에는 국내에 1년 이상 거소를 둔 것으로 본다.

↓

소득세법시행령 제4조〔거주기간의 계산〕(2015.2.3. 개정)

③ 국내에 거소를 둔 기간이 2과세기간에 걸쳐 183일 이상인 경우에는 국내에 183일 이상 거소를 둔 것으로 본다.

소득세법시행령 제4조〔거주기간의 계산〕(2018.2.13. 개정)

③ 국내에 거소를 둔 기간이 1과세기간 동안 183일 이상인 경우에는 국내에 183일 이상 거소를 둔 것으로 본다.

① 1995년 1월 1일 ~ 2015년 2월 3일의 거주기간의 계산

1995년 1월 1일 ~ 2015년 2월 3일까지의 거주자를 판정하는 거주기간의 계산은 [**2과세기간에 "걸쳐" 1년 이상**]이다. 하나의 과세기간은 1월 1일 ~ 12월 31일이다. 2과세기간에 "걸쳐"라는 뜻은 2개년도 중 앞년도의 12월 31일도 포함하여야 하고, 다음년도의 1월 1일도 포함하여야 한다.

따라서, 1월 1일에 들어와서 그해 12월 31일까지 있었다면 비거주자이다.

예) 일본국적인 이시카와 씨의 거주기간은 다음과 같다(한국에서 거소를 둔 것으로 본다).

2001년 1월 1일에 한국에 입국하여 2001년 12월 31일에 출국하였다.

→ 2과세기간에 '걸쳐'라고 되어 있기 때문에 거주자가 아니다.

i) 만약 입국을 2001년 1월 1일이 아닌 이틀 전인 2000년 12월 30일에 입국을 하였다면 2000년 12월 31일, 2001년 1월 1일에 한국에 있기 때문에 2과세기간에 '걸치게'

된다. → 거주자가 된다.

ii) 만약 출국을 2001년 12월 31일이 아닌 2002년 1월 1일에 출국하였다면 2001년 12월 31일, 2002년 1월 1일에 한국에 있기 때문에 2과세기간에 '걸치게' 된다. → 거주자가 된다.

② 2015년 2월 3일 ~ 2018년 2월 13일의 거주기간의 계산

2015년 2월 3일 ~ 2018년 2월 13일까지의 거주자를 판정하는 거주기간의 계산은 [2과세기간에 "걸쳐" 183일 이상]이다. 마찬가지로 하나의 과세기간은 1월 1일 ~ 12월 31일이다. 2과세기간에 "걸쳐"라는 뜻은 2개년도 중 앞년도의 12월 31일도 포함하여야 하고, 다음년도의 1월 1일도 포함하여야 한다.

따라서, 2월 1일에 들어와서 그해 11월 31일까지 있었어도 (183일이 넘어도) 12월 31일과 다음년도 1월 1일을 포함하지 않기 때문에 비거주자이다.

예) 일본 국적인 카타기리 씨의 거주기간은 다음과 같다(한국에서 거소를 둔 것으로 본다).

2016년 2월 1일에 한국에 입국하여 2016년 12월 1일에 출국하였다.

→ 2과세기간에 '걸쳐'라고 되어 있기 때문에 거주자가 아니다.

만약 2016년 9월 1일에 한국에 입국하여 2017년 5월 4일에 출국하였다.

→ 2과세기간에 '걸쳐'라고 되어 있기 때문에 거주자이다.

③ 2018년 2월 3일부터의 거주기간의 계산

2018년 2월 3일부터의 거주자를 판정하는 거주기간의 계산은 [1과세기간 동안] 183일 이상이다. 마찬가지로 하나의 과세기간은 1월 1일 ~ 12월 31일이다. 이번에는 "걸쳐"가 아닌 "동안"이다. 즉, 2020년 8월 1일에 한국에 입국하였다면 2020년 12월 31일에는 183일을 채우지 못하여 비거주자이다.

예) 미국 국적인 스티브 씨의 거주기간은 다음과 같다(한국에서 거소를 둔 것으로 본다).

2020년 8월 1일에 한국에 입국하여 계속 한국에서 거주하였다.

2020년 12월 31일 현재 : 1과세기간(2020년) 동안 183일을 채우지 못하였기 때문에 비거주자이다.

2021년 5월 31일 현재 : 1과세기간(2021년) 동안 183일을 채우지 못하였기 때문에 비거주자이다.

2021년 8월 31일 현재 : 1과세기간(2021년) 동안 183일 이상 거소를 두었기 때문에 거주자이다.

<table>
<tr><th colspan="2">구분</th><th>1년차</th><th>2년차</th><th>3년차</th><th>4년차</th></tr>
<tr><td colspan="2">당해연도 국내 체류일수</td><td>94일</td><td>62일</td><td>148일</td><td>128일</td></tr>
<tr><td colspan="2" rowspan="3">2과세기간 국내체류일수</td><td colspan="2">156일</td><td></td><td></td></tr>
<tr><td></td><td colspan="2">210일</td><td></td></tr>
<tr><td></td><td></td><td colspan="2">276일</td></tr>
<tr><td rowspan="2">거주자 판정</td><td>과거</td><td>비거주자</td><td>비거주자</td><td>비거주자</td><td>비거주자</td></tr>
<tr><td>현행</td><td>비거주자</td><td>비거주자</td><td>거주자</td><td>거주자</td></tr>
</table>

거소와 유사한 개념으로는 현재지와 가주소 등이 있다.[1)]

현재지란, 토지와의 관계가 거소보다도 더 엷은 곳을 거소와 구별하여 현재지라고 부르는 경우가 있다. 예를 들어 여행자가 일시 체재하는 호텔과 같은 것이 현재지다. 그러나 현재지에 대하여 법률상 특별한 효과가 주어져 있지는 않다. 민법 제19조, 제20조의 거소는 현재지를 포함하는 것으로 해석되어 있다. 그러나 거소에는 언제나 현재지가 포함된다는 것은 아니며, 그때 그때 검토・결정하여야 한다.

가주소에 대해서는 민법에서 거소 외의 「가주소」라는 관념을 인정하고 있다. 당사자는 어떤 거래에 관하여 일정한 장소를 선정하여서 가주소로 할 수 있으며, 이 때에는 그 거래관계에 있어서는 가주소를 주소로 보고, 주소에 관하여 발생하는 효과가 가주소에 관하여 생기게 된다(민법 §21). 즉, 가주소는 당사자의 의사에 기해서 거래의 편의상 설정되는 것으로서, 생활의 실질과는 관계가 없으므로, 엄격한 의미에 있어서는 주소의 일종이 아니다.

민법 제19조 【거소】
주소를 알 수 없으면 거소를 주소로 본다.

민법 제20조 【거소】
국내에 주소없는 자에 대하여는 국내에 거소를 주소로 본다.

민법 제21조 【가주소】
어느 행위에 있어서 가주소를 정한 때에는 그 행위에 관하여는 이를 주소로 본다.

1) 삼일아이닷컴

예 규

• **2과세기간에 걸쳐 183일 이상 국내체류시 소득세법상 거주자 판단**

거주자와 비거주자의 구분은 거주기간 · 직업 · 국내에서 생계를 같이하는 가족 및 국내 소재 자산 유무 등 생활관계의 객관적 사실에 따라 판단하는 것으로서 미국국적의 재미동포가 국내에 거소를 둔 기간이 2과세기간에 걸쳐 183일 이상인 경우에는 국내에 183일 이상 거소를 둔 것으로 보아 소득세법상 거주자에 해당하는 것이고 이때 어느 개인이 미국에도 주소가 있는 등 한국과 미국양국의 거주자인 경우 거주자 판정은 한 · 미조세조약 제3조 제2항의 규정에 따라 판단하는 것이며 이때 양국의 거주자 해당여부 등은 사실판단할 사항임 (국세청 사전법령 국조-367, 2015.11.18.).

(3) 가족

우리나라 소득세법상에는 가족의 정의를 따로 두고 있지 않다. 따라서 가족의 정의는 민법상 가족의 범위에서 찾아볼 수 있다. 민법 제779조(가족의 범위)에서는 다음의 자를 가족으로 한다.

1. 배우자, 직계혈족 및 형제자매
2. 직계혈족의 배우자, 배우자의 직계혈족 및 배우자의 형제자매(생계를 같이 하는 경우에 한한다)

(4) 외국인 단기거주자

외국인 단기거주자란 해당 과세기간 종료일 10년 전부터 국내에 주소 · 거소를 둔 기간의 합계가 5년 이하인 외국인 거주자를 말한다. 외국인이 국내에 183일 이상의 거소를 두어 거주자가 되는 경우에는 대한민국 국내원천소득뿐만 아니라 전세계의 모든 소득에 대하여 과세되게 된다. 따라서 전세계에서 소득이 발생하는 우수한 외국인력이라면 대한민국에서 183일 이상 거소를 두고 근무하기를 꺼리게 된다. 이에 대하여 외국의 우수인력의 국내근무를 원할하게 하기 위하여 외국인 단기거주자의 경우는 국외에서 발생한 소득은 ① 국내에서 지급되거나 ② 국내로 송금된 소득에 대하여만 과세하도록 하였다.

예를 들어, 미국국적인 스미스 씨는 내국법인 (주)누리에서 근무하고 있고 스미스 씨는 해당 과세기간 종료일 10년 전부터 국내에 주소나 거소를 둔 기간의 합계가 4년이라면 스미스 씨는 외국인 단기거주자에 해당한다. 스미스 씨의 해외에서 발생한 소득(국내로 송금된 금액 제외)은 대한민국에서 과세되지 않는다.

4 무조건 거주자로 보는 경우(거주자 의제)

거주자・비거주자로 구분함에 있어서 판정요소에 따라 구분한다고 해도 거주자로 보는 규정과 비거주자로 보는 규정이 있다. 아래의 거주자 의제 규정에 해당하면 국내에 주소를 가진 것으로 보아 거주자로 과세되므로 주의하여야 한다(소령 §2③).

- 국내에 거주하는 개인이 계속하여 183일 이상 국내에 거주할 것을 요하는 **직업**을 가진 때
- 국내에 거주하는 개인이 국내에 생계를 같이하는 **가족**이 있고, 그 **직업・자산상태**에 비추어 계속 183일 이상 국내에 거주할 것으로 인정되는 때
- 외국항행 승무원으로서 생계를 같이하는 **가족**이 거주하는 장소 또는 그 승무원이 근무시간 이외의 기간 중 **통상 체재하는 장소**가 국내에 있는 때

예를 들어, 김누리 씨는 미국 유나이티드항공사에 취업하여 미국과 전세계를 항행하는 일을 하며 보통 해외에서 지내는 시간이 많지만, 대한민국 내에 생계를 같이하는 배우자와 자녀가 있다. 따라서 근무 외에는 통상적으로 한국에서 가족과 함께 지낸다면 김누리 씨는 대한민국 거주자가 된다.

- **국외근무공무원** 또는 **해외파견임직원**은 계속하여 183일 이상 국외에 거주하여도 항시 거주자로 본다.

예를 들어, 내국법인인 (주)누리의 직원인 한국국적의 김누리 씨는 (주)누리가 100% 출자한 일본 현지법인 (주)누리자에 파견되어 근무하고 있으며, 김누리 씨는 일본에서 1년 이상의 거소를 두고 있다면 김누리 씨는 한국의 거주자이다.

5 무조건 비거주자로 보는 경우(비거주자 의제)

무조건 거주자로 보는 규정과 마찬가지로 무조건 비거주자로 보는 경우에 해당하면 비거주자로서 과세되므로 주의하여야 한다.

- 국외에 거주 또는 근무하는 자가 외국국적을 가졌거나 외국의 영주권을 얻은 자로서 국내에 생계를 같이하는 가족이 없고, 그 **직업・자산상태**에 비추어 다시 입국하여 주로 국내에 거주하리라고 인정되지 않는 때
- 외국항행 승무원으로서 생계를 같이하는 **가족**이 거주하는 장소 또는 그 승무원이 근무시간 이외의 기간 중 **통상 체재하는 장소**가 국외에 있는 때

예를 들어, 파일럿 로버트 씨는 K항공에 취업하여 서울과 뉴욕을 왕복하는 운행을 하지만 그의 가족은 미국에 있고 일을 하지 않을 때에는 로버트 씨는 미국에서 가족들과 함께 시간을 보낸다면 로버트 씨는 비거주자가 된다.

- **주한외교관과 그 가족**(대한민국 국민 제외), 합중국 군대의 구성원·군무원 및 그들의 가족은 항시 비거주자로 본다.

(1) 해외파견임직원

거주자·내국법인의 국외사업장이나 내국법인이 100%를 직접 또는 간접 출자한 해외현지법인 등에 파견된 임직원을 말한다. 이러한 해외파견임직원이 **파견기간 종료 후 재입국할 것으로 인정되는 경우**에는 파견기간 및 외국국적·영주권 취득과 관계없이 거주자로 보게 된다.

6 거주자·비거주자가 되는 시기

거주자로 지내다가 비거주자가 될 수도 있고, 반대로 비거주자로 지내다가 거주자가 될 수도 있다. 과세를 할 때에는 이 시점을 구분하여야 거주자인 상태에서 과세가 되는지, 비거주자인 상태에서 과세가 되는지 판단할 수가 있다.

(1) 비거주자가 거주자로 되는 시기

- 국내에 주소를 둔 날
- 국내에 거소를 둔 기간이 183일이 되는 날

저는 폴란드로 가족들과 20여년 전 이민을 와서 거주하고 있는 60대 남자입니다.
이곳에서 사업을 한 지도 오래되었고 앞으로도 계속 이곳에서 살 생각입니다.
저의 대한민국내의 재산은 송파구에 가지고 있는 아파트가 있습니다. 부동산 가격이 많이 올라 양도하려 했는데 양도세가 많이 나올거라는 이야기를 들었습니다.
더군다나 한국의 비거주자이기 때문에 1세대 1주택 비과세도 받지 못한다고 들었습니다.
1세대 1주택 비과세 혜택을 받으려면 대한민국내에 거소를 둔 기간이 183일 이상이면 된다고 들었습니다.

2020년 8월 1일에 한국에 들어가서 183일 이상 거주하려고 하는데 8월 1일부터 183일이 지나서 팔면 1세대 1주택 비과세 혜택을 받을 수 있나요?

2018년 2월 13일부터 비거주자의 183일 기준이 개정되어 과거 2과세기간에 183일 이상 국내에 거소를 둔 것을 1과세기간에 183일 이상 국내에 거소를 둔 경우로 바뀌었습니다. 이 규정은 2018년 2월 13일부터 양도분에 적용을 합니다.

소득세법상 1과세기간은 1월 1일부터 12월 31일까지를 말하며, 질문의 내용처럼 2020년 8월 1일에 한국에 입국한다면 2020년 과세기간에는 183일이 되지 못하므로 2021년 과세기간에 183일 되는지를 판단해야 하므로, 2021년 7월이 되어야 183일이 충족할 것으로 보입니다.

따라서, 2021년 7월 중 183일이 지나는 이후부터 거주자에 해당이 되는 것이고 또한 거주자로서 보유기간이 2년 이상 경과하고 양도해야 비과세가 적용됩니다. 만약 거주자로서 2년 보유하신 적이 없다면, 국내에서 거주자로서 2년동안 계셔야 합니다.

- 거주자로 의제하는 경우(앞의 4.)에 따라 국내에 주소를 가지거나 국내에 주소가 있는 것으로 보는 사유가 발생한 날

예를 들어, 개인이 183일 이상 국내에 거주할 것을 요구하는 업무에 취직을 하게 된다면 그 직업을 갖게 된 날부터 거주자로 바뀌게 된다.

(2) 거주자가 비거주자로 되는 시기

- 거주자가 주소 · 거소의 국외이전을 위하여 출국하는 날**의 다음 날**
- 비거주자로 의제하는 경우에 따라 국내에 주소가 없거나 국외에 주소가 있는 것으로 보는 사유가 발생한 날**의 다음 날**

정리

비거주자가 거주자로 되는 시기	거주자가 비거주자로 되는 시기
• 국내에 주소를 둔 날 • 국내에 거소를 둔 기간이 183일이 되는 날	• 거주자가 주소 · 거소의 국외이전을 위하여 출국하는 날의 다음 날
• 거주자 의제 규정에 따라 국내에 주소를 가지거나 국내에 주소가 있는 것으로 보는 사유가 발생한 날[2)]	• 비거주자 의제 규정에 따라 국내에 주소가 없거나 국외에 주소가 있는 것으로 보는 사유가 발생한 날의 다음 날

2) 예를 들어 계속하여 183일 이상 국내에 거주할 것을 요하는 직업을 가진 날

예규

• **주소우선에 의한 거주자와 비거주자와의 구분**

영 제2조 제3항 및 제4항의 규정을 적용함에 있어 계속하여 1년 이상 국외에 거주할 것을 통상 필요로 하는 직업을 가지고 출국하거나, 국외에서 직업을 갖고 1년 이상 계속하여 거주하는 때에도 국내에 가족 및 자산의 유무 등과 관련하여 생활의 근거가 국내에 있는 거소로 보는 때에는 거주자로 보는 것임(소통 2-2…1).

| 거주자 예규 및 판례 |

제목	내용
주한외교관의 거주자 여부	국내에 1년 이상 계속하여 거주할 것을 통상 필요로 하는 직업을 가진 경우에는 거주자에 해당(소득 22601-1672, 1988.6.15.)
미국영주권자의 거주자 여부	국내에 생계를 같이하는 가족 및 소재하는 자산의 유무·직업 등 생활관계의 객관적 사실에 따라 1년 이상 거소를 둔 개인 여부를 세무서장이 판단(재일 46014-2996, 1997.12.23.)
국내 외국인근로자	국내에 계속하여 1년 이상 거주가 통상 필요한 직업을 가진 자이면 거주자임(소득 22601-1672, 1988.6.15.)
일시출국자	재입국 후 거주 예정으로 국내에 가족이 있고 주택이나 생활도구 등을 두고 있었던 경우로서 출국이 일시적이면 출국기간도 거주기간에 포함함(재산 01254-250, 1990.1.24.)
외국국적의 국내 1년 이상 거주	국적과는 무관하게 1년 이상 통상 거주 직업 있으면 거주자임(소득 22601-1672, 1988.6.15.).
해외근무자	내국법인의 중국자회사 파견 근로자는 국내 가족 거주 등 생활관계의 객관적 사실에 따라 판단함(서이-2051, 200.10.7.).
해외 공장 경영자	국내주택 보유 및 부동산 임대업 영위 및 관련 조세 납부와 가족이 국내에 거주하면 외국공장 경영만으로 비거주로 판단한 처분은 잘못임(국심 87서923, 1987.8.6).
해외 유학생	외국 국적 또는 영수권 취득과 상관없이 국내에 생계를 같이하는 가족이 거주하고 직업 및 재산상태로 보아 재입국할 것이 인정되면 거주자임(국심 93서790, 1993.6.21.).
이민 후 재입국한 경우	캐나다로 이민 출국하기 전까지 국내에 주소를 두고 있었을 뿐 아니라, 청구인의 처가 쟁점주택을 취득한 2001년도부터 해외로 이민한 2004년도까지 기간동안 청구인의 처는 785일간 국내에 체류하여 해외 체류기간 675일보다 많고, 쟁점주택 취득 당시인 2001년도와 2002년도에 걸쳐 1년 이상인 405일을 국내에 체류한 것으로 나타나고 있는 바, 청구인의 처의 경우 거주자로 보는 것이 타당함(조심 2008서440, 2008.9.12.).

제목	내용
국외이주자가 영구 귀국한 경우 거주자로 되는 시기	전 가족이 국외이주하였다가 자녀는 출가하고 배우자는 지병치료로 귀국하지 못한 상태에서 본인만 영주권을 포기하고 영구귀국한 경우, 거주자로 되는 시기는 생계를 같이하는 가족과 직업 및 자산 상태에 비추어 계속하여 국내에 거주하는 것으로 인정되는 때에 국내에 주소를 가진 것으로 보는 것이나 이에 해당하는지는 사실판단 사항임(부동산거래-107, 2010.1.20.).

7 비거주자 등 관련 법령

거주자와 비거주자를 구분하는데 있어서 여러가지 법령이 존재한다. 대부분의 거주자 · 비거주자 이슈가 소득세법상의 내용이지만, 다른 법령에서도 거주자와 비거주자를 구분하고 있으니 참고하도록 한다.

(1) 소득세법 상 구분(거주자 / 비거주자)

소득세법 상 거주자와 비거주자는 다음과 같이 구분한다.

구분	정의	납세의무의 범위
거주자	국내에 주소를 두거나 183일 이상 거소를 둔 개인	• 원칙 : 국내외 모든 소득 과세 → 무제한 납세의무 • 외국인 단기거주자 : 국내원천소득 및 국내에서 지급되거나 국내로 송금된 국외원천소득만 과세
비거주자	거주자가 아닌 개인	• 국내원천 소득 과세 → 제한 납세의무

구분	법조문
비거주자의 정의	소득세법 제1조의 2
비거주자 과세소득의 범위	소득세법 제3조
과세대상소득(국내원천소득)	소득세법 제119조
과세방법	소득세법 제121조 ~제126조의 2
원천징수	소득세법 제156조
국내사업장	소득세법 제120조
납세지	소득세법 제6조~제10조

구분	법조문
원천징수한 세액의 납세지	소득세법 제7조
비거주자의 국내원천소득 등에 대한 지급명세서 제출의무 특례	소득세법 제164조의 2
비거주자의 채권 등에 대한 원천징수의 특례	소득세법 제156조의 3
비거주자에 대한 조세조약상 비과세 또는 면제 적용신청	소득세법 제156조의 2
비거주자에 대한 원천징수 절차 특례	소득세법 제156조의 4
비거주 연예인 등의 용역 제공과 관련된 원천징수 절차 특례	소득세법 제156조의 5
비거주자에 대한 조세조약상 제한세율 적용을 위한 원천징수 절차 특례	소득세법 제156조의 6

(2) 상속세 및 증여세법 상 구분

상속세 및 증여세법에서도 소득세법과 마찬가지로 거주자와 비거주자의 정의를 두고 있다. 내용은 소득세법과 동일하다.

소득세법 제1조의 2 【정의】

8. "거주자"란 국내에 주소를 두거나 183일 이상 거소를 둔 사람을 말하며, "비거주자"란 거주자가 아닌 사람을 말한다.

(3) 조세특례제한법 상 구분

조세특례제한법 제2조 【정의】

1. "내국인"이란 「소득세법」에 따른 거주자 및 「법인세법」에 따른 내국법인을 말한다.

(4) 외국인투자촉진법 상 구분

외국인투자촉진법 제2조 【정의】

1. "외국인"이란 외국의 국적을 가지고 있는 개인, 외국의 법률에 따라 설립된 법인(이하 "외국법인"이라 한다) 및 대통령령으로 정하는 국제경제협력기구를 말한다.
2. "대한민국국민"이란 대한민국의 국적을 가지고 있는 개인을 말한다.
3. "대한민국 법인 또는 기업"이란 대한민국의 법률에 따라 설립된 법인 또는 사업자로 등록된 국내기업을 말한다.

(5) 외국환거래법 상의 구분(거주자 / 비거주자)

구분기준이 되는 거주성은 국적과 관계없이 일정기간을 거주하고 있거나, 거주할 의사를 가지고 있고, 경제적으로 밀착되어 있는지의 여부에 따라 결정된다.

외국환거래법 제3조 【정의】

14. "거주자"란 대한민국에 주소 또는 거소를 둔 개인과 대한민국에 주된 사무소를 둔 법인을 말한다.
15. "비거주자"란 거주자 외의 개인 및 법인을 말한다. 다만, 비거주자의 대한민국에 있는 지점, 출장소, 그 밖의 사무소는 법률상 대리권의 유무에 상관없이 거주자로 본다.

외국환거래법 시행령 제10조 【거주자와 비거주자의 구분】

① 다음 각 호의 자는 법 제3조 제2항에 따라 거주자로 본다.

1. 대한민국 재외공관
2. 국내에 주된 사무소가 있는 단체 · 기관, 그 밖에 이에 준하는 조직체
3. 다음 각 목의 어느 하나에 해당하는 대한민국국민
   가. 대한민국 재외공관에서 근무할 목적으로 외국에 파견되어 체재하고 있는 자
   나. 비거주자이었던 자로서 입국하여 국내에 3개월 이상 체재하고 있는 자
   다. 그 밖에 영업 양태, 주요 체재지 등을 고려하여 거주자로 판단할 필요성이 인정되는 자로서 기획재정부장관이 정하는 자
4. 다음 각 목의 어느 하나에 해당하는 외국인(제2항 제2호 및 제6호 가목 · 나목에 해당하는 자는 제외한다)
   가. 국내에서 영업활동에 종사하고 있는 자
   나. 6개월 이상 국내에서 체재하고 있는 자

② 다음 각 호의 자는 법 제3조 제2항에 따라 비거주자로 본다.

1. 국내에 있는 외국정부의 공관과 국제기구
2. 「대한민국과 아메리카합중국 간의 상호방위조약 제4조에 의한 시설과 구역 및 대한민국에서의 합중국군대의 지위에 관한 협정」에 따른 미합중국군대 및 이에 준하는 국제연합군(이하 이 호에서 "미합중국군대등"이라 한다), 미합중국군대등의 구성원 · 군속 · 초청계약자와 미합중국군대등의 비세출자금기관 · 군사우편국 및 군용은행시설
3. 외국에 있는 국내법인 등의 영업소 및 그 밖의 사무소
4. 외국에 주된 사무소가 있는 단체 · 기관, 그 밖에 이에 준하는 조직체
5. 다음 각 목의 어느 하나에 해당하는 대한민국국민
   가. 외국에서 영업활동에 종사하고 있는 자
   나. 외국에 있는 국제기구에서 근무하고 있는 자
   다. 2년 이상 외국에 체재하고 있는 자. 이 경우 일시 귀국의 목적으로 귀국하여 3개월 이내의 기간 동안 체재한 경우 그 체재기간은 2년에 포함되는 것으로 본다.

라. 그 밖에 영업양태, 주요 체재지 등을 고려하여 비거주자로 판단할 필요성이 인정되는 자로서 기획재정부장관이 정하는 자

6. 다음 각 목의 어느 하나에 해당하는 외국인

가. 국내에 있는 외국정부의 공관 또는 국제기구에서 근무하는 외교관 · 영사 또는 그 수행원이나 사용인

나. 외국정부 또는 국제기구의 공무로 입국하는 자

다. 거주자였던 외국인으로서 출국하여 외국에서 3개월 이상 체재 중인 자

③ 거주자 또는 비거주자에 의하여 주로 생계를 유지하는 동거 가족은 해당 거주자 또는 비거주자의 구분에 따라 거주자 또는 비거주자로 구분한다.

거주자	비거주자
대한민국 내에 주소 또는 거소를 둔 개인과 대한민국 내에 주된 사무소를 둔 법인	거주자 외의 개인 및 법인
다음에 해당하는 자는 거주자로 본다. • 대한민국 재외공관 • 대한민국 재외공관에서 근무할 목적으로 외국에 파견되어 체재하고 있는 대한민국 국민 • 국민인 비거주자이었던 자로서 입국하여 국내에 3개월 이상 체재하고 있는 자	다음에 해당하는 자는 비거주자로 본다. • 국내에 있는 외국정부의 공관과 국제기구 • 국내에 있는 외국정부의 공관과 국제기구에 근무할 목적으로 파견되어 국내에 체재하고 있는 외국인 • 외국과의 협정등에 의하여 국내에 주둔하는 외국군대와 외국인인 그 구성원 및 군속 • 거주자의 외국에 있는 지점, 출장소, 기타의 사무소
다음에 해당하는 외국인은 거주자로 본다. • 국내에서 영업활동에 종사하고 있는 자 • 6월 이상 국내에 체재하고 있는 자 (단, 국내 주둔 미합중국군대 등의 외국군인 및 군속 그리고 초청계약자, 동거가족은 제외 또한, 국내에 있는 외국정부의 공관 또는 국제기구에서 근무하는 외교관 · 영사 또는 그 수행원이나 사용인, 외국정부 또는 국제기구의 공무로 입국하는 자는 제외)	다음에 해당하는 대한민국국민은 비거주자로 본다. • 외국에서 영업활동에 종사하고 있는 자 • 외국에 있는 국제기구에서 근무하고 있는 자 • 2년 이상 외국에 체재하고 있는 자 (이 경우 일시 귀국의 목적으로 귀국하여 3개월 이내의 기간 동안 체재한 경우 그 체재기간은 2년에 포함되는 것으로 본다)
비거주자의 국내지점, 출장소, 기타 사무소	

8 다른 나라의 거주자 판정기준

(1) 미국

미국의 경우에는 이민법에 따른 영주권(Green card test)보유 여부와 미국에서의 실질적인 체류기준(Substantial Presence test)으로 나누어진다. 미국의 시민권이나 영주권을 소유하지 않은 외국인은 Substantial Presence test를 적용하여 해당연도에 31일 이상 미국에 거주하였고 (해당연도의 체류일수 전부 + 전년도 체류일의 1/3 + 전전년도 체류일수의 1/6)을 합산하여 183일 이상인 경우 미국의 거주자로 판정한다.

(2) 중국[3)]

1) 거주자

거주자는 중국 경내에 주소를 가지고 있거나 또는 국내에 1년 이상 거주하는 개인을 말한다. '1년 이상 거주'한다 함은 하나의 과세연도(1월 1일부터 12월 31일까지)내에 중국 경내에서 365일 거주함을 말한다. 날짜를 계산함에 있어 일시적인 출국은 공제하지 않는다.

※ 일시적인 출국 : 한 과세연도에 1회 출국시 국외체류일이 30일을 초과하지 않는 경우와 수차례 출국한 경우 국외체류 누적일수가 90일을 초과하지 아니하는 경우를 말한다.

① 영주거주자

거주자 중 중국 경내에 주소를 가지고 있거나 5년 이상 중국에 체재하고 있는 자를 영주거주자라 하며, 영주거주자는 우리나라 「소득세법」 상 거주자와 같이 소득의 원천지를 묻지 않고 전 세계 모든 소득에 대해 무제한 납세의무를 진다.

② 비영주거주자

중국 경내에 주소를 두고 있지는 않느나 중국내 체재기간이 1년 이상 5년 이하인 개인을 비영주거주자라 하며, 원칙적으로는 전 세계 소득이 과세되지만, 세무당국의 승인을 얻으면 중국 경내 원천소득과 국외원천소득 중 중국 내국기업·기타경제 조직 또는 개인에 의해 지급된 소득에 대해서만 납세의무를 진다.

2) 비거주자

중국 경내에 주소가 없고 중국 내 체재기간이 1년에 미달하는 개인으로 이러한 비거주자

---

3) 중국 진출기업을 위한 세무안내(2011), 국세청, p.91~p.93

는 중국 내 원천소득에 대해서만 납세의무를 진다.

다음의 조건을 모두 충족하는 임금・급여 소득의 경우에 한해 면세된다.
ⓐ 1과세년도 중에 또는 누계하여 거주기간이 90일을 초과하지 않는 것
ⓑ 중국 경외의 고용자로부터 지급된 것
ⓒ 중국 경외의 고용자가 중국 내에 설치한 지점이나 사업장이 부담하지 않는 것

「한・중 조세협약」 제15조 제2항에서는 위의 90일 기준이 '183일을 초과하지 아니하는 기간'으로 표시되어 있으며, 따라서 우리나라와 중국 간에 체결한 조세협약이 우선하므로 183일 기준이 우선하여 적용된다.

다만, 중국 경내기업・지점이 추정이익률에 의한 과세방법을 채용하고 있는 경우는 중국에 있어서 회계장부 기재의 유무에 관계없이 중국 경내기업・지점이 지급 또는 부담한 것으로 보아 단기체재자의 면세규정은 적용되지 않는다.

또한 중국 경내기업・지점에 영업수입이 없고 기업소득세가 과세되고 있지 않는 경우도 마찬가지로 단기체재자의 면세는 적용되지 않는다.

국내에 주소를 둔 개인이라 함은 호구, 가정, 경제적 이익 관계 등으로 인하여 중국 국내에 상시적으로 거주하는 개인을 말하는데, 상시적 거주라 함은 개인이 교육, 업무, 여행 등의 사유로 다른 지방에 체류하게 되는 경우 그 원인이 소멸되면 반드시 돌아가는 장소를 의미하는바, 실제로 거주하거나 또는 특정한 시기에 거주하는 장소를 의미하지는 않는다.

영주거주자와 비영주거주자를 나누는 기준이 되는 5년이라 함은 중국 내에 연속하여 5년을 거주하는 것을 말하며, 5년 중 1년이라도 거주기간 요건을 충족하지 못하는 경우에는 거주기간을 다시 계산한다.

거주기간의 계산시 '일시적인 출국'이란 과세기간(역년 1월 1일부터 12월 31일까지) 중 1회의 출국의 일수가 30일을 초과하지 않거나 또는 수회의 출국일지라도 출국일수의 누계가 90일을 초과하지 않는 경우를 말하는데, 이같은 일시적인 출국은 중국 내에서의 체재기간을 계산하는데 있어 공제하지 않는다.

TIP

비거주자 판정 기준표

은행등 금융기관에서 사용하고 있는 비거주자 판정기준표는 다음과 같다. 은행과 같은 금융기관에서는 많은 고객을 상대하면서 거주자, 비거주자 여부를 빠르게 체크하여야 한다. 그러기 위해서는 아래와 같은 표를 사용하며, 아래의 내용 중 하나라도 "예"로 나오게 되면 일단 거주자로 판정하게 된다. 실무에서도 비거주자 여부 판정시에 사용하여도 된다.

비거주자 판정 기준표

Criteria for Determination of Non-resident in Korea

해당되는 빈칸에 ○표 하십시오. (check the appropriate answer)

항목 (Items)	예 (Yes)	아니오 (No)
1. 국내에 주소를 두고 있습니까? (Do you maintain your permanent home in Korea?)		
2. 국내에 계속하여 183일 이상 거주하고 있거나 거주할 예정입니까? (Are you present or to be present habitually in Korea for a period of 183 days or more?)		
3. 국내에 계속하여 183일 이상 거주할 것을 필요로 하는 직업이 있습니까? (Do you have an occupation that requries you to be present in Korea for 183 days or more?)		
4. 국내에 생계를 같이하는 가족(배우자와 자녀 등)이 있습니까? (Do you have a family(spouse, children, ect.) in Korea who shares a living?)		
5. 대한민국 공무원입니까? (Are you a public officer of the Republic of Korea?)		
6. 대한민국국민으로서 국내법인의 해외지점이나 영업소에 파견된 직원입니까? (Is your nationality Korea? and are you assigned to an overseas branch or sales office of a Korea corporation?)		
7. 국내에 사업체, 부동산 등 생활의 근거를 가지고 있습니까? (do you own an enterprise, real estate and other property in korea which is the base of living?)		
8. 외국의 국적이나 영주권을 가지고 있는 경우 그 국가명을 기입하십시오. (In case where you are a permanent resident or a citizen of a country other than Korea, please fill in the name of country)		

첨 부 : 비거주자임을 입증할 수 있는 서류(여권사본, 영주증명서, 외국정부가 발행한 신분증 사본 등)

Attach documents that can prove you are a non-resident in Korea.(Copy of passport, resident card, personal identification card issued by foreign government, etc.)

1. 거래기간 중 본인 신분에 변동이 있는 경우에는 즉시 알려드리겠습니다.
   (I willl notify immediately any change in my personal status that occurs during the period of transaction.)
2. 위 기재내용이 틀림없음을 확인하며, 추후 허위기재로 인한 불이익 발생시 본인이 모든 책임을 질 것을 확약합니다.
   (I attest that all information provided above is ture and I will bear the responsibility if any disavantage occurs from false indication of the information.)

년 월 일
Year Month Day
작성자 (인)
Signed by Signature or Stamp

비거주자 판정요령
1. 거주자, 비거주자에 대한 판정은 당해 판정기준표에 의하며, 외국 국적이나 영주권 등의 보유 여부는 불문합니다. 2. 판정기준표의 작성 결과 1~7번 항목 중 한 가지 항목이라도 "예 (YES)"로 기재되면 일단 거주자로 판정합니다. 3. 비거주자 해당자에 대하여는 증빙서류(여권 및 비자사본, 영주증명, 외국 신분증 사본 등)을 제출받아야 하며 증빙서류 미제출시 우선 거주자로 판정합니다. (증빙서류 제출시까지 판정 유보) 4. 주한외교관(대한민국국민 제외) 및 미합중국 군대의 구성원, 군무원 및 그들의 가족은 당해 판정표의 기재내용에 불문하고 비거주자로 판정합니다. 5. 고객이 대한민국 세법과 해당국의 세법에 의하여 양국거주자에 해당되는 경우에는 다음의 조세조약상 판정기준을 순차적으로 적용하여 거주지국을 판정합니다. ① 항구적인 주거지 ② 인적 경제적 이해관계의 중심지 ③ 일상적인 거소 ④ 국적 시민권 영주권 등이 속한 국가

예 규

- **비거주자 판정 기준표를 인터넷으로 입력받아 관리 보관하는 경우 비거주자 판정 기준표를 제출받은 것으로 보는 것임**

금융기관이 「비거주자의 금융소득 원천징수 지침」(국세청 국제세원관리담당관실-328, 2009.6.19.)에 따라 비거주자 판정시기에 금융상품 가입자로부터 「비거주자판정기준표」를 서면으로 제출받지 아니하고 인터넷으로 공인인증을 거쳐 그 기재사항을 입력받아 전산으로 검토하고 관리 보관하는 때에는 동 지침에 의한 「비거주자판정기준표」를 제출한 것으로 봄 이 경우 금융기관은 금융상품 가입자가 동 기준표에 기재된 유의사항 등을 읽고 확인하였다는 정보를 관리 보관하여야 하며, 동 지침에 의한 첨부서류를 별도로 제출받아 검토하고 관리 보관하여야 함(세원-446, 2009.8.28.).

Ⅱ 이중거주자

1 이중거주자(Dual Resident)

대한민국의 법에 따라서 대한민국의 거주자가 되었다면, 다른 나라에도 각 국의 법에 따라서 그 나라의 거주자가 될 수도 있다.

예를 들어, 한국에는 배우자가 있고, 다른나라에는 자녀가 있어서 한국에서도 거주자, 다른 나라에서도 거주자가 될 수 있다. 이렇게 두 나라 이상의 국가에서 거주자로 판정이 나는 사람을 **이중거주자**라고 한다. 보통 국가에서는 세금확보를 위하여 거주자로 판정하게 되는 경우가 많기 때문에 이중거주자 사례는 종종 발생하게 된다. 이중거주자가 된다고 해서 무조건 각각의 국가에 전세계의 모든 소득에 대하여 세금을 납부하게 되면 너무 억울할 것이다. 이러한 이중거주자를 당사자 국가들이 미리 정한 약속(조세조약)에 따라 어느 한 나라의 거주자로 하여 과세하기로 합의하였다.

예를 들어, 김누리 씨가 한국과 일본의 이중거주자로 판정되었다면 김누리 씨는 한국에도, 일본에도 전세계 소득에 대하여 세금을 납부하여야 하지만 한국과 일본의 국세청에서 다음의 순서에 따라 김누리 씨가 최종적으로 어느 국가의 거주자로 보아서 세금을 납부할지 결정하게 된다.

1. 항구적주거
2. 중대한 이해관계의 중심지
3. 일상적 거소
4. 국민
5. 상호합의의 순서로 판단하여 김누리 씨의 거주지국을 결정하게 된다. 이것을 통상 "Tie Breaker Rule"이라고 한다.

이럴 경우에 Tie Breaker Rule을 적용하여 외국의 거주자에도 해당하여 조세조약이 적용되어야 한다고 할 때에는 증명책임은 납세의무자에게 있다(대법 2006두3964, 2008.12.11.).

2 Tie Breaker Rule

거주자의 개념은 가장 먼저 각 나라별로 그 나라의 국내법 규정을 따르게 된다. 앞에서도 언급한 바와 같이 각 국의 국내법을 적용하면 하나의 인(人)이 동시에 여러 국가의 거주자에 해당되어서 이중거주자가 될 수 있다. 이중거주자가 되게 되면 각각의 국가에서 전세계 모든 소득에 대하여 과세하려고 하게 되어 국제적인 이중과세 문제가 발생하게 된다. 이렇게 불합리한 이중과세를 방지하기 위해서 국가간의 세금에 대하여 약속(조세조약)이 되어 있다면 아래의 기준을 순차적으로 적용하여 최종적인 거주지국을 결정하게 된다. 이러한 내용을 "Tie Breaker Rule"이라고 한다.

(1) 항구적주거(Permanent Home)

개인이 양 체약국의 각 국의 세법에 따라 양 체약국의 거주자로 판정되어 이중거주자가 되는 경우에는 그 개인은 항구적주거가 있는 체약국의 거주자가 된다. 항구적주거란 주거의 형태(예 아파트, 단독주택, 자가, 타가 등)와 관계없이 일시적, 단기적이 아닌 항구적으로 사용하며 주거하는 곳을 의미한다. 가족 관계 등 가족의 영구적인 거주지를 의미하며 가족과 함께 거주한다고 하더라도 단기적으로 사용하는 호텔, 숙소 등과 같은 곳은 항구적주거로 볼 수 없다. 같은 이유로 체재가 단기성을 띄는 관광, 여행, 연수의 목적은 인정되지 않는다.

(2) 중대한 이해관계의 중심지(Center of Vital Interests)

개인이 양 체약국의 각 국의 세법에 따라 양 체약국의 거주자로 판정되어 이중거주자가 되는 경우에는 그 개인의 항구적주거가 있는 곳을 그의 거주지로 본다. 그러나 그 개인이 양 체약국에 모두 항구적주거가 있어서 거주지국을 판단할 수 없는 경우에는 중대한 이해관계인 직업이나 소득과 같은 인적 · 경제적 관계(personal and economic relations)가 밀접한 곳의 거주자가 된다. 중대한 이해관계의 중심지는 그의 가족관계, 사회 · 경제적 관계, 직업, 사업장소, 자산상태 등을 고려하여 결정되어야 한다.

(3) 일상적 거소(Habitual Abode)

이중거주자인 개인이 양 체약국에 그 개인의 항구적주거를 가지고 있으나 어느것이 그의 주요한 이해관계의 중심지인지 판단되지 않거나 어느 체약국에도 그의 항구적주거를 두지 않은 경우에는 그의 일상적 거소가 있는 국가의 거주자로 본다. 일상적 거소란 체류지 등 상당기간 체류하는 곳을 의미한다.

(4) 국민(Nationality) : 국적을 기준으로 하여 판단한다.

(5) 상호합의(Mutual Agreement) : 국세청 등과 같은 권한있는 당국 간의 합의로 최종적인 거주지국을 결정한다.

1) 이중거주자의 거주지국 판정 사례

각 나라가 일차적으로 각 나라의 자국법에 따라서 거주자 여부를 판단하게 되면 하나의 인(人)이 이중거주자가 되는 경우가 종종 발생한다. 다행히도 서로의 국가간에 조세조약이 체결되어 있다면 조세조약에 따라서 최종적인 거주지국을 결정할 수 있지만, 양 국간에 조세조약이 체결되어 있지 않으면 각 국에서 과세를 당할 위험이 있다.

예 규

- 거주자와 비거주자의 구분은 생활관계의 객관적 사실에 따라 판단하는 것이며, 개인이 국내의 거주자인 동시에 일본국 거주자에 해당되는 경우에는 대한민국과 일본국간의 소득에 대한 조세의 이중과세 회피와 탈세방지를 위한 협약에 의하여 거주지국을 결정하는 것임(소득-704, 2013.12.9.).
- 국외에서는 임대소득이 발생하고 국내에서는 금융소득이 발생하면서, 거주지가 국내와 국외인 경우 조세협약에 따라 인적 및 경제적 관계가 가장 밀접한 체약국의 거주자로 간주됨(대법 2010두28946, 2011.4.14.).
- 청구인은 한국과 미국의 이중거주자에 해당하나 미국에서 거주하고 있는 집이 가족들과 함께 항구적으로 사용하기 위해 마련된 것으로 주거의 형태를 갖추고 있고, 청구인의 가족들이 생활을 형성하고 있는 근거지에 해당하므로, 한·미 조세조약 제3조 제2항에 따른 항구적 주거는 미국에 두고 있다고 보이므로 청구인을 거주자로 보아 경정청구를 거부한 이 건 처분은 잘못임(조심 2016서873, 2017.4.5.).
- 청구인은 거주자 판정순서에 대하여 대한민국과 다른 나라 간에 체결한 "조세의 이중과세회피 및 탈세방지를 위한 조세협약"에서 규정하고 있는 항구적주거, 중대한 이해관계의 중심지, 일상적 거소, 국적, 당국 간의 상호합의의 순서에 따라 거주자여부를 판단하여야 한다고 주장하나, 위 조세협약은 예금주가 대한민국 세법과 해당국의 세법에 의하여 양 국의 거주자에 해당되는 경우 어느 나라의 거주자로 볼 것인지를 규정하고 있는 것이고, 청구인은 이 사건 예금주들이 해당국의 거주자에 해당함을 입증하고 있지 못하고 있어 위 조세협약 규정은 적용될 수 없으므로 위 주장은 받아들일 수 없다할 것임(감심 2003-117, 2003.9.23.).

• 우리나라의 거주자가 동시에 일본국 거주자로 인정되는 경우에 협약상의 절차에 따라 거주지국을 결정하기 위한 노력을 하였으나, 합의에 이르지 못한 경우에는 우리나라 거주자에 해당하는 것으로 보고 과세할 수 있다는 주장은 독자적 견해로서 받아들일 수 없음(대법 99두8954, 2001.2.23.).

• 여러 국가의 거주자에 해당하는 경우

어느 개인이 한・미 양국의 거주자인 경우에 있어서의 거주자 판정은 한・미 조세조약 제3조 제2항의 규정에 따르는 것인바, 제일 먼저 항구적주거를 기준으로 거주자 판정을 한다. 항구적주거(Permanent Home)란 그 개인이 자기의 가족과 함께 거주하는 장소를 말함. 만약 항구적주거가 양국에 모두 있거나 어느 쪽에도 없는 경우에는 그의 인적・경제적 관계가 가장 밀접한 이해관계의 중심지(Center of Vital Interests)를 기준으로 판단해야 함. 이해관계의 중심지가 없거나 결정할 수 없을 때에는 일상적 거소(Habitual Abode)를 중심으로 판단하게 되며, 이 또한 불확실한 경우에는 그가 시민인 체약국의 거주자로 봄. 이와 같은 기준에 의거 한국의 거주자로 판정이 되었을 경우에는 소득세법 제3조의 규정에 의하여 전세계소득에 대하여 대한민국에 납세의무를 지는 것이며, 반대로 미국의 거주자로 판정이 될 경우에는 한국 내 원천소득에 대하여만 대한민국에 소득세 신고납부의무가 발생하는 것임(국일 46017-356, 1995.6.23.).

• 해외현지법인에 파견된 임직원

필리핀의 현지합작법인에 출자하고 있는 내국법인이 소속직원을 파견하고 급여를 부담하는 경우, 해외의 현지법인은 내국법인의 해외사업장의 범위에 포함되지 않으므로 소득세법 시행령 제3조의 규정은 적용되지 않는 것이며, 파견직원에 대한 거주자여부의 판정은 소득세법시행령 제2조 제2항 내지 제3항에서 규정하는 바에 따라 생계를 같이하는 가족 및 국내에 소재하는 자산의 유무 등 생활관계의 객관적 사실에 따라 판단하여야 함(국일 46017-334, 1997.5.12.).

• 비거주자에 해당하는 일본인

국내에 직업 및 생계를 같이하는 가족이 없고 재산이 없는 일본인이 다시 입국하여 주로 국내에 거주할 것으로 인정되지 않는 경우에는 비거주자에 해당함(국일 46500-412, 1998.6.30.).

• 국내 주민등록이 말소된 외국 영주권자

국내 주민등록이 말소된 외국 영주권자가 외국에는 직업이나 특별한 소득이 없으나, 국내에는 생계를 같이하는 가족 및 국내에 소재하는 자산이 있는 생활의 근거가 국내에 있으면서 국내에 상당기간에 걸쳐 거주하는 경우, 동 영주권자는 소득세법 제1조 제1항 및 같은법 시행령 제2조 제1항의 규정에 따라 거주자에 해당하는 것임(서이 46017-10055, 2001.8.30.).

• 내국법인과 외국법인의 임원을 겸임하는 경우

일본에 소재하고 있는 일본법인의 임원으로 근무하고 있는 자가 내국법인의 임원을 겸임하면서 국내에서 일정기간 동안 체재하는 경우, 자산이나 생계를 같이하는 가족이 일본에 있다면 소득세법 제1조 제1항 제2호에 규정하는 비거주자에 해당되는 것임(국일 46017-400, 1998.6.24.).

2) 법인 이중거주자

하나의 인(人)이 두 국가 이상에서 거주자로 판정될 경우에는 이중거주자가 된다. 인에는 자연인인 **개인**과 법에서 인격을 부여한 **법인**으로 나누어지게 된다. 따라서 이중거주자에 적용되는 것은 개인 뿐만이 아니라 **법인도 이중거주자가 될 수 있다.**

개인의 경우에는 상대적으로 국가간의 이동이 쉽고, 거주자를 판단하는 각 국의 근거법령이 넓게 적용되어 한사람이 두 국가 이상에서 이중거주자가 되는 경우가 흔하게 발생할 수 있지만, 그에 반해 법인은 현실적으로 이중거주자에 해당하는 경우는 현실적으로 거의 발생하지 않는다. 그러나 각국이 서로 다른 내국법인 · 외국법인 구분기준을 채택하고 있고 하나의 법인이 양 국에서 내국법인으로 판단된다면 법인도 이중거주자가 될 수 있다.

내국법인과 외국법인을 구분하는 기준에는 ① 본점 등이 어느 국가에 위치하고 있는지로 판단하는 **본점소재지주의**와 ② 법인을 실질적으로 관리하는 관리자 등이 어느 국가에 위치하고 있는지로 판단하는 **실질관리지(관리지배지)주의**가 있다.

우리나라 법인세법에서는 내국법인 · 외국법인을 구분하는 기준으로 본점소재지주의와 실질관리지주의를 함께 채택하고 있어서 다음 중 어느 하나가 국내에 있는 법인을 우리나라의 내국법인으로 본다.

① 본점 : 영리법인의 영업상 본거지
② 주사무소 : 비영리법인의 영업상 본거지
③ 사업의 실질적 관리장소 : 법인이 사업을 수행할 때 중요한 관리 또는 상업적 의사결정이 실질적으로 이루어지는 장소

우리나라 법인세법상 외국법인은 본점 또는 주사무소가 외국에 있는 단체(사업의 실질적 관리장소가 국내에 있지 않는 경우에만 해당)로서 다음의 기준에 해당하는 법인을 말한다.

① 설립된 국가의 법에 따라 법인격이 부여된 단체
② 구성원이 유한책임사원으로만 구성된 단체
③ 그 밖에 해당 외국단체와 동종 또는 유사한 국내의 단체가 상법 등 국내의 법률에 따른 법인인 경우의 그 외국단체(사법적 지위 비교방식)

즉, 국외 공동사업체가 위의 기준에 해당하면 '외국법인'으로 분류되어 법인세법이 적용되고, 위의 기준에 해당하지 않는 경우 '기타 외국단체'로 분류되어 소득세법이 적용된다. 한편 이러한 기준의 적용은 조세조약 적용대상의 판정에 영향을 미치지 않는다.

예를 들어, (1) **우리나라 법에 의해 설립**되고 **우리나라에 본점**을 두었으나 사업의 실질적 관리장소가 외국에 있다면 **내국법인**이다. (2) 외국의 법에 의해 설립되고 외국에 본점을

두었으나 **사업의 실실적관리장소가 우리나라**에 있다면 **내국법인**이다. (3) 외국의 법에 의해 설립되고 외국에 본점을 두고 사업의 실질적관리장소가 외국에 있다면 **외국법인**이다.

영국과 같은 경우에는 실질관리지주의를 채택하고 있어서 단순히 본점소재지나 등기등과 같은 형식적인 기준이 아니라, 법인의 사업이 실질적으로 관리·지배되고 있는 장소(place of effective management)를 기준으로 내국법인과 외국법인을 구분하고 있다.

일반적으로는 법인의 본점이 있는 곳에서 사업의 중요한 관리나 상업적 의사결정이 실질적으로 이루어져 본점소재지와 실질관리지는 일치하는 경우가 많으나 그렇지 않은 경우도 있기 때문에 법인의 이중거주자 문제가 발생한다.

예를 들어, A국은 내국·외국법인 판단을 본점소재지주의를 채택하고 B국은 내국·외국법인 판단을 실질관리지주의를 채택하고 있다. 甲법인이 A국에 본점소재지를 두고 B국에서 실질관리를 하고 있다면 甲법인은 이중거주자가 된다.

양국간에 조세조약이 체결되어 있다면 이중거주자 법인에게도 개인과 마찬가지로 다음의 순서로 Tie Breaker Rule이 적용된다.

① 실질관리장소(place of effective management, MTC §4 주석서 24)

실질적 관리장소는 전반적으로 단체의 사업수행에 필요한 중요한 관리와 상업적결정(key management and commercial decisions)이 실질적으로 이루어지는 장소이다. 실질적인 관리장소를 결정하기 위하여 모든 관련 사실과 상황이 검토되어야 한다.

② 상호합의(mutual agreement)

거주지국 VS 원천지국

국가에서 세금을 과세할 때 고려해야 하는 것이 거주지국과 원천지국이다. 거주지국(과세원칙)이라면 그 소득을 얻게 된 사람이 그 국가의 거주자라면 과세를 하는 것이다. 반대로 원천지국이라면 소득이 발생한 사람의 거주지와 상관없이 소득이 어디에서 발생하게 되었는지 소득의 원천에 따라 그 국가 안에서 발생한 소득이라면 과세를 하는 것이 원천지국(과세원칙)이다. 우리나라는 **거주자에 대하여는 거주지국 과세원치**에 따라 국내외에서 발생하는 모든 과세대상소득에 대하여 과세를 한다. 그리고 **비거주자에 대하여는 원천지국 과세원칙**에 따라서 과세대상 국내원천소득에 대해서만 과세를 한다. 그러므로 거주자로 판정되어 전세계 모든 소득에 대하여 세금을 낼 지 비거주자로 판정되어 대한민국 내의 원천소득에 대하여만 세금을 낼 지가 결정된다. 이는 세금부담에 있어서도 매우 중요하다. 현실에서는 거주자인지 비거주자인지의 여부가 명확하지 않은 경우가 많아서 논란이 끊이지 않고 있다.

예를 들어 김누리 씨가 한국에서 사업소득 2억원과 미국에서 근로소득 3억원이 있다.

Q

김누리 씨가 대한민국의 거주자일 경우의 과세대상은 얼마인가?

김누리 씨가 대한민국의 거주자일 경우에는 국내외 모든 소득에 대하여 과세를 하기 대문에 한국의 사업소득 2억원과 미국의 근로소득 3억원을 합친 5억원이 과세대상이다.

Q

김누리 씨가 대한민국의 비거주자일 경우의 과세대상은 얼마인가?

김누리 씨가 대한민국의 비거주자일 경우에는 국내원천소득에 대해서만 과세를 하므로, 한국의 사업소득 2억원만 과세대상이 된다.

Ⅲ 조세조약

1 조세조약[4)]

조세조약이란 간단하게 말해 두 국가에서 체결한 세금에 관련한 약속이다. 공식적인 명칭은 "소득 및 자본에 관한 조세의 이중과세회피 및 탈세방지를 위한 협약"이며, 실무상으로는 조세조약(tax treaty), 조세협약(tax convention) 등으로 사용되고 있다. 다만, 우리나라는 자본(capital)에 관한 조세를 가지고 있지 않으므로 대부분의 조세조약상 조약명칭 및 내용에 자본을 제외하고 있다. 조세조약은 일반적으로 서면의 형식으로 되어 있으며, 구성은 조세조약의 명칭(title), 전문(preamble), 본문, 의정서(protocol)로 되어 있다. 의정서는 본문에 대한 보충적인 성격을 지니는 것으로서 본문의 규정 내용을 명확히 하기 위한 세부적이고 보완적인 사항을 포함하는 것이 일반적이며 본문과 동일한 효력을 가진다. 의정서의 내용은 흔히 간과하기 쉬우나 유의하여야 할 내용이 있으므로 반드시 그 내용을 확인할 필요가 있다.

2 조세조약 체결 현황

2020년 11월 현재 우리나라가 체결한 조세조약은 시행국이 93개국, 제정 서명국이 3개국, 개정 서명국이 1개국이다.

4) 국세청, 2020, 비거주자·외국법인의 국내원천소득과세제도 해설

3 조세조약의 적용대상

(1) 인적 범위

조세조약은 양쪽 체약국의 거주자(resident)에 대하여 적용된다. 즉, 조세조약은 국적에 관계없이 한쪽 체약국의 거주자 또는 양쪽 체약국의 거주자에게 적용된다. 여기서 거주자는 개인과 법인을 포함하는 개념으로서 각 체약국의 과세목적상 거주자 또는 내국법인으로 취급되는 자를 말한다. 따라서 조세조약은 양국간 조약이기 때문에 제3국의 거주자에게는 적용되지 않는다. 예를 들면 영국법인의 일본지점이 한국법인으로부터 받는 배당소득에 대하여 한·일 조세조약이 적용되지 아니하고 한·영 조세조약이 적용된다. 영국법인의 일본지점은 한·일 조세조약상 제3국(영국)의 거주자이므로 한·일 조세조약이 적용되지 않는다.

(2) 적용대상 조세

조세조약은 「소득에 관한 조세」의 이중과세회피를 위한 것이므로 조세조약의 적용대상 조세는 법인세, 소득세, 지방소득세(소득할 주민세가 지방소득세로 개편됨) 등 소득에 대한 조세이며, 부가가치세, 개별소비세 등의 간접세는 그 대상조세가 아니다. 우리나라가 체결한 대부분의 조세조약은 소득세, 법인세, 지방소득세를 그 적용대상 조세로 하고 있으나, 미국, 필리핀, 남아프리카공화국, 콜롬비아 4개국 조세조약에서는 지방세인 주민세(지방소득세)가 적용대상 조세에서 제외되어 있으므로 원천징수시 지방소득세를 제한세율과는 별도로 추가 징수하여야 한다.

4 조세조약의 규정내용

조세조약은 소득에 관한 조세의 국제적 이중과세의 방지를 위하여 비거주자의 국내원천소득에 대하여 소득원천지국에 과세권을 부여하지 않거나 또는 소득원천지국의 과세권을 일정범위로 제한함으로써 거주지국과 소득원천지국간에 과세권을 배분하고(원천지국 측면), 원천지국에서 과세된 소득에 대하여 거주지국에서 세액공제 등을 통하여 국제적 이중과세를 방지하는 내용(거주지국 측면)을 담고 있다.

이외에도 조세회피와 탈세, 조약의 부당한 이용에 대한 대처 등을 규정하고 있으나, 구체적인 과세방법, 과세절차 등에 관하여는 규정하고 있지 않다. 따라서 과세방법, 절차 등에 대하여는 각 국의 국내세법이 적용된다.

조세조약에 규정된 내용은 국가에 따라 다소 차이는 있으나, 일반적으로 조세조약은 다음과 같은 형태로 구성되어 있다.

| 조세조약(본문)의 체계 |

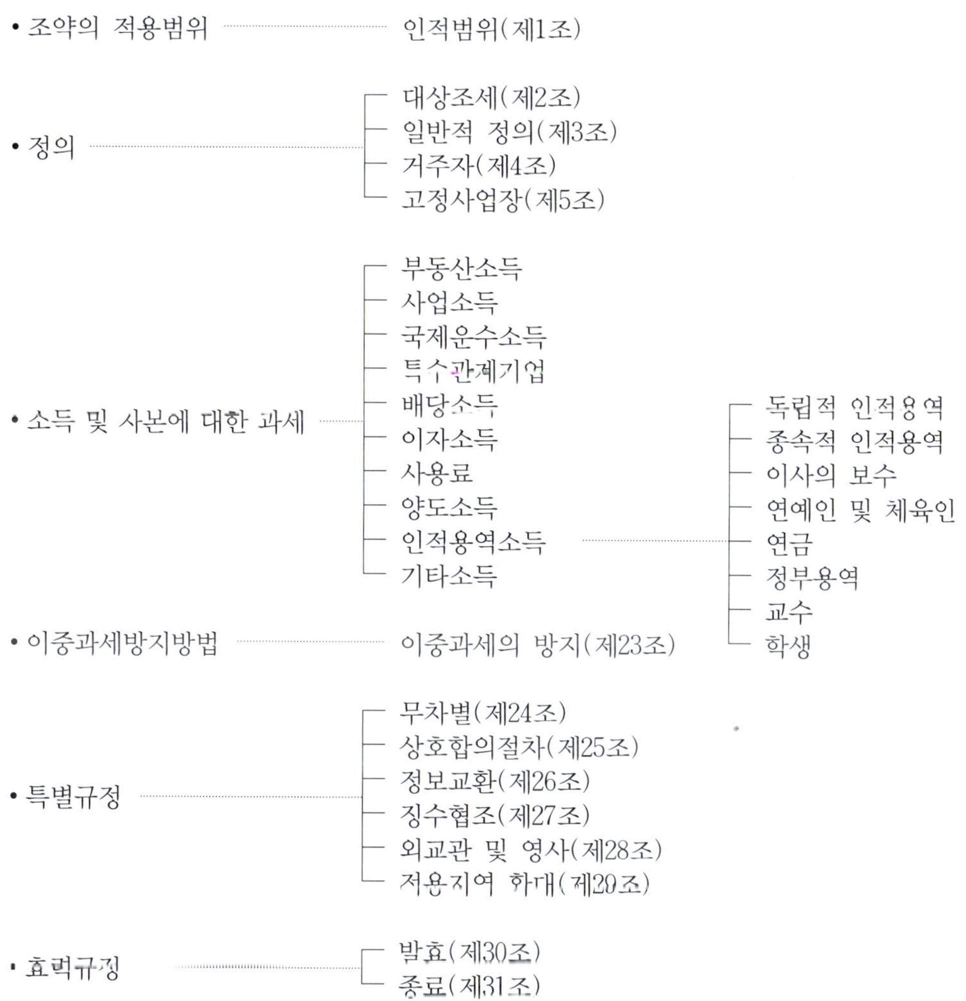

5 조세조약과 국내세법과의 관계

헌법에 의하여 체결·공포된 조약과 일반적으로 승인된 국제법규는 국내법과 같은 효력을 가지므로(헌법 §6①) 조세조약은 국내세법과 동일한 효력을 가진다.

그러나 조세조약은 국내세법에 대하여 특별법의 위치에 있으므로 조세조약이 체결된 국가의 거주자에 대하여는 특별법 우선의 원칙에 의거 조세조약이 국내세법에 우선 적용된다.

다만, 조세조약은 일반적으로 소득의 종류별로 소득 원천지국과 거주지국간에 과세권을 배분하는 것을 주된 내용으로 하고 구체적인 과세방법·과세절차 등에 관하여는 규정하지 않기 때문에 과세대상소득 해당여부의 결정, 제한세율의 적용 등에 있어서는 조세조약이 우선 적용되는 것이나, 과세방법·과세절차 등은 일반적으로 국내세법에 의하는 것이다.

조세조약에서 용어 및 문구에 대하여 정의하지 아니한 경우에는 국내 세법에서 정의하거나 사용하는 의미에 따라 조세조약을 해석·적용한다.

또한, 「소득세법」 제156조의 4(특정지역 비거주자에 대한 원천징수 절차특례) 제1항 또는 「법인세법」 제98조의 5(특정지역 외국법인에 대한 원천징수 절차특례) 제1항의 규정에 해당되는 경우에는 조세조약에서의 비과세·면제 또는 제한세율 규정에 불구하고 「소득세법」 제156조 제1항이나 「법인세법」 제98조 제1항에서 규정하는 세율을 우선적용하여 원천징수한다. 이 경우 「소득세법」 제156조의 4 제3항 또는 「법인세법」 제98조의 5 제3항의 규정에 따라 과세표준과 세액을 경정하는 때에는 조세조약상의 제한세율과 「소득세법」이나 「법인세법」에서 규정하는 세율 중 낮은 세율을 적용한다.

「소득세법」 제156조의 5(비거주연예인등의 용역제공과 관련된 원천징수절차 특례) 제1항의 규정에 해당하는 경우에도 조세조약에서의 비과세·면제에 불구하고 동조 동항에서 규정하는 세율을 우선 적용하여 원천징수하여야 한다.

6 국제거래에 관한 실질과세원칙

국제조세조정에 관한 법률 제2조의 2에서는 국제거래에 관한 실질과세에 관해 아래와 같이 규정하고 있다.

① 국제거래에서 과세의 대상이 되는 소득, 수익, 재산, 행위 또는 거래의 귀속에 관하여 사실상 귀속되는 자가 명의자와 다른 경우에는 사실상 귀속되는 자를 납세의무자로

하여 조세조약을 적용한다.

② 국제거래에서 과세표준의 계산에 관한 규정은 소득, 수익, 재산, 행위 또는 거래의 명칭이나 형식과 관계없이 그 실질 내용에 따라 조세조약을 적용한다.

③ 국제거래에서 조세조약 및 이 법의 혜택을 부당하게 받기 위하여 제3자를 통한 간접적인 방법으로 거래하거나 둘 이상의 행위 또는 거래를 거친 것(우회거래)으로 인정되는 경우에는 그 경제적 실질에 따라 당사자가 직접 거래한 것으로 보거나 연속된 하나의 행위 또는 거래로 보아 조세조약과 국조법을 적용한다.

④ 우회거래를 통하여 우리나라에 납부할 조세부담이 50% 이상 감소하는 경우 납세의무자가 해당 우회거래에 정당한 사업목적이 있다는 사실 등 조세를 회피할 의도가 없음을 입증하지 아니하면 조세조약 및 국조법의 혜택을 부당하게 받기 위해 거래한 것으로 추정하여 위 ③을 적용한다.[5)]

※ (계산방식) 거래의 실질에 따른 국내 조세부담 대비 우회거래에 따른 국내 조세부담 감소액 비교

다만, 우회거래 금액이 10억원 이하이고, 우회거래를 통한 조세부담 감소액이 1억원 이하인 경우에는 위 ④을 적용하지 않는다.

조세조약이란 소득·자본·재산에 대한 조세 또는 조세행정의 협력에 관하여 우리나라가 다른 나라와 체결한 조약·협약·협정·각서 등 국제법에 따라서 규율되는 모든 유형의 국제적 합의를 말한다. 그런데 이러한 조세조약이 국내세법(소득세법, 법인세법 등)과 다를 경우가 있다. 이럴때에는 국제법인 조세조약과 국내세법과의 관계는 일반적인 국제법 이론에 따라 설정되며, 다음과 같은 법적효력이 있다.

① 조세조약의 특별법적 지위

헌법에 의하여 체결, 공포된 조약과 일반적으로 승인된 국제법규는 국내법과 같은 효력을 가지며(헌법 §6①) 이에 조세조약은 국내법과 동일한 효력을 가지며 조세조약과 국내세법이 충돌하는 경우 조세조약이 국내세법에 우선하는 특별법적 지위에 있다.

② 조세조약의 창설적 효력의 부인

조세조약은 본질적으로 양국의 합의하에 국제거래에 대한 자국의 과세권을 양보하기 위한 것이므로, 국내세법상 규정없이 조세조약만을 근거로 하여 과세할 수 없으며, 조세조약은 국내세법에서 정한 조세부담액 이상으로 다른 체약국의 거주자에 대한 조세부담액을 증가시킬 수 없다.

---

5) 국제적 조세회피 의심거래에 대한 입증책임 분배기준을 명확히 하여 과세실효성을 제고하기 위해 2019년말 신설되어 2020.1.1. 이후 개시하는 과세연도 분부터 적용됨.

③ 조세조약상 소득 구분의 우선 적용 폐지

국조법 제28조(비거주자・외국법인의 국내 원천소득의 구분에 관해 조세조약이 국내세법보다 우선 적용)가 삭제되어 조약상 소득구분이 국내세법상 소득구분을 결정하는 것이 아니고 원천지국 과세여부 및 제한세율 적용 판단에 한해서만 우선 적용하도록 개정되었다.

- **조세조약과 국내 세법의 관계**

헌법 제6조 제1항은 '헌법에 의하여 체결・공포된 조약과 일반적으로 승인된 국제법규는 국내법과 같은 효력을 갖는다'고 규정하고 있으므로, 국회의 동의를 얻어 체결된 조세조약은 법률에 준하는 효력을 가지고, 나아가 조세조약에서 규율하고 있는 법률관계에 있어서는 당해 조약이 국내법의 특별법적인 지위에 있으므로 국내법보다 우선하여 적용된다.
한편, 조세조약은 체약국 사이의 과세권이 문제될 때 이를 조정함으로써 이중과세와 조세회피를 방지함을 목적으로 체결되는 것이므로, 원칙적으로 조세조약은 독자적인 과세권을 창설하는 것이 아니라 체약국의 국내 세법에 의하여 이미 창설된 과세권을 배분하거나 제약하는 기능을 하는바, 조세조약의 적용이 문제되는 경우에 있어서는, 먼저 일정한 사실관계를 확정하고, 다음으로 일방체약국의 국내 세법을 적용하여 과세권의 발생 여부에 대하여 판정한 다음, 일방체약국의 국내 세법상 과세권이 인정되는 경우에는 조세조약을 적용하여 조세조약이 일방체약국의 국내 세법과 달리 정하는 사항에 대하여 타방체약국 사이의 최종적인 과세권의 소재 및 비과세 여부를 판정한 후, 과세권이 일방체약국이나 타방체약국 또는 체약국 쌍방에 있다고 인정되는 경우에는 조세조약상 제약규정을 참작하여 해당 체약국의 국내 세법이 정하는 방법과 절차에 따라 과세하는 논리적 과정을 거치게 된다.
또한 조세조약을 적용함에 있어서는 조세조약에서 달리 정의하지 않은 용어는 조세조약의 문맥상 달리 해석하여야 하는 경우가 아닌 한 원칙적으로 그 국가의 과세권의 근거가 되는 국내 세법의 규정에 내포된 의미에 따라 해석하여야 할 것이다(서울고등법원 2009누8009, 2010.8.19.).

- **OECD 모델협약과 국내 세법의 관계**

OECD 모델협약의 주석은 헌법 제6조 제1항에 의해 체결・공포된 조약이 아니고 일반적으로 승인된 국제법규라고 볼 수 없으므로, 법적인 구속력이 인정될 수는 없는 것이지만, 이는 우리나라와 벨기에 등을 비롯한 OECD 회원 국가 간에 체결된 조세조약의 올바른 해석을 위한 국제적으로 권위를 인정받는 기준으로서 국내법상의 실질과세원칙 등과 관련한 OECD 회원 국가 간 조약 해석에 있어서 하나의 참고자료가 될 수 있다(서울고등법원 2009누8009, 2010.8.19.).

- **홍콩법인에게 「한・중 조세조약」이 적용되는지 여부**

「한・중 조세조약」은 홍콩에는 적용되지 아니하는 것이며 우리나라와 홍콩과는 조세조약이 체결되어 있지 아니하므로 홍콩법인에게 국내원천소득이 발생하는 경우에는 「법인세법」

을 적용하여야 하는 것임(서면2팀-1688, 2007.9.14.).
* 참고 : 2016.9.27.「한·홍콩 조세조약」 발효

• **조세조약상 수익적 소유자란?**

수익적 소유자(beneficial owner)라 함은 어떤 소득의 실질적인 수취인을 가리키며, 동 개념에 의한 과세원칙은 개별 조세조약에 있어서 체약국의 거주자인 특정 소득의 수취인이 법적·형식적으로 당해 소득의 수익자일 뿐만 아니라 경제적·실질적으로 동 소득의 수익자이어야 조세조약상 혜택이 주어짐을 뜻함(재국조 46017-37, 1996.2.23.).

• **조세조약상 수익적 소유자란?**

수익적 소유자(beneficial owner)의 개념은 좁은 기술적 의미로 쓰이지 않는다. 그보다는 이중과세 및 조세회피를 방지(the prevention of fiscal evasion and avoidance)하려는 조세조약의 목적에 비추어 문맥속에서 해석되어야 할 것이다(MTC §10 주석서 12.1).

• **조세회피 목적 불문 수익적 소유자 판단 가능 여부**

「한국·스웨덴 조세조약」 제10조의 수익적 소유자를 적용하는데 있어 거래의 실질내용, 조세회피의도 등을 종합적으로 고려하여 수익적 소유자를 판정하여야 할 사실판단 사항임(기획재정부 국제조세협력과-200, 2016.4.26.).

• **과세권 행사시 조세조약에 별도의 규정이 없는 경우**

자국의 과세권의 행사는 자국의 법령에 기초하여 이루어지므로 외국법인의 국내원천소득금액을 산출함에 있어서도 그 준거할 법령 등에 관하여 조약이나 국내법에 별도의 규정이 없는 한 국내의 법령과 회계기준에 따르는 것이 원칙이라 할 것임(대법 97누3903, 2000.2.22.).

• **수익적 소유자 관련 판례**

우리 법인세법상 국내원천소득에 해당하는 사용료 소득일지라도 헝가리의 수익적 소유자인 거주자에게 지급되는 경우에는 국내에서 과세될 수 없다. 위 조약 규정의 도입 연혁과 그 문맥 등을 종합할 때, 수익적 소유자는 당해 사용료 소득을 지급받은 자가 타인에게 이를 다시 이전할 법적 또는 계약상의 의무 등이 없는 사용·수익권을 갖는 경우를 뜻한다. 이러한 수익적 소유자에 해당하는지는 해당 소득에 관련된 사업활동의 내용과 현황, 그 소득의 실제 사용과 운용 내역 등 제반 사정을 종합하여 판단하여야 한다(대법 2017두33008, 2018.11.15.).

〈한·미 조세조약 일부 발췌〉

제1조 **【대상조세】** [1979.10.20.]

(1) 이 협약의 대상이 되는 조세는 다음과 같다.

(a) 한국의 경우에는 소득세 및 법인세(한국의 조세)

(b) 미국의 경우에는 내국세법에 의하여 부과되는 연방소득세(미국의 조세)

(2) 이 협약은 상기 (1)항에 의하여 포함되는 조세와 실질적으로 유사한 조세로서 이 협약의 서명일자 이후에 현행 조세에 추가하여 부과되거나 또는 현행 조세에 대체하여 부과되는 조세에 대하여도 적용된다.

(3) 제7조(무차별)의 목적상 이 협약은 중앙정부, 주정부 또는 지방정부의 수준에서 부과되는 모든 종류의 조세에 대하여도 적용된다. 제28조(정보의 교환)의 목적상 이 협약은 중앙정부의 수준에서 부과되는 모든 종류의 조세에 대하여도 적용된다.

제2조 【일반적 정의】 [1979.10.20.]

(1) 달리 문맥에 따르지 아니하는 한, 이 협약에 있어서 아래의 용어들은 각기 다음의 의미를 가진다.

(a) (i) "한국"이라 함은 대한민국을 의미한다.

(ii) "한국"이라 함은, 지리적 의미로 사용되는 경우에, 한국의 조세에 관한 법이 효력을 가지는 모든 영역을 의미한다. 한국이라 함은 또한 다음의 것을 포함한다.

(A) 한국의 영해

(B) 해저지역의 자연자원의 탐사 및 채취를 목적으로 국제법에 따라 한국이 주권적 권리를 행사하는 영해 밖의 한국의 연안에 인접한 해저지역의 해상과 하층토, 다만, 이 협약이 적용되는 인, 재산 또는 활동이 그러한 탐사 또는 채취와 관련되는 범위에 한한다.

(b) (i) "미국"이라 함은 미합중국을 의미한다.

(ii) "미국"이라 함은 지리적 의미로 사용되는 경우에, 미국의 제 주와 콜럼비아특별구를 의미한다. 미국이라 함은 또한 다음의 것을 포함한다.

(A) 미국의 영해

(B) 해저지역의 자연자원의 탐사 및 채취를 목적으로 국제법에 따라 미국이 주권적 권리를 행사하는 영해 밖의 미국의 연안에 인접한 해저지역의 해상과 하층토, 다만, 이 협약이 적용되는 인, 재산 또는 활동이 그러한 탐사 또는 채취와 관련되는 범위에 한한다.

(c) "체약국"이라 함은 문맥에 따라 한국 또는 미국을 의미한다.

(d) "인"이라 함은 개인, 조합, 법인, 유산재단, 신탁재단 또는 기타 인의 단체를 포함한다.

(e) (i) "한국법인" 또는 "한국의 법인"이라 함은 한국 내에 본점 또는 주 사무소를 두고 있는 법인(미국법인 제외), 또는 한국의 조세 목적상 한국 법인으로 취급되는 단체를 의미한다.

(ii) "미국법인" 또는 "미국의 법인"이라 함은 미국 또는 미국의 제 주 또는 콜럼비아특별구의 법에 따라 설립되거나 또는 조직되는 법인, 또는 미국의 조세목적상 미국법인으로 취급되는 법인격없는 단체를 의미한다.

(f) "권한있는 당국"이라 함은 다음의 것을 의미한다.

(i) 한국의 경우에는 재무부장관 또는 그의 대리인

(ii) 미국의 경우에는 재무부장관 또는 그의 대리인

(g) "국가"라 함은, 어느 하나의 체약국을 말하는가의 여부에 관계없이 중앙정부가 대표하는 국가를 의미한다.

(h) "시민"이라 함은, 다음의 것을 의미한다.

(i) 한국의 경우에는 한국의 국민

(ii) 미국의 경우에는 미국의 시민

(2) 이 협약에서 사용되나 이 협약에서 정의되지 아니한 기타의 용어는, 달리 문맥에 따르지 아니하는 한, 그 조세가 결정되는 체약국의 법에 따라 내포하는 의미를 가진다. 상기 규정에 불구하고 일방 체약국의 법에 따른 그러한 용어의 의미가 타방 체약국의 법에 따른 용어의 의미와 상이하거나, 또는 그러한 용어의 의미가 어느 한 체약국의 법에 따라 용이하게 결정될 수 없는 경우에 양 체약국의 권한있는 당국은 이중과세를 방지하거나 또는 이 협약의 기타의 목적을 촉진하기 위하여 이 협약의 목적상 동 용어의 공통적 의미를 확정할 수 있다.

제3조 【과세상의 주소】 [1979.10.20.]

(1) 이 협약에 있어서 하기 용어는 각기 다음의 의미를 가진다.

(a) "한국의 거주자"라 함은 다음의 것을 의미한다.

(i) 한국법인

(ii) 한국의 조세 목적상 한국에 거주하는 기타의 인(법인 또는 한국의 법에 따라 법인으로 취급되는 단체를 제외함). 다만, 조합원 또는 수탁자로서 행동하는 인의 경우에, 그러한 인에 의하여 발생되는 소득은 거주자의 소득으로서 한국의 조세에 따라야 하는 범위에 한한다.

(b) "미국의 거주자"라 함은 다음의 것을 의미한다.

(i) 미국법인

(ii) 미국의 조세 목적상 미국에 거주하는 기타의 인(법인 또는 미국의 법에 따라 법인으로 취급되는 단체를 제외함). 다만, 조합원 또는 수탁자로서 행동하는 인의 경우에, 그러한 인에 의하여 발생되는 소득은 거주자의 소득으로서 미국의 조세에 따라야 하는 범위에 한한다.

(c) 지불을 행하는 조합의 거주지를 결정함에 있어서 조합은 조합이 설립 또는 조직에 적용된 국가의 법에 따라 그 국가의 거주자로 간주된다.

(2) 상기 (1)항이 규정에 이한 사유로 인하여 어느 개인이 양 체약국의 거주지인 경우에는 다음과 같이 취(급)된다.

(a) 동 개인은 그가 주거를 두고 있는 그 체약국의 거주자로 간주된다.

(b) 동 개인이 양 체약국 내에 주거를 두고 있거나 또는 어느 체약국에도 주거를 두고 있지 아니하는 경우에 그는 그의 인적 및 경제적 관계가 가장 밀접한 그 체약국(중대한 이해관계의 중심지)의 거주자로 간주된다.

(c) 동 개인의 중대한 이해관계의 중심지가 어느 체약국에도 없거나 또는 결정될 수 없을 경우에 그는 그가 일상적 거소를 두고 있는 그 체약국의 거주자로 간주된다.

(d) 동 개인의 양 체약국 내에 일상적 거소를 두고 있거나 또는 어느 체약국에도 거소를 두고 있지 아니하는 경우에, 그는 그가 시민으로 소속하고 있는 체약국의 거주자로 간주된다.

(e) 동 개인이 양 체약국의 시민으로 되어 있거나 또는 어느 체약국의 시민도 아닌 경우에, 체약국의 권한있는 당국은 상호 합의에 의하여 그 문제를 해결한다. 본 항의 목적상 주거는 어느 개인이 그 가족과 함께 거주하는 장소를 말한다.

(3) 상기 (2)항의 규정에 의한 사유로 인하여 일방 체약국의 거주자로 간주되지 아니하는 개인은, 제4조(과세의 일반규칙)를 포함하여, 이 협약의 모든 목적상 상기 일방 체약국의 거주자로서만 간주된다.

제4조 【과세의 일반규칙】 [1979.10.20.]

제5조 【이중과세의 회피】 [1979.10.20.]

제6조 【소득의 원천】 [1979.10.20.]

제7조 【무차별】 [1979.10.20.]

제8조 【사업소득】 [1979.10.20.]

(1) 일방 체약국의 거주자의 산업상 또는 상업상의 이윤은, 그 거주자가 타방 체약국에 소재하는 고정사업장을 통하여 동 타방 체약국내에서 산업상 또는 상업상의 활동에 종사하지 아니하는 한, 동 타방 체약국에 의한 조세로부터 면제된다. 동 거주자가 산업상 또는 상업상의 이윤에 대하여 동 타방 체약국이 과세할 수 있으나, 고정사업장에 귀속되는 동 이윤에 대해서만 과세된다.

(2) 일방 체약국의 거주자가 타방 체약국에 소재하는 고정사업장을 통하여 타방 체약국내에서 산업상 또는 상업상의 활동에 종사하는 경우에는, 동 고정사업장이 동일한 또는 유사한 조건하에서, 동일한 또는 유사한 활동에 종사하고, 또한 어느 고정사업장을 가진 거주자와 전적으로 독립해서 거래하는 독립적 사업체로 가정하는 경우에 동 고정사업장에 귀속되는 산업상 또는 상업상의 이윤은 각 체약국내에서 동 고정사업장에 귀속된다.

(3) 고정사업장의 산업상 또는 상업상의 이윤을 결정함에 있어서 경영비와 일반 관리비를 포함하여 합리적으로 그 이윤에 관련되는 경비는 고정사업장에 소재하는 체약국내에서 또는 다른 곳에서 발생하는가에 관계없이 비용공제가 허용된다.

(4) 일방 체약국의 거주자의 계산으로, 동 거주자가 타방 체약국내에 둔 고정사업장에 의하거나 또는 동 고정사업장을 가진 그 거주자에 의하여 재화 또는 상품이 구입되는 이유만으로, 이윤은 동 거주자의 고정사업장에 귀속되지 아니한다.

(5) "산업상 또는 상업상의 활동"이라 함은 상업 또는 사업의 능동적 수행을 의미한다.

동 활동에는 제조업, 상업, 보험업, 은행업, 금융업, 농업, 수산업 또는 광업활동의 수행과 선박 또는 항공기의 운행, 용역의 제공 및 유형의 개인재산(선박 또는 항공기를 포함함)의 임대가 포함된다. 피고용인으로서 또는 독립적 자격으로 개인이 인적 용역을 수행하는 것은 동 용역에 포함되지 아니한다.

(6) (a) "산업상 또는 상업상의 이윤"이라 함은 산업상 또는 상업상의 활동으로 얻는 부동산 및 자연 자원으로부터 얻는 소득, 배당, 이자, 사용료(제14조(사용료)(4)항에 규정된 것) 및 양도소득을 의미한다. 다만, 동 소득이 산업상 또는 상업상의 활동으로부터 얻어진 것인가에 관계없이 그러한 소득, 배당, 이자, 사용료 또는 양도소득을 발생시키는 재산 또는 권리가 일방 체약국의 거주자인 수령자가 타방 체약국내에 두고 있는 고정사업장과 실질적으로 관련된 경우에만 그러하다.

(b) 재산 또는 권리가 고정사업장과 실질적으로 관련되어 있는가를 결정하기 위하여 고려되어야 할 요소는, 동 권리 또는 재산이 고정사업장을 통하여 산업상 또는 상업상의 활동 수행에 사용되고 있는가, 또는 사용을 위하여 보유되고 있는가, 그리고 동 고정사업장을 통하여 수행된 활동이 동 재산 또는 권리로부터 또는 소득의 취득에 있어서 실질적 요소이었던 것인가를 포함한다. 이러한 목적상 동 재산 또는 권리 또는 동 소득이 동 고정사업장을 통하여 계상되었는지의 여부를 정당히 고려하여야 한다.

(7) 산업상 또는 상업상의 이윤은 이 협약의 다른 제 조항에서 별도로 취급되는 소득의 항목을 포함하는 경우에, 동 조항에서 달리 규정되는 것을 제외하고, 동 조항의 제 규정은 본 조의 규정을 대체한다.

제9조 **【고정사업장】** [1979.10.20]

(1) 이 협약의 목적상 "고정사업장"이라 함은 어느 체약국의 거주자가 산업상 또는 상업상의 활동에 종사하는 사업상의 고정된 장소를 의미한다.

(2) "사업상의 고정된 장소"라 함은 다음의 것을 포함하나 그에 한정되지 아니한다.

(a) 지 점

(b) 사무소

(c) 공 장

(d) 작업장

(e) 창 고

(f) 상점 또는 기타 판매소

(g) 광산・채석장 또는 기타 자연자원의 채취장

(h) 6개월을 초과하여 존속하는 건축공사 또는 건설 또는 설비공사

(3) 상기 (1)항 및 (2)항에 불구하고 고정사업장에는 다음의 어느 하나 또는 그 이상의 목적만을 위하여 사용되는 사업상의 고정된 장소가 포함되지 아니한다.

(a) 거주자에 속하는 재화 또는 상품의 보관, 전시 또는 인도를 위한 시설의 사용

(b) 저장, 전시 또는 인도 목적상 거주자에 속하는 재화 또는 상품의 재고 보유
(c) 타인에 의한 가공 목적상 거주자에 속하는 물품 또는 상품의 재고 보유
(d) 거주자를 위한 물품 또는 상품의 구입목적상 또는 정보수집을 위한 상업상의 고정된 장소의 보유
(e) 거주자를 위한 광고, 정보의 제공, 과학적 조사 또는 예비적 또는 보조적 성격을 가지는 유사한 활동을 위한 사업상의 고정된 장소의 보유 또는
(f) 6개월을 초과하여 존속하지 아니하는 건축공사 또는 건설 또는 설비공사의 보유

(4) 일방 체약국의 거주자가 본조 (1)항 내지 (3)항에 따라 타방 체약국내에 고정사업장을 가지고 있지 아니한 경우에도, 다음과 같은 대리인을 통하여 동 타방 체약국내에서 상업 또는 사업에 종사하는 경우에, 동 거주자는 동 타방 체약국에 고정사업장을 가진 것으로 간주된다.
(a) 동 거주자 명의의 계약 체결권을 가지며 또한 동 타방 체약국내에서 동 권한을 정규적으로 행사하는 대리인. 다만, 동 권한의 행사가 동 거주자의 계산으로 재화 또는 상품을 구입함에 한정되지 아니하는 경우이어야 한다. 또는
(b) 동 대리인이 정규적으로 주문에 응하거나 또는 인도를 행하는 그 거주자에 속하는 재화 또는 상품의 재고를 동 타방 체약국내에 보유하는 대리인

(5) 상기 (3)항의 세항 (a), (c) 및 (d)에도 불구하고 일방 체약국의 거주자가 타방 체약국내에 사업상의 고정된 장소를 가지며, 또한 재화 또는 상품이 (a) 동 타방 체약국 내에서 타인에 의하여 가공되어야 하거나(동 타방 체약국내에서 구입된 것인가의 여부에 관계없음), 또는 (b) 동 타방 체약국 내에서 구입되는 경우(동 재화 또는 상품이 타방 체약국 외에서 가공되어야 하는 것은 아님)에,
동 재화 또는 상품의 전부 또는 일부가 동 타방 체약국내에서의 사용, 소비, 처분을 위하여 동 거주자에 의하여 또는 동 거주자를 위하여 매각되면, 동 거주자는 동 타방 체약국내에 고정사업장을 가진 것으로 간주된다.

(6) 상기 (4)항 및 (5)항의 제 규정에도 불구하고 일방 체약국의 거주자가 타방 체약국내에서 중개인, 일반 위탁매매인 또는 기타의 독립적 지위를 가진 대리인으로서 정상적인 방법으로 사업을 행하고 있는 동 중계인 또는 대리인을 통하여 산업상 또는 상업상의 활동에 종사하고 있는 이유만으로 동 거주자는 동 타방 체약국내에 고정사업장을 가진 것으로 간주되지 아니한다.

(7) 일방 체약국의 거주자가, 타방 체약국의 거주자 또는 동 타방 체약국내에서 산업상 또는 상업상의 활동에 종사하는 인(고정사업장을 통하거나 또는 다른 방법에 의함)과의 특수관계인(제11조 특수관계인에 규정된 자)이라는 사실은, 동 일방체약국의 거주자가 동 타방 체약국내에 고정사업장을 가지고 있는가를 결정함에 있어서 고려되어서는 아니된다.

(8) 상기 (1)항 내지 (7)항에 규정된 제 원칙은, 이 협약의 목적상 어느 체약국 이외의 다른 국가내에 고정사업장이 있는가 또는 어느 체약국의 거주자 이외의 타인이 어

는 체약국내에 고정사업장을 가지고 있는가를 결정함에 있어서 적용된다.

제10조 【해운 및 항공운수】 [1979.10.20.]

제8조(사업소득)에 불구하고 일방 체약국의 거주자가 국제운수상 선박 또는 항공기의 운행으로부터 얻는 소득은 타방 체약국에 의한 조세로부터 면제된다. 본조의 목적상 선박 또는 항공기의 국제운수상의 운행으로부터 발생되는 소득에는 콘테이너 및 콘테이너의 내륙운송을 위한 트레일러와 기타 관련되는 장비의 사용 또는 임대로부터 발생되는 소득과 같이 동 운행에 부수되는 장비의 사용 또는 임대로부터 발생되는 소득과 같이 동 운행에 부수되는 소득이 포함되나, 콘테이너 내륙운송으로부터 발생되는 기타의 소득은 포함되지 아니한다.

제11조 【특수관계인】 [1979.10.20.]

(1) 어느 체약국의 조세관할권에 따라야 하는 인과 기타의 인이 특수관계에 있으며, 또한 그러한 특수관계인 간에 독립인 간에 행하여지는 것과는 상이한 약정을 그들간에 체결하거나, 또는 조건을 부과하는 경우에, 동 약정 또는 조건이 없었더라면 상기 어느 인의 소득(또는 손실) 또는 그 인의 납부세액 계산에 고려되었을 것이나 그 약정 또는 조건 때문에 계상되지 아니한 소득, 비용공제, 세액공제 또는 소득공제는, 과세의 대상이 되는 소득액 또는 특수관계인이 납부해야 할 세액을 계산함에 있어서 고려될 수 있다.

(2) 이 협약의 목적상 어느 인이 직접적으로 또는 간접적으로 타인을 소유하거나 또는 지배하는 경우 또는 어느 제3자가 직접적으로 또는 간접적으로 상기 양자를 소유하거나 또는 지배하는 경우에, 그 인은 동 타인과 특수관계를 가진 것으로 본다. 이 협약의 목적상 "지배"라 함은, 법적으로 실시할 수 있는지의 여부에 관계없이, 또한 여하히 행사되는가 또는 행사할 수 있는가를 불문하고, 모든 종류의 지배를 포함한다.

제12조 【배당】 [1979.10.20.]

(1) 타방 체약국의 거주자가 일방 체약국내의 원천으로부터 받는 배당은 양 체약국에 의하여 과세될 수 있다.

(2) 타방 체약국의 거주자가 일방 체약국내의 원천으로부터 받는 배당에 대하여 동 일방 체약국이 부과하는 세율은 아래의 것을 초과해서는 아니된다.

 (a) 총배당액의 15퍼센트, 또는

 (b) 배당 수취인이 법인인 경우에는 다음의 사정하에서 총배당액의 10퍼센트

  (i) 배당지급 일자에 선행하는 지급법인의 과세연도의 일부기간중 및 그 직전 과세연도의 전체 기간중에 지급법인의 발행된 의결권 주식중 적어도 10퍼센트를 배당수취 법인이 소유하며, 또한

  (ii) 상기 직전 과세연도중에 지급법인의 총소득의 25퍼센트 이하가 이자 또는 배당으로 구성되는 경우(은행, 보험 또는 금융업으로 발생한 이자와 동 배

당 또는 이자의 수취시에 발행된 의결권 주식중 50퍼센드 이상을 지급법인이 소유하고 있는 자회사로부터 받는 배당과 이자는 제외됨)

(3) 일방 체약국의 거주자인 배당수취인이 타방 체약국내에 고정사업장을 가지며 또한 배당을 지급받는 주식이 동 고정사업장과 실질적으로 관련을 가지는 경우에는, 상기 (2)항이 적용되지 아니한다. 그러한 경우에는 제8조(사업소득) (6)(a)항의 규정이 적용된다.

제13조 **【이자】** [1979.10.20.]

(1) 타방 체약국의 거주자에 의하여 일방 체약국의 원천으로부터 발생한 이자는 양 체약국에 의하여 과세될 수 있다.

(2) 타방 체약국의 거주자에 의하여 일방 체약국내의 원천으로부터 발생한 이자에 대하여 일방 체약국이 부과하는 세율은 그 이자 총액의 12퍼센트를 초과해서는 아니된다.

(3) 상기 (1)항 및 (2)항에 불구하고 일방 체약국내의 원천으로부터 발생한 이자는 그 소득이 타방 체약국의 과세대상이 되지 아니할 것으로 하여, 타방 체약국 정부 그 지방공공단체 또는 그 중앙은행에 의하여 그 수익으로 발생되거나 또는 동 정부 또는 동 중앙은행 또는 정부와 중앙은행의 양자가 전적으로 소유하고 있는 기관에 의하여 그 수익으로 발생되는 경우에는, 동 일방 체약국에 의한 과세로부터 면제된다.

(4) 일방 체약국의 거주자인 이자의 수취인이 타방 체약국내에 고정사업장을 가지며 또한 동 이자를 발생시키는 채무가 동 고정사업장과 실질적으로 관련되어 있는 경우에 상기 (2)항은 적용되지 아니한다. 그러한 경우에는 제8조(사업소득) (6)(a)항이 적용된다.

(5) 어느 특수관계인에게 이자로서 지급된 표시 금액이 비특수관계인에게 지급되었을 금액을 초과하는 경우에, 본조의 규정은 비특수관계인에게 지급되었을 이자에 대해서만 적용된다. 그러한 경우에 초과 지급액은, 적용할 수 있다면, 이 협약의 제규정을 포함하여 각 체약국의 법에 따라 각 체약국에 의하여 과세될 수 있다.

(6) 이 협약에서 사용되는 "이자"라 함은 공채, 사채, 국채, 어음 또는, 그 담보의 유무와 이익 참가권의 수반 여부에 관계없는, 기타의 채무증서와 모든 종류의 채권으로부터 발생하는 소득 및 그 소득의 원천이 있는 체약국의 세법에 따라 금전의 대부에서 발생한 소득으로 취급되는 기타의 소득을 의미한다.

제14조 **【사용료】** [1979.10.20]

(1) 타방 체약국의 거주자에 의하여 일방 체약국내의 원천으로부터 발생되는 사용료에 대하여 동 일방 체약국이 부과하는 조세는, 하기 (2)항 및 (3)항에 규정된 경우를 제외하고는, 그 사용료 총액의 15퍼센트를 초과해서는 아니된다.

(2) 저작권 또는 문학, 연극, 음악 또는 예술작품의 생산 또는 재생산권으로부터 일방 체약국의 거주자에 의하여 발생되는 사용료와, 라디오 또는 텔레비전방송용 필름

과 테이프를 포함하여 영화필름의 사용 또는 사용권에 대한 대가로 받는 사용료는, 동 사용료 총액의 10퍼센트를 초과하는 세율로써 동 타방 체약국에 의하여 과세될 수 없다.

(3) 일방 체약국의 거주자인 사용료 수취인이 타방 체약국내에서 고정사업장을 가지며 또한 동 사용료를 발생시키는 권리 또는 재산이 동 고정사업장과 실질적으로 관련되어 있는 경우에는, 상기 (1)항 및 (2)항이 적용되지 아니한다. 그러한 경우에는, 제8조(사업소득) (6)(a)항이 적용된다.

(4) 본 조에서 사용되는 "사용료"라 함은 다음의 것을 의미한다.

(a) 문학, 예술, 과학작품의 저작권 또는 영화필름 · 라디오 또는 텔레비전 방송용 필름 또는 테이프의 저작권, 특허, 의장, 신안, 도면, 비밀공정 또는 비밀공식, 상표 또는 기타 이와 유사한 재산 또는 권리, 지식, 경험, 기능(기술), 선박 또는 항공기(임대인이 선박 또는 항공기의 국제운수상의 운행에 종사하지 아니하는 자인 경우에 한함)의 사용 또는 사용권에 대한 대가로서 받는 모든 종류의 지급금

(b) 그러한 재산 또는 권리(선박 또는 항공기는 제외됨)의 매각, 교환 또는 기타의 처분에서 발생한 소득중에서 동 매각, 교환 또는 기타의 유상처분으로 취득된 금액이 그러한 재산 또는 권리의 생산성, 사용 또는 처분에 상응하는 부분, 사용료에는 광산, 채석장 또는 기타 자연자원의 운용에 관련하여 지급되는 사용료, 임차료 또는 기타의 금액은 포함되지 아니한다.

(5) 특수관계인에게 사용료로서 지급된 금액이 비특수관계인에게 지급되는 금액을 초과하는 경우에, 본 조의 제 규정은 비특수관계인에게 지급되는 사용료의 상당액에 대해서만 적용된다. 그러한 경우에 초과 지급금은, 적용할 수 있는 경우에, 이 협약의 제 규정을 포함하여 각 체약국의 법에 따라 각 체약국에 의하여 과세될 수 있다.

제15조 **【부동산 소득】** [1979.10.20.]

(1) 사용료 및 자연자원의 채취에 관련된 기타의 지급금을 포함한 부동산 소득과 동 사용료 또는 기타의 지급금을 발생시키는 재산 또는 권리의 매각, 교환 또는 기타의 처분으로부터 발생하는 이득은 그러한 부동산 또는 자연자원이 소재하는 체약국에 의하여 과세될 수 있다. 이 협약의 목적상 부동산에 의하여 담보가 결정되었거나 또는 사용료 혹은 자연자원의 채취에 관련되는 기타의 지급금을 발생시키는 권리에 의하여 담보가 설정된, 채무에 대한 이자는 부동산 소득으로 간주되지 아니한다.

(2) 상기 (1)항은 부동산의 용익권, 직접사용, 임대 또는 기타 형태의 사용으로부터 발생한 소득에 적용된다.

제16조 **【양도소득】** [1979.10.20.]

(1) 일방 체약국의 거주자는 아래의 경우에 해당되지 아니하는 한, 자본적 자산의 매각,

교환 또는 기타의 처분으로부터 발생하는 소득에 대하여 타방 체약국에 의한 과세로부터 면제된다.

(a) 타방 체약국에 소재하는 재산으로서 제15조(부동산 소득)에 규정된 재산의 매각, 교환 또는 기타의 처분으로부터 일방 체약국의 거주자에 의하여 동 소득이 발생되는 경우

(b) 일방 체약국의 거주자인 동 소득의 수취인이 타방 체약국내에 고정사업장을 가지며 또한 동 소득을 발생시키는 재산이 동 고정사업장과 실질적으로 관련되는 경우

(c) 일방 체약국의 거주자인 개인으로서 동 소득의 수취인이

(i) 과세연도중 총 183일 이상의 단일기간 또는 제 기간 동안 타방 체약국내에 고정시설을 유지하며 또한 동 이득을 발생시키는 재산이 동 고정시설과 실질적으로 관련되어 있거나 또는

(ii) 동 수취인이 과세연도중 총 183일 이상의 단일기간 또는 제 기간 동안 타방 체약국에 체재하는 경우

(2) 상기 (1)(a)항에 규정된 소득의 경우에는 제15조(부동산 소득)의 규정이 적용된다. 상기 (1)(b)항에 규정된 소득의 경우에는 제8조(사업소득)의 규정이 적용된다.

제17조 **【투자회사 또는 지주회사】** [1979.10.20.]

제18조 **【독립적 인적용역】** [1979.10.20.]

(1) 일방 체약국의 거주자인 개인이 독립된 자격으로 인적용역을 제공하여 취득하는 소득은 동 일방 체약국에 의하여 과세될 수 있다. 하기 (2)항에 규정된 경우를 제외하고 동 소득은 타방 체약국에 의한 과세로부터 면제된다.

(2) 일방 체약국의 거주자인 개인이 타방 체약국내에서 독립된 자격으로 인적용역을 제공하여 취득하는 소득은, 다음의 경우에, 동 타방 체약국에 의하여 과세될 수 있다.

(a) 동 개인이 과세연도중 총 183일 이상의 단일기간 또는 제 기간 동안 동 타방체약국 내에 체재하는 경우

(b) 상기 소득이 과세연도중 미화 3,000불 또는 이에 상당하는 원화를 초과하는 경우, 또는

(c) 동 개인이 동 과세연도중 총 183일 이상의 단일기간 또는 제 기간 동안 동 타방 체약국 내에 고정시설을 유지하는 경우, 다만, 이 경우에는 동 고정시설에 귀속되는 소득액에 한한다.

제19조 **【근로소득】** [1979.10.20.]

(1) 법인의 직원으로서 제공한 용역에 대한 보수를 포함하여, 피고용인으로서 제공한 노무 또는 인적용역으로부터 일방 체약국의 거주자인 개인에 의하여 발생되는 임금, 급여 및 이와 유사한 보수는 동 일방 체약국에 의하여 과세될 수 있다. 하기 (2)항에 규정된 경우를 제외하고 타방 체약국내의 원천으로부터 발생되는 보수는

동 타방 체약국에 의해서도 과세될 수 있다.

(2) 일방 체약국의 거주자인 개인에 의하여 발생되는 상기 (1)항에 규정된 보수는 다음의 경우에 타방 체약국에 의해서도 과세로부터 면제된다.

(a) 동 개인이 과세연도중 총 183일 미만의 단일기간 또는 (제) 기간 동안 동 타방 체약국내에 체재하는 경우

(b) 동 개인이 동 일방 체약국의 거주자 또는 동 일방 체약국내에 보유하고 있는 고정사업장의 피고용인인 경우

(c) 고용주가 동 타방 체약국내에 두고 있는 고정사업장이 동 보수를 부담하지 아니하는 경우, 및

(d) 동 소득이 미화 3,000불 또는 이에 상당하는 원화를 초과하지 아니하는 경우

(3) 상기 (2)항에 불구하고 일방 체약국의 거주자가 국제운수상 운행하는 선박 또는 항공기에 탑승하는 피고용인으로서 노무 또는 인적용역의 제공으로부터 동 개인이 취득하는 보수는, 동 개인이 동 선박 또는 항공기의 정규승무원조의 일원인 경우에, 동 타방 체약국에 의한 과세로부터 면제된다.

제20조 【교직자】 [1979.10.20.]

제21조 【학생 및 훈련생】 [1979.10.20.]

제22조 【정부기능】 [1979.10.20.]

제23조 【민간 퇴직연금 및 보험연금】 [1979.10.20.]

제24조 【사회보장 지급금】 [1979.10.20.]

제25조 【사회보장세의 면제】 [1979.10.20.]

제26조 【외교관 및 영사관】 [1979.10.20.]

협약의 어느 규정도 국제법의 일반규칙 또는 특별협정의 규정에 의거한 외교관 및 영사관의 과세상의 특권에 영향을 주지 아니한다.

제27조 【상호합의 절차】 [1979.10.20.]

(1) 일방 체약국 또는 양 체약국의 과세 처분이 일방 체약국의 거주자에 대하여 이 협약에 의거하지 아니하는 과세의 결과를 가져오거나 또는 가져올 것으로 동 거주자가 간주하는 경우에, 동 거주자는 양 체약국의 국내법에 의하여 규정된 구제절차에 불구하고, 그가 거주자로 되어 있는 체약국의 권한 있는 당국에 그 사건에 대한 이이를 신청할 수 있다. 동 청구를 받은 체약국의 권한있는 당국에 의하여 동 거주자의 청구가 이유있는 것으로 간주되는 경우에 동 체약국은 이 협약의 규정에 배치되는 과세를 회피할 목적으로 타방 체약국의 권한있는 당국과의 합의에 도달하도록 노력한다.

(2) 양 체약국의 권한있는 당국은 이 협약의 적용에 관하여 발생하는 곤란 또는 의문을 상호합의에 의하여 해결하도록 노력한다. 특히, 양 체약국의 권한있는 당국은 다음의 사항에 관하여 합의할 수 있다.

(a) 일방 체약국의 거주자와 타방 체약국내에 소재하는 동 거주자의 고정사업장에 산업상 또는 상업상의 이윤을 동일하게 귀속하는 것

(b) 일방 체약국의 조세 관할에 따라야 하는 인과 특수관계인 간에 소득, 비용공제・세액공제 또는 소득공제를 동일하게 할당하는 것

(c) 특정 소득항목의 원천을 동일하게 결정하는 것

(d) 소득과 비용공제를 일관성있게 계산하는 것, 또는

(e) 이 협약에서 사용되는 용어를 동일하게 정의하는 것

(3) 양 체약국의 권한있는 당국은, 본조에서 의미하는 합의에 도달할 목적으로, 상호간에 직접적으로 의견교환을 할 수 있다. 합의에 도달할 목적으로 유익하다고 간주되는 경우에 권한있는 당국은 구두의 의견교환을 위하여 상호 회합할 수 있다.

(4) 권한있는 당국이 그러한 합의에 도달하는 경우에는, 동 합의에 따라 양 체약국이 동 소득에 대하여 과세하며 또한 조세의 환불 또는 세액공제를 허용한다.

제28조 **【정보교환】** [1979.10.20.]

(1) 권한있는 당국은, 이 협약의 제 규정을 이행하고, 부정행위를 방지하며 또한 이 협약이 적용되는 조세에 관한 법령상 제 규정의 시행에 필요한 정보를 교환한다. 다만, 동 정보는 각 체약국의 법과 행정관례에 따라 그 조세에 관하여 입수할 수 있는 종류의 것일 것을 조건으로 한다.

(2) 상기와 같이 교환된 정보는, 다음의 경우를 제외하고, 비밀로 취급된다.

(a) 동 정보가 관계자에게 공개될 수 있는 경우, 또는

(b) 동 정보가 이 협약이 적용되는 조세의 부과, 징수, 강제집행 또는 동 조세에 관한 소송에 관련되는 공적기록의 일부가 될 수 있는 경우

(3) 공공정책에 위배되는 정보는 교환되어서는 아니된다.

(4) 일방 체약국의 권한있는 당국에 의하여 특별히 요청을 받는 경우에 타방 체약국의 권한있는 당국은, 증인의 증언과 미편집 원작(서적, 서류, 진술, 기록, 계산서 또는 저작물을 포함함)의 사본형태로, 본 조에 따른 정보를 제공한다. 동 증언과 문서는 양 체약국의 법과 행정관례에 따라 그 조세에 관하여 입수할 수 있는 동일한 범위의 것으로 한다.

(5) 정보의 교환은 정규적으로 하거나 또는 특별한 사건에 관하여 요청을 받아 행한다. 양 체약국의 권한있는 당국은 정규적으로 제공되는 정보의 목록에 관하여 합의할 수 있다.

(6) 양 체약국의 권한있는 당국은, 제1조(대상조세) (1)항에 언급된 세법의 개정 및 제1조(대상조세) (2)항에 언급된 조세의 채택에 관하여, 그 개정 또는 새 법령을 적어도 연1회 송부함으로써 상호 통보한다.

(7) 양 체약국의 권한있는 당국은, 규정, 통첩 또는 사법적 결정의 형태에 관계없이, 각 체약국에 의한 이 협약의 적용에 관한 자료의 발간을 적어도 연1회 송부함으로써 상호 통보한다.

제29조 【적용지역의 확대】 [1979.10.20.]

제30조 【징수협조】 [1979.10.20.]

제31조 【발효】 [1979.10.20.]

이 협약은 비준되어야 하며, 비준서는 가능한 한 조속히 워싱턴에서 교환된다. 이 협약은 비준서의 교환으로부터 30일후에 효력을 발생하며, 아래와 같이 처음으로 시행된다.

(a) 원천징수세율 및 제25조(사회보장세의 면제)에 관해서는 이 협약의 발효일자 이후 두 번째 달의 첫째 일자 이후에 지급되는 금액에 대하여 시행됨.

(b) 기타의 조세에 관해서는 이 협약의 발효일자의 그 익년 1월 1일 이후에 시작되는 과세연도부터 시행됨.

제32조 【종료】 [1979.10.20.]

이 협약은 어느 체약국에 의하여 종료될 때까지 효력을 가진다. 외교경로를 통한 적어도 6개월전의 종료 통고를 행할 조건으로, 이 협약이 발효한 일자로부터 5년이 경과한 후에는 언제라도 어느 체약국은 협약을 종료시킬 수 있다. 그러한 경우에 이 협약은 6개월의 기간 만료후 그 익년 1월 1일 이후에 시작되는 과세연도의 소득(원천세와 사회보장세의 경우에는 지급된 금액)에 대하여 효력을 가지지 아니한다.

Ⅳ 거주자 · 비거주자 판정시 고려사항

1 거주자 · 비거주자 판정시 고려사항

현행 소득세법상 거주자(Resident)란 국내에 주소를 두거나 183일 이상의 거소를 둔 개인을 말한다. 비거주자(Non-Resident)란 거주자가 아닌 개인을 말한다(소법 §1의2①).

다시 말해 비거주자를 정의한 것이 아니고, 먼저 거주자를 정의하고 거주자가 아닌 자가 비거주자라고 하였다. 내가 비거주자라고 주장을 하고 싶으면 거주자가 아니면 되는 것이다. 또한, 거주자 · 비거주자를 판단함에 있어서 재산의 규모, 소득의 금액, 가족구성원의 수와 같이 명확한 기준을 제시한 것이 아니라 관할 세무서장이 객관적인 사실에 따라서 판정을 하게 된다.

소득세법 시행령 제2조【주소와 거소의 판정】
① ... 주소는 국내에 생계를 같이하는 가족 및 국내에 소재하는 자산의 유무 등 생활관계의 객관적 사실에 따라 판정한다.

그러므로, 주소의 유무는 객관적이고 합리적인 논리에 따라 정해지는 그 범위가 매우 넓기 때문에 거주자 · 비거주자의 판정은 전문가에게 의뢰하여 함께 판정을 해야 한다.

거주자 · 비거주자를 판단함에 있어서 여러가지 사실관계를 기초로 하여 거주자인지, 비거주자인지를 판단하게 된다. 이 경우 사실관계를 확인하기 위하여 기초자료로 되는 것들은 여러가지가 있다. 그 중 어느 하나가 충족된다고 하여 바로 거주자 · 비거주자가 되는 것은 아니지만, 판단의 요소 하나하나가 모여 거주자인지, 비거주자인지 사실관계를 구성하여 판단되므로 체크를 하여야 한다.

▸ 주소, 거주지(또는 주소지)

실제로 거주를 하였는지 여부를 확인한다. 실제로 거주하기가 어려운 폐가 등을 단순히 주소지만 두고 있지는 않았는지 등을 확인한다.

민법 제18조【주소】
① 생활의 근거되는 곳을 주소로 한다.
② 주소는 동시에 두 곳 이상 있을 수 있다.

▸ 거소

주소지 외의 장소중에서 상당기간에 걸쳐 거주하는 장소로서 주소와 같이 밀접한 일반적 생활관계가 형성되지 아니한 장소를 말하며(소령 §2②), 장기간 투숙하는 호텔, 게스트하우스 등이 있다.

민법 제19조【거소】
주소를 알 수 없으면 거소를 주소로 본다.

민법 제20조【거소】
국내에 주소없는 자에 대하여는 국내에 거소를 주소로 본다.

민법 제21조【가주소】
어느 행위에 있어서 가주소를 정한 때에는 그 행위에 관하여는 이를 주소로 본다.

▸ 국내거소신고

외국국적동포가 한국내에서 살 수 있는 영주권이며 대한민국국민의 주민등록과 같은 효력을 가진다. 거소신고를 하고 받게 되는 재외국민국내거소신고증으로 한국에서 은행거래 및 증권계좌 등 금융거래를 할 수 있고, 부동산, 운전면허증, 신상모험증도 만들 수 있다.

▸ 월세

주소지가 임대차계약에 따른 보증금, 월세가 있었다면 실제로 송금이 되었는지 계좌내역을 확인한다.

▸ 가족

가족이 한국에 있는지 확인한다. 생계를 같이하는 가족 중 배우자, 자녀, (조)부모, 형제자매인지에 따라서 거주자, 비거주자의 판정이 달라질 수 있다(조심 2012서4594, 2013.1.31.[비거주자 해당]).

민법 제779조 【가족의 범위】

① 다음의 자는 가족으로 한다.

1. 배우자, 직계혈족 및 형제자매
2. 직계혈족의 배우자, 배우자의 직계혈족 및 배우자의 형제자매

② 제1항 제2호의 경우에는 생계를 같이하는 경우에 한한다.

▸ 생계를 같이하는지 여부

함께 거주하는 가족이 각자의 소득으로 생계를 할 수 있어서 생계를 달리 하는지 여부를 확인한다(조심 2012서4594, 2013.1.31.[비거주자 해당]).

▸ 보유부동산 등의 취득목적

국내 또는 국외에 부동산이 있는 경우 주거목적으로 사용하기 위해 보유하는 것인지, 투자목적으로 보유하고 있는 것인지에 따라 주소가 될 수도 있고, 아닐 수도 있다(조심 2012서4594, 2013.1.31.[비거주자 해당]).

▸ 직업

주된 직업이 한국에 있는지, 해외에 있는지를 검토한다. 직장이 국내 또는 해외에 있더라도 일을 하는 곳이 한국에 있는지, 해외에 있는지를 확인한다. 또한, 해외에서 근무를 하더라도 한국의 공무원이거나 내국법인이 100%를 직접 또는 간접 출자한 해외현지법인 등에 파견된 임직원은 해외에 거주하여도 항시 거주자로 본다(소령 §3).

예 규

• **해외연수자**

외국(일본)법인의 한국지점에 근무하던 거주자가 회사의 해외연수자로 선발되어 일본에서 거주하게 되는 경우에는 일본의 거주기간 중에도 거주자로 봄(소득 46011-2500, 1999.7.1.).

• **국내회사에 취업한 외국인**

외국인이 취업연예인 고유비자를 받고 입국하여 1~2년 계약으로 국내회사에 취업한 경우에는 소득세법 시행령 제2조 제3항 제1호에 의하여 거주자로 봄(소득 46011-35, 1999.9.14.).

▸ 주민등록

▸ 국적

거주자・비거주자 판단에 있어서 국적은 절대적인 판단사항이 아닌 하나의 참고사항이다.

▸ 시민권, 영주권

▸ 출입국기록

거주자・비거주자를 판단하는데 있어 기초적인 서류이다. 민원24에서 출입국기록을 발급받아 확인한다. 출입국관리법에 정한 절차에 따라 출입국심사를 받고 출입국한 사람의 일정시점 이후의 출국 및 입국한 사실만을 증명하는 서류이며, 행선지, 여행목적, 체류지 등은 증명되지 않는다.

※ **증명범위**

① 출입국관리법에 정한 절차에 따라 출국 또는 입국한 내・외국인의 출입국에 관한 사실

② 출입국관리법 및 남북교류협력에 관한 법률에 따른 남・북한 왕래기록에 대한 사실

③ 출입국기록이 없는 경우에는 "기록없음"으로 증명시가 발급됨.

문서확인번호 : 1613-4781-5242-

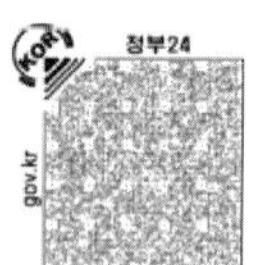

출입국에 관한 사실증명(CERTIFICATE OF ENTRY & EXIT)

발급번호 (Serial No.)	CR-GN-21-	발급일 (Date of Issue)	2021. 2. 16.	쪽수 (Page Count)	2

대상자 (Person upon whom the Certificate is issued)	성명 (Full name) 김철훈(KIM,CHEOL HOON)	
	주민등록번호 (Resident Registration No.) / 생년월일 (Date of Birth)	성별 (Sex) 남 (M)
	국적 (Nationality) 한국 (KOREA)	여권번호 (Passport No.)

출입국 일자 (Dates of Entry and Exit)	출국 (Exit)	입국 (Entry)	출국 (Exit)	입국 (Entry)
	2003.12.16	2003.12.22	2005.02.22	2005.12.24
	2012.06.24	2012.06.29	2013.06.04	2013.06.06
	2013.11.22	2013.11.25	2014.01.15	2014.02.28
	2014.03.02	2014.05.02	2014.05.06	2014.07.31
	2014.08.06	2014.09.06	2014.09.09	2014.10.31
	2015.05.15	2015.05.19	2015.07.02	2015.07.05
	2015.11.26	2015.11.29	2016.12.22	2016.12.26
	2017.07.06	2017.07.09	2017.10.13	2017.10.16
	2017.10.27	2017.10.29	2018.04.04	2018.04.07
	2018.06.12	2018.06.15	2018.07.26	2018.07.29

조회기간 (Reference Period)	2000.01.01 부터 (from) 2020.12.31 까지 (to)
기록대조자 확인 (Verified by)	

「출입국관리법」 제88조제1항에 따라 위의 사실을 증명합니다.

I hereby certify that the above information has been verified pursuant to paragraph 1 of Article 88 of the Immigration Act.

발급일 (Date of Issue) : 2021 년 (year) 2 월 (month) 16 일 (day)

발급 담당자 (Officer in Charge) : 전화번호 (Phone No.) :

서울출입국 · 외국인청장 서울출입국외국인청장의인

Chief of SEOUL IMMIGRATION OFFICE

◆ 본 증명서는 인터넷으로 발급되었으며, 정부24(gov.kr)의 인터넷발급문서진위확인 메뉴를 통해 위 · 변조 여부를 확인할 수 있습니다. (발급일로부터 90일까지) 또한 문서 하단의 바코드로도 진위확인(정부24 앱 또는 스캐너용 문서확인 프로그램)을 하실 수 있습니다.

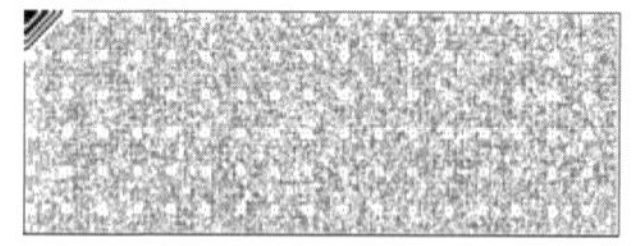
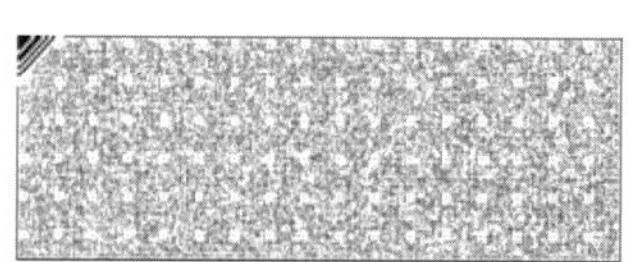

▸ 거주자증명서

외국 법인이나 외국인에게 거주국의 세무 당국이 거주하고 있음을 확인하여 발행하는 증명서이다. 대한민국의 거주자가 조세조약 체결상대국으로부터 조세조약상의 제한세율 또는 면세혜택 등을 적용받거나 기타 조세목적상 대한민국 거주자임을 외국정부에 증명할 필요가 있는 경우에 대한민국 거주자임을 증명하여 주는 서류이다. 외국인이라도 한국세법에 의해 한국의 거주자 요건을 충족한다면 거주자증명서를 발급받을 수 있다. 거주자임을 확인할 수 있는 서류를 첨부하여 관할세무서에서 신청하여 받을 수 있으며, 영문으로도 표기가 되어 있다.

반대로 대부분의 상대국가에서도 같은 이유로 거주자증명서를 발급하고 있다.

■ 국제조세조정에 관한 법률 시행규칙 [별지 제17호 서식] 〈개정 2013.2.23.〉

홈택스(www.hometax.go.kr)에서도 신청할 수 있습니다.

거주자증명서 발급 신청서

접수번호	접수일자	처리기간 즉시

1. 납세자의 인적사항

①	상호(한글) (영문)	
②	성명(한글) (영문)	③ 납세자번호
④	주소(한글) (영문)	
연락처	⑤ 전화번호	⑥ 이메일

2. 거주자임을 증명받으려는 연도:

3. 거주자 증명을 발급받는 목적

[ ]제한세율 적용, [ ]그 밖의 조세조약의 적용, [ ]조세목적상 대한민국 거주자임을 증명할 필요가 있는 경우

[ ]그 밖의 목적:

4. 소득내용 (통화코드:)

⑦ 소득 구분	⑧ 수취(예정)일	⑨ 대여금(또는 출자금)	⑩ 소득금액	⑪ 외국납부세액

5. 소득을 지급하는 자	⑬ 상호(영문) ⑭ 주소(영문)
6. 발급대상 국가	⑮ 국가명 / 국가코드

「국제조세조정에 관한 법률」 제29조 제2항 및 같은 법 시행령 제43조 제1항에 따라 거주자증명서의 발급을 신청합니다.

년 월 일

신 청 인 (서명 또는 인)

세무서장 귀하

210㎜×297㎜[백상지 80g/㎡(재활용품)]

■ 국제조세조정에 관한 법률 시행규칙 [별지 제18호 서식] 〈개정 2013.2.23.〉

발급번호 Issuing Number	

거주자증명서

Certificate of Residence

1. 납세자(Taxpayer)	
① 상호(한글) (Name of Company)	
② 성명(한글) (Name)	③ 납세자 번호 (Taxpayer Identification Number)
2. 과세연도(Tax year):	

위 납세자는 대한민국 세법상 대한민국의 거주자임을 증명합니다.

I certify that the above taxpayer is a resident of the Republic of Korea for purpose of Korean taxation

년 월 일
year month day

대한민국 국세청장의 위임을 받은 세무서장 (직인)

For the Commissioner of the National Tax Service Director, ( ) District Tax Office official stamp

210㎜×297㎜[백상지 80g/㎡(재활용품)]

Form **8802**

(Rev. November 2018)

Department of the Treasury
Internal Revenue Service

Application for United States Residency Certification

▶ **See separate instructions.**

OMB No. 1545-1817

Important. For applicable user fee information, see the Instructions for Form 8802.

For IRS use only:
Pmt Amt $ ______
Deposit Date: ___/___/___
Date Pmt Vrfd: ___/___/___

☐ **Additional request** (see instructions) ☐ **Foreign claim form attached**

Electronic payment confirmation no. ▶

Applicant's name	Applicant's U.S. taxpayer identification number
If a joint return was filed, spouse's name (see instructions)	If a joint return was filed, spouse's U.S. taxpayer identification number
If a separate certification is needed for spouse, check here ▶ ☐	

1 Applicant's name and taxpayer identification number as it should appear on the certification if different from above

2 Applicant's address during the calendar year for which certification is requested, including country and ZIP or postal code. If a P.O. box, see instructions.

3a Mail Form 6166 to the following address:

b Appointee Information (see instructions):
Appointee Name ▶ ______ CAF No. ▶ ______
Phone No. ▶ ( ) ______ Fax No. ▶ ( ) ______

4 Applicant is (check appropriate box(es)):

a ☐ Individual. Check all applicable boxes.
☐ U.S. citizen ☐ U.S. lawful permanent resident (green card holder) ☐ Sole proprietor
☐ Other U.S. resident alien. Type of entry visa ▶ ______
Current nonimmigrant status ▶ ______ and date of change (see instructions) ▶ ______
☐ Dual-status U.S. resident (see instructions). From ▶ ______ to ▶ ______
☐ Partial-year Form 2555 filer (see instructions). U.S. resident from ▶ ______ to ▶ ______

b ☐ Partnership. Check all applicable boxes. ☐ U.S. ☐ Foreign ☐ LLC

c ☐ Trust. Check if: ☐ Grantor (U.S.) ☐ Simple ☐ Rev. Rul. 81-100 Trust ☐ IRA (for Individual)
☐ Grantor (foreign) ☐ Complex ☐ Section 584 ☐ IRA (for Financial Institution)

d ☐ Estate

e ☐ Corporation. If incorporated in the United States only, go to line 5. Otherwise, continue.
Check if: ☐ Section 269B ☐ Section 943(e)(1) ☐ Section 953(d) ☐ Section 1504(d)
Country or countries of incorporation ▶ ______
If a dual-resident corporation, specify other country of residence ▶ ______
If included on a consolidated return, attach page 1 of Form 1120 and Form 851.

f ☐ S corporation

g ☐ Employee benefit plan/trust. Plan number, if applicable ▶ ______
Check if: ☐ Section 401(a) ☐ Section 403(b) ☐ Section 457(b)

h ☐ Exempt organization. If organized in the United States, check all applicable boxes.
☐ Section 501(c) ☐ Section 501(c)(3) ☐ Governmental entity
☐ Indian tribe ☐ Other (specify) ▶ ______

i ☐ Disregarded entity. Check if: ☐ LLC ☐ LP ☐ LLP ☐ Other (specify) ▶ ______

j ☐ Nominee applicant (must specify the type of entity/individual for whom the nominee is acting) ▶

For Privacy Act and Paperwork Reduction Act Notice, see separate instructions. Cat. No. 10003D Form **8802** (Rev. 11-2018)

Applicant name:

5 Was the applicant required to file a U.S. tax form for the tax period(s) on which certification will be based?

Yes. Check the appropriate box for the form filed and **go to line 7.**

☐ 990 ☐ 990-T ☐ 1040 ☐ 1041 ☐ 1065 ☐ 1120 ☐ 1120S ☐ 3520-A ☐ 5227 ☐ 5500

☐ Other (specify) ▶

No. Attach explanation (see instructions). Check applicable box and go to line 6.

☐ Minor child ☐ QSub ☐ U.S. DRE ☐ Foreign DRE ☐ Section 761(a) election

☐ FASIT ☐ Foreign partnership ☐ Other ▶

6 Was the applicant's parent, parent organization or owner required to file a U.S. tax form? **(Complete this line only if you checked "No" on line 5.)**

Yes. Check the appropriate box for the form filed by the parent.

☐ 990 ☐ 990-T ☐ 1040 ☐ 1041 ☐ 1065 ☐ 1120 ☐ 1120S ☐ 5500

☐ Other (specify) ▶

Parent's/owner's name and address ▶

and U.S. taxpayer identification number ▶

No. Attach explanation (see instructions).

7 Calendar year(s) for which certification is requested.

Note. If certification is for the current calendar year or a year for which a tax return is not yet required to be filed, a penalties of perjury statement from Table 2 of the instructions must be entered on line 10 or attached to Form 8802 (see instructions).

8 Tax period(s) on which certification will be based (see instructions).

9 Purpose of certification. Must check applicable box (see instructions).

☐ Income tax ☐ VAT (specify NAICS codes) ▶

☐ Other (must specify) ▶

10 Enter penalties of perjury statements and any additional required information here (see instructions).

Sign here

Under penalties of perjury, I declare that I have examined this application and accompanying attachments, and to the best of my knowledge and belief, they are true, correct, and complete. If I have designated a third party to receive the residency certification(s), I declare that the certification(s) will be used only for obtaining information or assistance from that person relating to matters designated on line 9.

Keep a copy for your records. ▶

Applicant's signature (or individual authorized to sign for the applicant) Applicant's daytime phone no.:

Signature Date

Name and title (print or type)

Spouse's signature. If a joint application, **both** must sign.

Name (print or type)

Form **8802** (Rev. 11-2018)

Applicant Name	Applicant TIN

Appointee Name (If Applicable)

Calendar year(s) for which certification is requested (must be the same year(s) indicated on line 7)

11 Enter the number of certifications needed in the column to the right of each country for which certification is requested.
Note. If you are requesting certifications for more than one calendar year per country, enter the total number of certifications for all years for each country (see instructions).

Column A			Column B			Column C			Column D		
Country	**CC**	**#**	**Country**	**CC**	**#**	**Country**	**CC**	**#**	**Country**	**CC**	**#**
Armenia	AM		Finland	FI		Latvia	LG		South Africa	SF	
Australia	AS		France	FR		Lithuania	LH		Spain	SP	
Austria	AU		Georgia	GG		Luxembourg	LU		Sri Lanka	CE	
Azerbaijan	AJ		Germany	GM		Mexico	MX		Sweden	SW	
Bangladesh	BG		Greece	GR		Moldova	MD		Switzerland	SZ	
Barbados	BB		Hungary	HU		Morocco	MO		Tajikistan	TI	
Belarus	BO		Iceland	IC		Netherlands	NL		Thailand	TH	
Belgium	BE		India	IN		New Zealand	NZ		Trinidad and Tobago	TD	
Bermuda	BD		Indonesia	ID		Norway	NO		Tunisia	TS	
Bulgaria	BU		Ireland	EI		Pakistan	PK		Turkey	TU	
Canada	CA		Israel	IS		Philippines	RP		Turkmenistan	TX	
China	CH		Italy	IT		Poland	PL		Ukraine	UP	
Cyprus	CY		Jamaica	JM		Portugal	PO		United Kingdom	UK	
Czech Republic	EZ		Japan	JA		Romania	RO		Uzbekistan	UZ	
Denmark	DA		Kazakhstan	KZ		Russia	RS		Venezuela	VE	
Egypt	EG		Korea, South	KS		Slovak Republic	LO				
Estonia	EN		Kyrgyzstan	KG		Slovenia	SI				
Column A - Total			**Column B - Total**			**Column C - Total**			**Column D - Total**		

12 Enter the total number of certifications requested (add columns A, B, C, and D of line 11) . . . . ▶

| 일본의 거주자증명서 |

※租税条約等締結国用様式

This form shall be submitted solely for the purpose of claiming tax treaty benefits

日本国居住者記載欄
For use by a resident of Japan

国税庁
National Tax Agency

居住者証明書交付請求書

APPLICATION FOR CERTIFICATE OF RESIDENCE IN JAPAN

記載に当たっては留意事項・記載要領を参照してください。

＿＿＿＿＿＿＿ 税務署長　あて

請求日　Date of request: ＿＿＿＿ 年　　月　　日

【代理人記入欄】Information on the agent
※代理人の方のみ記入してください。
住所　Address

氏名　Name

（電話番号 Telephone number　　　　　　　）

※代理人の方が請求される場合は代理の権限を有することを証明する書類が必要です。

Information on the applicant:

住所（納税地）Address	※日本語及び英語で記入してください。
（フリガナ）氏名又は法人名及び代表者氏名 Name or corporation name and representative name	※日本語及び英語で記入してください。 （電話番号 Telephone number :　　　　　）

租税条約上の特典を得る目的で、下記のとおり居住者証明書の交付を請求します。

For the purpose of obtaining benefits under the Income Tax Convention, I hereby request the issuance of certificate of residence as follows:

記

提出先の国名等 Name of the State to which this certificate is submitted	※日本語及び英語で記入してください。			
対象期間 Period concerned (Optional)				
申述事項 Declaration	以下の事項を申述します。 □ 請求者は租税の適用上日本国の居住者であること □ 当該請求は専ら居住性の証明のためになされること □ 本請求書の情報は真正かつ正確であること □	I hereby declare that: The applicant is the resident of Japan for tax purposes; This application is made only for the purpose of residency certification; and The information in this application is true and correct.		
証明書の請求枚数 Requested number of copies	枚	※本交付請求書は、居住者証明書の必要部数＋1部を提出してください。	整理番号 Reference number (Optional)	

国税庁
National Tax Agency

税務署記載欄
For use by Tax Office

居住者証明書

CERTIFICATE OF RESIDENCE IN JAPAN

当方の知り得る限りにおいて、上記の請求者は、日本国と（相手国）との間の租税条約上、日本国居住者であることをここに証明します。

I, the undersigned acting as District Director of the Tax Office of the National Tax Agency, hereby certify that, to the best of my knowledge, the above applicant is the resident of Japan within the meaning of the Income Tax Convention between Japan and ……………………

- 証明日 Date of certification: ……………………
- 証明番号 Certificate number: ……………………
- 税務署名及び役職名 Name of Tax Office and title: ……………………
- 氏名 Print Name : ……………………

官印 Official Stamp

▸소득금액증명

대한민국에서 발생한 소득과 납부한 세액은 소득금액증명을 발급받아 확인할 수 있다. 세무서를 방문하여 신청하거나 홈택스(www.hometax.go.kr)에서 발급받을 수 있다.

▸운전면허

운전면허를 소지하였는지, 갱신은 했는지, 했다면 얼마나 주기적으로 갱신하였는지 확인한다.

▸국민연금

▸건강보험

국내 건강보험료 납입내역을 통하여 거주자·비거주자 여부에 참고할 수 있다.

▸재산내역

부동산, 금융자산은 특별한 관리를 요하지 아니하는 자산이다. 이자소득, 배당소득 역시 특별한 관리를 요하지 않는 소득이다.

▸각종 회원권의 사용내역

골프장, 헬스클럽, 리조트 등과 같은 회원권을 보유하고 있다면 사용한 내역을 확인한다.

▸생명보험료 납입

한국에 입국할 예정임을 고려할 요소가 될 수 있다. 반대로 외국에 납입하고 있을 경우에도 해외에 거주할 예정임을 고려할 요소가 될 수 있다.

▸휴대폰 요금 납부

한국에 입국할 예정임을 고려할 요소가 될 수 있다. 반대로 외국에 납입하고 있을 경우에도 해외에 거주할 예정임을 고려할 요소가 될 수 있다. 국내 통신사의 휴대폰을 계속 유지하고 있었는지를 확인한다.

▸국내 신용카드 유지 및 사용

한국에 입국할 예정임을 고려할 요소가 될 수 있다. 반대로 외국에 납입하고 있을 경우에도 해외에 거주할 예정임을 고려할 요소가 될 수 있다. 주된 신용카드 사용내역을 준비하여 체크한다.

▸국내계좌 유지

한국에 입국할 예정임을 고려할 요소가 될 수 있다. 반대로 외국에 유지하고 있을 경우에도 해외에 거주할 예정임을 고려할 요소가 될 수 있다.

▸자녀 학교, 유치원 신청

한국에 입국할 예정임을 고려할 요소가 될 수 있다. 반대로 외국에 신청할 경우에도 해외에 거주할 예정임을 고려할 요소가 될 수 있다.

▸봉사활동의 여부

각종 봉사활동을 하였다면 봉사활동이 이루어지는 곳을 체크한다.

▸병원 기록

국내의 병원에서 치료를 받거나 입원을 한 기록이 있는지 확인한다.

▸송금 기록

외국에서 번 소득을 국내로 송금하였는지, 아니면 반대로 국내에서 번 소득을 외국으로 송금하였는지 확인한다. 일반적으로 송금을 받은 나라에서 최종적으로 거주하기 위하여 송금하므로 이 점을 강조한다.

▸종교활동

주된 종교활동이 이루어지는 곳을 체크한다.

▸사망장소

상속세법에서는 비거주자라고 하여도 국내에 영주를 목적으로 귀국하여 국내에서 사망한 경우에는 거주자로 본다(상증령 §2).

▸사업현황

사업을 경영하는 경우 사업의 형편상 거래한 거래처 및 사업에 대한 세금신고내용등을 증명한다.

▸주요활동 장소

▸보유주식

국내 법인의 대주주 등으로 다수의 주식을 보유한 상태인 경우 국내법인의 경영 등이 참가를 이유로 하여 국내에 밀접한 연고가 있다는 점을 증명한다.

▸사업자등록 및 신청

국내에서 사업을 하기 위하여 사업자등록을 내고 영위하였다는 점, 사업을 운영하였다는 내용을 증명한다.

▸해당 인(人)의 동업자단체에 가입여부

▶ 재산세납입내역

우리나라에서 재산세를 납부한 내역을 첨부하여 거주자・비거주자 여부를 고려한다.

▶ 가족이 평소 거주하는 장소

▶ 해당 인(人)의 상공회의소

- 외국으로 출국한 자가 거주자에 해당하는지 여부는 국내에서 생계를 같이하는 가족의 유무, 국내에 소재하는 자산의 유무, 출국의 목적, 외국의 국적이나 영주권을 얻었는지 여부 등 생활관계의 객관적 사실을 종합하여 판정함(대법 2010두22719, 2011.1.27.).
- 국외에서는 임대소득, 국내에서는 금융소득이 발생하고 거주지가 국내와 국외인 경우 조세협약에 따라 인적 및 경제적 관계가 가장 밀접한 체약국의 거주자로 간주됨(대법 2010두28946, 2001.4.14.).
- 주소가 국내에 있더라도 재외 국민등록부, 출입국 기록, 해외 사업현황 등을 고려하여 1년 이상 국외에서 거주할 것을 필요로 하는 직업을 가지고 있는 경우에 해당하면 비거주자로 보아야 함(조심 2010중1675, 2011.1.7.).
- 2002~2003년 2과세기간 중 국내체류기간이 365일을 초과하고 있고, 국내에서 고액의 금융소득이 발생하고 있는 점으로 보아 청구인의 생활근거가 국내에 있는 것으로 인정되므로 거주자로 판정함(국심 2006서1817, 2006.11.1.).
- 거주자와 비거주자의 구분은 거주기간 직업 국내에서 생계를 같이하는 가족 및 국내 소재 자산의 유무 등 생활관계의 객관적 사실에 따라 판단하는 것으로서, 본인과 배우자가 국외에서 거주하면서 장기간 계속하여 사업을 영위하는 경우로서 국내에 생계를 같이하는 가족이 없고 그 직업 및 자산상태에 비추어 국내에 다시 입국하여 주로 국내에 거주하리라고 인정되지 아니하는 경우에는 국내에 다수의 부동산을 보유하고 있다고 하더라도 비거주자로 보는 것임(법규과-338, 2006.1.27.).
- 당해 소득자(국외이주자)의 직업 및 자산상태에 비추어 주생활의 근거지가 국외에 있는 등의 관련 사항을 입증함이 없이 당해 소득자가 국외이주 후에도 국내에서 계속적으로 학원 운영을 하고 있고 금융소득이 계속적으로 발생되고 있으며 재산이 모두 국내에 있는 경우 소득자는 거주자에 해당하여 전세계의 모든 소득에 대하여 대한민국에 신고 및 납세의무가 있는 것임(서면2팀-2088, 2004.10.13.).
- 청구인이 1992년 이래 재외국민으로써 A현지법인에서 근무하여 온 점, 그에 따라 근로소득에 대한 세금 역시 인도네시아에 납부하여 온 점, 1998년부터 2002년까지의 청구인의 국내 체류일수가 76일에 불과한 점, 같은 기간동안 청구인 처의 국내 체류일수도 211일에 불과한 점 등을 종합하면 1998년부터 2002년까지는 비록 국내에 주민등록이 남아있다고 하

더라도 청구인은 소득세법상 비거주자에 해당함.
다만, 2003년에는 청구인의 국내 체류일수가 156일로 급격히 증가한 점, 청구인의 처 역시 2003년 국내 체류일수가 239일인 점, 청구인은 2003년에 국내법인의 대주주였던 점, 청구인의 처가 2003년 경 상가건물을 신축소유하게 되었고 그 무렵 사업자등록을 한 점 등을 종합하면 2003년에는 청구인을 소득세법상 거주자에 해당함(국심 2006서1389, 2005.7.10.).

▶ 비자

국가가 외국인에 대하여 입국을 허가하는 증명서로 사증(査證) 또는 입국사증이라고도 한다. 외국인이 경제활동 등을 위하여 한국에 입국하기 위해서는 비자를 받아야 한다. 한국의 비자 종류에 대한 주요한 내용을 확인하면 다음과 같다. 더욱 자세한 비자의 내용은 대한민국 비자포털(visa.go.kr)에서 확인 가능하다.

| 비자의 종류 |

비자종류	대상	설명
E-2-1	일반회화강사	법무부장관이 정하는 자격요건을 갖춘 외국인으로서 외국어전문학원, 초등학교 이상의 교육기관 및 부설어학연구소, 방송사 및 기업체 부설 어학연수원, 그 밖에 이에 준하는 기관 또는 단체에서 외국어 회화지도에 종사하려는 사람
E-2-2	학교보조교사	법무부장관이 정하는 자격요건을 갖춘 외국인으로서 교육부장관(시 · 도 교육감)과 고용계약을 체결하고 초 · 중 · 고등학교에서 외국어보조교사로 근무하고자 하는 자
F-2-91	FTA영어	당사자간 협정에 의한 자격요건을 갖춘 외국인으로서 외국어전문학원, 초등학교 이상의 교육기관 및 부설어학연구소, 방송사 및 기업체 부설 어학연수원, 그 밖에 이에 준하는 기관 또는 단체에서 외국어 회화지도에 종사하려는 사람
F-4-11	재외동포본인	대한민국국적을 보유하였던 자로서 법무부장관이 고시한 국가에 속하지 않는 국가의 국적을 취득한 자
F-4-12	재외동포 직계가족	부모 또는 조부모 중 일방이 대한민국의 국적을 보유하였던 자로서 법무부장관이 고시한 국가(21개국)에 속하지 않는 국가의 국적을 취득한 자
F-4-13	DE계열 6개월 이상 체류자	법무부장관이 고시한 국가의 외국국적동포로서 문화예술(D-1) 및 취재(D-5) 내지 무역경영(D-9), 교수(E-1) 내지 특정활동(E-7) 자격으로 국내에서 6개월 이상 체류한 사실이 있는 자

비자종류	대상	설명
F-4-14	대학 졸업자	법무부장관이 고시한 국가의 외국국적동포로서 국내외 전문학사(2년제 이상 대학 졸업자) 이상의 학위를 소지한 자 및 국제교육진흥원 등 정부초청 장학생인 사실이 있는 자
F-4-15	OECD영주자	법무부장관이 고시한 국가의 외국국적동포로서 OECD회원 국가의 영주권을 소지한 자
F-4-16	법인대표 등	법무부장관이 고시한 국가의 외국국적동포로서 법인기업체의 대표, 등기 임원 및 관리직 직원인 자
F-4-17	10만불 기업가	법무부장관이 고시한 국가의 외국국적동포로서 전년도 기준 매출액이 미화 10만불 이상인 개인사업자
F-4-18	다국적기업	법무부장관이 고시한 국가의 외국국적동포로서 다국적기업 임직원, 언론사 임원과 기자, 변호사, 회계사, 의사, 거주국 정부 공인 1급(대학교수 상당), 2급(대학 부교수에 상당) 예술가, 산업 상 기술연구 개발연구원, 중급 이상 농업 기술자, 선박 또는 민간항공 분야 고급기술자인 자
F-4-19	동포단체대표	법무부장관이 고시한 국가의 외국국적동포로서 거주국에서 공인한 동포단체 또는 문화, 예술단체(협회)의 대표 및 부대표인 자
F-4-20	공무원 등	법무부장관이 고시한 국가의 외국국적동포로서 전현직 국회의원, 5년 이상 재직 공무원 및 국영기업체 직원인 자
F-4-21	교원	법무부장관이 고시한 국가의 외국국적동포로서 대학교수(부교수, 강사 포함), 중고등학교 또는 초등학교 교사인 자
F-4-25	60세 이상자	법무부장관이 고시한 국가의 외국국적동포로서 만 60세 이상인 자
D-3-11	해외직접	외국환거래법에 의거 외국에 직접 투자한 산업체에서 연수를 받고자 하는 자
D-3-12	기술수출	외국에 기술을 수출하는 산업체로서 법무부장관이 기술연수가 필요하다고 인정하는 산업체에서 연수를 받고자 하는 자
D-3-13	플랜트수출	대외무역법에 의거 외국에 산업설비(플랜트)를 수출하는 산업체에서 연수를 받고자 하는 자
E-8	계절근로	기존의 단기취업(C-4)비자를 보완하기 위하여 2019년에 신설된 비자
E-9-1	제조업	외국인근로자의 고용에 관한 법률의 규정에 의한 국내 취업요건을 갖추어 제조업체에 취업하는 자
E-9-2	건설업	외국인근로자의 고용에 관한 법률의 규정에 의한 국내 취업요건을 갖추어 건설공사 업체에 취업하는 자

비자종류	대상	설명
E-9-3	농업	외국인근로자의 고용에 관한 법률의 규정에 의한 국내 취업 요건을 갖추어 농업, 축산업 등에 취업하고자 하는 자
E-9-4	어업	외국인근로자의 고용에 관한 법률의 규정에 의한 국내 취업 요건을 갖추어 연근해어업, 양식어업 및 소금채취업 등 어업에 종사하고자 하는 자
E-9-5	서비스업	외국인근로자의 고용에 관한 법률의 규정에 의한 국내 취업 요건을 갖추어 건설폐기물 처리업, 냉장냉동 창고업, 재생용 재료수집 및 판매업, 기타 출판업체 등에 취업하는 자
H-2-1	연고방취	「재외동포의 출입국과 법적 지위에 관한 법률」에 따른 만 25세 이상의 외국국적동포로서 다음의 어느 하나에 해당하는 자 1. 출생당시에 대한민국국민이었던 사람으로서 대한민국 가족관계등록부 · 폐쇄등록부 또는 제적부에 등재되어 있는 사람 2. 부모의 일방 또는 조부모의 일방이 대한민국의 국적을 보유하였던 사람 3. 국내에 주소를 둔 대한민국국민 또는 「국적법」에 따른 국적 취득 요건을 갖추어 영주(F-5-7)자격을 취득한 사람의 초청을 받은 사람(초청자는 피초청자와 8촌 이내의 혈족 또는 4촌 이내의 인척이어야 함) 4. 국가유공자 등 예우 및 지원에 관한 법률 규정에 따른 '국가유공자와 그 유족 등'에 해당하거나 독립유공자 예우에 관한 법률 규정에 따른 '독립유공자와 그 유족 또는 가족'에 해당하는 사람 5. 대한민국에 특별한 공로가 있거나 대한민국의 국익증진에 기여한 사람
H-2-2	유학방취	「재외동포의 출입국과 법적 지위에 관한 법률」에 따른 만 25세 이상의 외국국적동포로서 유학(D-2)자격으로 1학기 이상 재학 중인 자녀로부터 초청을 받은 부모 및 배우자
H-2-5	추첨방취	「재외동포의 출입국과 법적 지위에 관한 법률」에 따른 만 25세 이상의 외국국적동포로서 다음의 어느 하나에 해당하는 자 1. 방문취업 사전신청 후 전산추첨에서 선발된 중국동포 2. 국가별 할당인원 내에서 구소련(CIS) 지역 신청자 전원
H-2-7	만기방취	「재외동포의 출입국과 법적 지위에 관한 법률」에 따른 만 25세 이상의 외국국적동포로서 방문취업 만기출국자 중 완전출국일 기준 만 60세 미만인 사람

2 거주자 · 비거주자 판정 체크리스트

| 거주자 · 비거주자 판정 체크리스트(예시) |

1. 인적사항

○ 성명 :

○ 주민번호 :

○ 주소(거소) :

2. 거주요건

○ 국내거주현황(국내거소사실증명, 외국인등사실증명)

변동일자	주소(거주지)	거주형태[6]	거주유형[7]	거주기간

○ 출입국사항(국내체류일자)

소득발생연도	출입국연도					소득발생 전(前) 평균 체류기간

○ 동거가족

성명	관계	직업	거주지	비고

6) 아파트, 단독, 사무실, 호텔, 여관, 기타
7) 자가부동산, 전세

3. 국내사업(직업)

○ 국내 소득 발생 내역

성명	관계	소득유형	소득발생처(사업자등록번호)	발생수입(소득)금액			
				계	2019	2020	2021

4. 국내 소유자산

○ 부동산

구분(취득/양도)	취득(양도)일자	지목	규모	부동산소재지

○ 기타자산

자산종류	취득(양도)일자	규모	자산소재지	용도

5. 종합판정

거주자 / 비거주자	판정 사유	근거법령

제 2 장

비거주자의 세금

I 비거주자의 상속세와 증여세 이슈

1 상증법상 거주자와 비거주자

상속세 및 증여세법에서도 소득세법과 마찬가지로 거주자와 비거주자의 정의를 두고 있다(상증법 §2).

상증법 제2조 【정의】

8. "거주자"란 국내에 주소를 두거나 183일 이상 거소를 둔 사람을 말하며, "비거주자"란 거주자가 아닌 사람을 말한다. 이 경우 주소와 거소의 정의 및 거주자와 비거주자의 판정 등에 필요한 사항은 대통령령으로 정한다.

상속세 및 증여세법에서도 마찬가지로 국내에 주소나 거소를 두었는지 여부를 따지며, 국적을 의미하지 않는다.

※ 상속세에는 소득세법과는 달리 거주자·비거주자를 판단하는 추가 규정이 있다. 비거주자가 국내에 영주를 목적으로 귀국하여 국내에서 사망한 경우에는 거주자로 본다(상속령 §2).

2 상속세의 계산

상속세를 계산함에 있어서 망자(피상속인)가 거주자인 경우와 비거주자인 경우는 상속공제 등이 다르므로 주의하여야 한다. 먼저 상속세 세액계산의 흐름을 망자(피상속인)가 거주자인 경우와 비거주자인 경우로 살펴보자.

| 상속세 세액계산 흐름도 |

1. 피상속인이 거주자인 경우

총상속재산가액	○ 상속재산가액(본래의 상속재산 + 간주상속재산) + 추정상속재산 ※ 상속재산가액은 국내외 모든 재산임
−	
비과세 및 과세가액 불산입액	○ 비과세 : 금양임야, 문화재 등 ○ 과세가액 불산입재산 : 공익법인 등에 출연한 재산 등
−	
공과금 · 장례비 · 채무	
+	
상여증여재산	○ 합산대상 사전증여재산(상속인 10년, 기타 5년, 단 10%(20%) 특례세율 적용 증여재산인 창업자금, 가업승계주식등은 기한없이 합산)
⇓	
상속세과세가액	
−	
상속공제	○ (기초공제+그 밖의 인적공제)와 일괄공제(5억) 중 큰 금액 ○ 가업 · 영농상속공제 ○ 배우자공제 ○ 금융재산 상속공제 ○ 재해손실공제 ○ 동거주택 상속공제 ※ 단, 위 합계 중 공제적용 종합한도 내 금액만 공제가능
−	
감정평가수수료	○ 부동산 감정평가업자의 수수료는 5백만원 한도 등
⇓	
상속세과세가액	
×	
세율 	(아래 표)

과세표준	1억 이하	5억 이하	10억 이하	30억 이하	30억 초과
세율	10%	20%	30%	40%	50%
누진공제	없음	1천만원	6천만원	1억 6천만원	4억 6천만원

⇓	
산출세액	○ (상속세 과세표준 × 세율) − 누진공제액
+	
세대생략할증세액	○ 상속인이나 수유자가 피상속인의 자녀가 아닌 직계비속이면 할증함. 단, 직계비속의 사망으로 최근친 직계비속에 상속하는 경우는 제외
−	
세액공제	○ 문화재자료 징수유예, 증여세액공제, 외국납부세액공제, 단기재상속세액공제, 신고세액공제
−	
분납 · 연부연납 · 물납	
⇓	
자진납부할세액	

〈2020상속세및증여세실무해설, 한국세무사회〉

2. 피상속인이 비거주자인 경우

총상속재산가액	○ 상속재산가액(국내소재 상속재산 + 국내소재 간주상속재산) + 상속개시 진 처분재산 등 산입액
−	
비과세 및 과세가액 불산입액	○ 비과세 : 금양임야, 문화재 등 ○ 과세가액 불산입재산 : 공익법인 등에 출연한 재산 등
−	
공과금 · 채무	○ 해당 상속재산의 공과금 ○ 해당 상속재산을 목적으로 하는 전세권 · 임차권 · 저당권 담보채무는 공제 사망 당시 국내 사업장의 확인된 사업장 공과금 · 채무 공제
+	
상여증여재산	○ 합산대상 사전증여재산(상속인 10년, 기타 5년, 단 10%(20%) 특례세율 적용 증여재산인 창업자금, 가업승계주식등은 기한없이 합산)
⇓	
상속세괴세가액	
−	
상속공제	○ 기초공제 2억원 ○ 공제적용 한도액 적용
−	
감정평가수수료	○ 부동산 감정평가업자의 수수료는 5백만원 한도 등
⇓	
상속세과세표준	
×	
세율	(아래 표)
⇓	
산출세액	○ (상속세 과세표준 × 세율) − 누진공제액
+	
세대생략할증세액	○ 상속인이나 수유자가 피상속인의 자녀가 아닌 직계비속이면 할증함. 단, 직계비속의 사망으로 최근친 직계비속에 상속하는 경우는 제외
−	
세액공제	○ 문화재자료 징수유예, 증여세액공세, 난기재상속세액공제, 신고세액공제
−	
연부연납 · 물납 · 분납	
⇓	
자진납부할세액	

과세표준	1억 이하	5억 이하	10억 이하	30억 이하	30억 초과
세율	10%	20%	30%	40%	50%
누진공제	없음	1천만원	6천만원	1억 6천만원	4억 6천만원

거주자와 비거주자의 상속세·증여세를 계산함에 있어서 차이는 엄청나다. 특히 비거주자는 거주자에 비하여 공제항목의 제한이 많다.

| 거주자·비거주자의 상속세 차이점(상증세법 집행기준 3-0-2) |

구분		피상속인이 거주자인 경우	피상속인이 비거주자인 경우
과세대상재산		국내·외에 있는 모든 상속재산	국내에 있는 모든 상속재산
공제금액	공과금	상속개시일 현재 피상속인이 납부하여야 할 공과금으로서 납부되지 않은 금액	국내 소재 상속재산에 대한 공과금, 국내 사업장의 사업상 공과금
	장례비용	피상속인의 장례비용	공제 안됨
	채무	모든 채무 공제	국내 소재 상속재산을 목적으로 유치권·질권·저당권으로 담보된 채무, 국내 사업장의 사업상 채무
과세표준 계산	기초공제	공제	공제
	가업상속공제	공제	공제 안됨
	영농상속공제	공제	공제 안됨
	기타인적공제	공제	공제 안됨
	일괄공제	공제	공제 안됨
	배우자공제	공제	공제 안됨
	금융재산상속공제	공제	공제 안됨
	재해손실상속공제	공제	공제 안됨
	동거주택상속공제	공제	공제 안됨
	감정평가수수료공제	공제	공제
신고기한		상속개시일이 속하는 달의 말일부터 6개월 이내	(피상속인이나 상속인이 외국에 주소를 둔 경우) 상속개시일이 속하는 달의 말일부터 9개월 이내

3 거주자가 되면 무조건 유리할까?

언뜻보면 피상속인이 거주자인 경우에 공제되는 항목이 많기 때문에 상속세법에서 규정하는 공제를 적용받을 수 있기 때문에 비거주자에 비하여 유리해보일 수 있다. 그러나 피상속인이 거주자인 경우에는 국내 · 외에 있는 모든 상속재산에 대하여 상속세가 과세(무제한 납세의무)되기 때문에 국외에 있는 재산여부를 확인 계산하여 유불리를 따져봐야 한다.

상속세에는 비거주자가 국내에 영주를 목적으로 귀국하여 국내에서 사망한 경우에는 거주자로 본다. 일반적으로 상속세는 평생 모은 재산에 대하여 과세를 하게 되므로 국외에 있는 재산에 대하여도 우리나라에 상속세를 납부하게 될 수도 있다. 피상속인지 거주자로 되어 공제를 받는 편이 유리한지, 비거주자로 되어 국내에 상속재산에 대하여만 상속세를 납부하는 것이 유리한지는 반드시 전문가와 상담을 통하여 면밀히 따져보아야 한다.

Q

저는 한국에서 계속하여 거주하며 외국에는 한번도 나가본 적도 없는 한국의 거주자입니다. 저와는 다르게 제 아들은 현재 일본에서 일본인 여자와 결혼하여 살고 있습니다.
제 아들에게 제가 일흔 평생 벌어 매입했던 일산에 있는 작은 건물을 증여하려고 합니다. 이럴 경우에 누가 증여세를 내게 되나요?

A

우리나라의 증여세는 일반적으로 증여를 받는 수증자가 납부를 하게 됩니다. 질문과 같이 국내의 부동산을 비거주자가 증여받게 되는 경우 비거주자인 아들이 증여세를 납부합니다.

Q

저희 아버님께서 돌아가시면서 상속하여 주신 재산 중에는 외국에 있는 부동산이 있습니다. 이 부동산의 금액은 어떻게 신고하나요?

A

외국에 소재하는 상속 또는 증여재산으로서 상증법 §60부터 §65까지의 규정을 적용하는 것이 부적당한 경우에는 해당 재산이 소재하는 국가에서 양도소득세 · 상속세 · 증여세 등의 부과 목적으로 평가한 가액을 평가액으로 하여 신고합니다(상증령 §58의3①).

그러나 위의 해당하는 평가액이 없는 경우에는 세무서장 등이 2 이상의 국내 또는 국외의 감정기관에 의뢰하여 감정한 가액을 참작하여 평가한 가액에 따르게 됩니다.

또한 외화자산 및 부채는 평가기준일 현재 「외국환거래법」 §5①에 따른 기준환율 또는 재정환율에 따라 환산한 가액을 기준으로 평가하게 됩니다(상증령 §58의4).

예 규

• 비거주자인 수증자에게 부동산 증여 후 증여자가 증여세 납부 시 증여에 해당하는지 여부

거주자가 증여일 현재 비거주자인 수증자에게 국내에 있는 재산을 증여하고 관할 세무서장으로부터 「상속세 및 증여세법」 제4조의 2 제5항 제3호 및 같은 조 제6항에 따라 연대납세의무통지를 받기 전에 수증자가 납부하여야 할 증여세를 납부한 경우, 증여자가 납부한 증여세는 같은 법 제4조에 따른 증여재산에 해당하지 아니하는 것임(법령해석재산-3788, 2016.10.25.).

4 국외증여에 대한 증여세 과세특례

우리나라의 「상속세 및 증여세법」에서는 증여가 있을 경우 증여를 받은 수증자에게 증여세를 과세한다(취득과세형). 수증자가 거주자일 경우에는 국내·국외 모든 재산에 대하여 증여세를 과세하고, 수증자가 비거주자일 경우에는 국내에 있는 재산에 대하여만 증여세를 과세하고 있다(상증법 §4의2①).

따라서 기존 우리나라의 「상속세 및 증여세법」에 따르면 비거주자가 거주자로부터 국외의 재산을 증여받으면 우리나라는 증여세를 과세할 수 없다.

구분	증여세 과세대상	증여세 납세의무자
수증자가 거주자인 경우	국내·국외의 모든 재산	수증자(거주자)
수증자가 비거주자인 경우	국내의 모든 재산	수증자(비거주자)

만약 미국과 같이 증여가 있을 경우 수증자가 아닌 증여자에게 증여세를 과세(유산과세형)하고 있다면 아무도 증여세를 내지 않게 되어 국제적 이중비과세 문제가 발생하게 된다. 그래서 외국에서 발생한 소득을 국내에 유입하지 않거나 국내재산을 해외로 유출하여 외국에 있는 자녀등에게 증여하여도 기존의 법으로는 외국에서 국외증여재산에 대하여 증여세를 과세하면 우리나라에서는 과세하지 못하는 문제가 발생했다. 국내 거주자인 부모가 증

여세율이 매우 낮은 국가의 부동산을 비거주자인 자녀에게 증여를 하면 증여세가 부과되었다는 사실만으로도 우리나라의 증여세 면제가 가능하였다.

이를 방지하기 위하여 「국제조세조정에 관한 법률」에서는 거주자가 비거주자에게 국외의 재산을 증여하는 경우 그 증여자가 증여세를 납부할 의무가 있는 것으로 증여세 과세특례를 규정하고 있다.

TIP

유산과세형과 취득과세형

① 유산과세형 : 망자(피상속인)의 유산총액에 대하여 과세하는 방식이다. 세수증대효과가 있고, 세무행정이 용이하다. 우리나라 상속세는 유산과세형을 채택하고 있다.

② 취득과세형 : 상속인이 취득하는 재산가액에 대하여 과세하는 방식이다. 각자의 담세력에 상응하는 과세가 되며, 부의 분산을 촉진한다. 우리나라의 증여세는 취득과세형을 채택하고 있다.

(1) 국외재산 증여에 대한 증여세 과세특례

거주자가 비거주자에게 국외에 있는 재산을 증여(증여자의 사망으로 인하여 효력이 발생하는 증여는 제외함)하는 경우 그 증여자는 「국제조세조정에 관한 법률」에 따라 증여세를 납부할 의무가 있다(국조법 §21①).

다만, 수증자가 증여자의 국세기본법에 따른 특수관계인이 아닌 경우로서 해당 재산에 대하여 외국의 법령에 따라 증여세(실질적으로 이와 같은 성질을 가지는 조세를 포함함)가 부과되는 경우(세액을 면제받는 경우를 포함함)에는 증여세 납부의무를 면제한다(국조법 §21①단서).

거주자에는 본점이나 주된 사무소의 소재지가 국내에 있는 비영리법인을 포함하며, 비거주자에는 본점이나 주된 사무소의 소재지가 국내에 없는 비영리법인을 포함한다(국조법 §21⑤).

(2) 국외 증여재산의 시가 산정

1) 시가에 의한 평가

국외증여에 대한 증여세 과세특례 규정에 따라 증여세를 과세할 때 증여재산의 가액은 증여재산이 있는 국가의 증여 당시의 현황을 반영한 시가에 따르되 그 시가를 산정하는 경우 다음 중 어느 하나에 해당하는 가액이 확인될 때에는 그 가액을 해당 증여재산의 시가로 한다(국조법 §21②, 국조령 §38①).

① 증여재산의 증여일 전후 6개월 이내에 이루어진 실제 매매가액

② 증여재산의 증여일 전후 6개월 이내에 공신력 있는 감정기관이 평가한 감정가액

③ 증여재산의 증여일 전후 6개월 이내에 수용 등을 통하여 확정된 증여재산의 보상가액

2) 시가를 산정하기 어려운 경우

시가를 산정하기 어려울 때에는 해당 재산의 종류, 규모, 거래 상황 등을 고려하여 「상속세 및 증여세법」(제61조~제65조:보충적 평가방법)의 규정을 준용하여 증여재산가액을 평가한다. 다만, 그 평가방법이 적절하지 아니한 경우에는 「감정평가 및 감정평가사에 관한 법률」에 다른 감정평가업자가 평가하는 가액으로 한다(국조령 §38②).

3) 유가증권가액의 산정

유가증권가액의 산정에 관하여는 「상속세 및 증여세법」 제63조에 따른 평가방법을 준용한다(국조령 §38③).

(3) 외국납부세액 공제

국외 재산의 증여에 대하여 증여세를 부과할 때 외국의 법령에 따라 증여세를 납부한 경우에는 그 납부한 증여세에 상당하는 금액을 증여세 산출세액에서 공제한다(국조법 §21③).

1) 외국납부세액

증여세 산출세액에서 공제할 증여세 납부액은 다음의 세액(가산세 및 가산금은 제외함)으로서 증여세 납부의무자가 실제로 외국정부(지방자치단체를 포함함)에 납부한 세액(이하 "외국납부세액"이라 함)으로 한다(국조령 §38의2①).

① 증여를 원인으로 과세하고, 증여한 재산의 가액을 과세표준으로 하여 외국의 법령에 따라 부과된 조세(실질적으로 이와 같은 성질을 가지는 조세를 포함함)의 세액

② 위 ①에 따른 세액의 부가세액

2) 외국납부세액공제액

외국납부세액은 「상속세 및 증여세법」에 따른 증여세 산출세액에 다음 계산식에 따른 비율을 곱하여 산출한 금액을 한도로 하여 증여세 산출세액에서 공제한다(국조령 §38의2②).

외국납부세액공제액 = Min(①,②)

① 외국납부세액

② 한도 : 상속세 및 증여세법에 따른 증여세 산출세액 × $\frac{\text{외국의 법령에 따라 증여세를 납부한 증여재산의 과세표준}^{8)}}{\text{상속세 및 증여세법에 따른 증여세 과세표준}}$

외국납부세액공제를 적용할 때 증여재산의 과세표준에 대한 원화환산은 증여일 현재의 「외국환거래법」에 따른 기준환율 또는 재정환율에 따르고, 외국납부세액에 대한 원화환산은 다음의 구분에 따른다(국조령 §38의2③).

① 외국납부세액에 대한 원화환산은 외국의 법령에 따라 증여세를 납부한 날의 「외국환거래법」에 따른 기준환율 또는 재정환율에 따른다(국조칙 §11의2①).

② 증여세의 납부의무자가 외국의 법령에 따른 증여세의 납부기간을 경과하여 증여세를 납부한 경우에는 그 납부기간의 마지막 날의 「외국환거래법」에 다른 기준환율 또는 재정환율에 따른다(국조칙 §11의2②).

③ 증여세의 납부의무자가 국내에서 외국납부세액을 공제받은 후 외국에서 경정 등의 사유로 국내에 추가로 증여세를 납부하거나 환급하여야 하는 경우에는 다음의 구분에 따른 날의 「외국환거래법」에 따른 기준환율 또는 재정환율에 따른다(국조칙 §11의2③).

ⓐ 위 ①에 따라 외국납부세액을 공제받을 때 증여세를 납부한 날의 기준환율 또는 재정환율을 적용한 경우 : ①에 따른 증여세를 납부한 날

ⓑ 위 ②에 따라 외국납부세액을 공제받을 때 납부기간의 마지막 날의 기준환율 또는 재정환율을 적용한 경우 : ②에 따른 납부기간의 마지마 날

3) 외국납부세액 공제신청

외국납부세액을 공제받으려는 자는 증여세 과세표준을 신고할 때 기획재정부령으로 정하는 외국납부세액 공제신청서(국조칙 별지 제11호의 2 서식)와 증명서류를 납세지 관할 세무서장에게 제출하여야 한다(국조령 §38의2④).

다만, 외국정부의 증여세 결정・통지의 지연, 납부기간의 차이 등의 사유로 증여세 과세표준을 신고할 때 증명서류를 제출할 수 없는 경우에는 외국정부의 증여세 결정통지를 받은 날부터 2개월 이내에 외국납부세액 공제신청서와 증명서류를 납세지 관할 세무서장에게 제출할 수 있다(국조령 §38의2⑤).

8) 분자는 해당 외국의 법령에 따른 증여세의 과세표준을 말하며, 분자와 분모의 비율이 1보다 큰 경우에는 비율을 1로 본다

외국정부가 해당 증여재산에 대하여 결정한 증여세액을 경정함으로써 외국납부세액에 변동이 생긴 경우에도 이와 같다. 이 경우 환급세액이 발생하면 국세기본법에 따라 충당하거나 환급할 수 있다(국조령 §38의2⑥).

■ 국제조세조정에 관한 법률 시행규칙 [별지 제11호의 2 서식] 〈신설 2015.3.13.〉

외국납부세액공제 신청서

가. 외국납부세액 납부자 및 과세물건				
① 성　명			② 주민등록번호	
③ 주　소		(☎:)		
④ 과세물건	종 류		소 재 지	

나. 공제세액계산			
⑤ 외국납부세액		⑥ 증여세 산출세액	
⑦ 증여세 과세표준		⑧ 외국의 법령에 따라 증여세를 납부한 증여재산의 과세표준	
⑨ 외국납부세액 공제 한도 (⑥ × $\frac{⑧}{⑦}$)		⑩ 공제세액(⑤와 ⑨ 중 적은 금액)	

「국제조세조정에 관한 법률」 제21조 제1항 및 같은 법 시행령 제38조의 2 제4항에 따라 외국납부세액공제 신청서를 제출합니다.

년　월　일

신고인　(서명 또는 인)

세무서장 귀하

제출서류	1. 외국에서 증여세가 부과된 사실을 입증할 수 있는 서류 2. 외국에서 부과된 증여세를 납부한 영수증 등 증명서류	수수료 없음

작 성 방 법

※ 이 신청서를 작성할 때 외국화폐 단위의 원화 환산은 「국제조세조정에 관한 법률 시행령」 제38조의 2 제3항 및 「국제조세조정에 관한 법률 시행규칙」 제11조의 2의 방법에 따릅니다.

1. ⑤ 외국납부세액란은 「국제조세조정에 관한 법률」 제21조 제1항에 따른 증여세 납부의무자가 실제로 외국정부(지방자치단체를 포함)에 납부한 세액을 적습니다.
2. ⑥ 증여세 산출세액란은 「상속세 및 증여세법」에 따른 증여세 산출세액을 적습니다.
3. ⑦ 증여세 과세표준란은 「상속세 및 증여세법」에 따른 증여세 과세표준을 적습니다.
4. ⑧ 외국의 법령에 따라 증여세를 납부한 증여재산의 과세표준란은 외국의 법령에 따른 증여세 과세표준을 적습니다.

210㎜×297㎜[백상지 80g/㎡ 또는 중질지 80g/㎡]

(4)「상속세 및 증여세법」 규정의 준용

국외증여에 대한 증여세 과세특례 규정에 따라 증여세를 과세하는 경우에는「상속세 및 증여세법」 제4조의 2 제1항 · 제3항(증여세 납부의무), 제47조(증여세 과세가액), 제53조(증여재산공제), 제56조(증여세 세율), 제57조(직계비속에 대한 증여의 할증과세), 제58조(납부세액공제), 제68조(증여세 과세표준신고), 제69조 제2항(신고세액공제), 제70조(자진납부), 제71조(연부연납), 제72조(연부연납가산금) 및 제76조(결정 · 경정)를 준용한다(국조법 §21④).

| 거주자가 비거주자에게 증여하는 경우의 과세현황 요약(2015.1.1. 이후) |

증여재산	특수관계여부	과세여부	관련 규정
국내재산		과세	상증법 §2①2
국외 예 · 적금 등[9]		과세	상증법 §2①2
그 외 국외재산	특수관계 ○	과세	국조법 §21①
	특수관계 ×	과세 (단, 외국에서 증여세 부과시는 면제)	국조법 §21①단서

저는 현재 일본에서 거주중이며 한국에 계시는 아버지로부터 6000만엔을 증여받았습니다. 이러한 내용을 국세청에서 알 수 있나요?

A

비거주자와 거주자간의 금융거래는 그 거래금액이 노출됩니다. 외국환 거래규정에 따라 거주자와 비거주자간의 금융거래는 국세청장, 관세청장, 금융감독원장 등에게 통보가 됩니다. 관련 규정은 다음과 같습니다.

> **외국환거래규정 제4-8조【국세청장 등에 대한 통보】**
> ① 외국환은행의 장은 다음 각호의 1에 해당하는 지급등의 경우에는 매월별로 익월 10

---

9) 이 경우의 "국외 예 · 적금 등"은 상증령 §2③에 따른 다음의 것을 말한다.
① 거주자로부터 증여받은 국외 예금이나 국외 적금 등 금융거래(「금융실명거래 및 비밀보장에 관한 법률」 제2조 제3호에 따른 금융거래 및 이와 유사한 거래를 포함한다)를 위하여 해외금융회사에 개설한 계좌에 보유한 재산
② 거주자로부터 증여받은 외국법인(증여재산 취득일 현재 자산총액 중 국내 소재 자산가액의 합계액이 차지하는 비율이 100분의 50 이상인 법인을 말한다)의 주식 또는 출자지분(이하 "주식 등"이라 한다)으로서 거주자로부터 증여받은 주식 등

일 이내에 지급등의 내용을 국세청장에게 통보하여야 한다. 다만, 정부 또는 지방자치단체의 지급등은 그러하지 아니하다.

1. 제4-3조 제1항 제1호 내지 제2호의 규정에 의한 지급등의 금액이 지급인 및 수령인별로 연간 미화 1만불을 초과하는 경우 및 제7-11조 제2항의 규정에 의한 지급금액이 지급인별로 연간 미화 1만불을 초과하는 경우
2. 제4-5조의 규정에 의한 해외유학생 및 해외체재자의 해외여행경비 지급금액이 연간 미화 10만불을 초과하는 경우
3. 제1호 및 제2호의 경우를 제외하고 건당 미화 1만불을 초과하는 금액을 외국환은행을 통하여 지급등(송금수표에 의한 지급등을 포함한다)하는 경우

② 외국환은행의 장은 법 제21조 및 영 제36조의 규정에 의하여 다음 각호의 1에 해당하는 지급등의 내용을 매월별로 익월 10일까지 관세청장에게 통보하여야 한다. 다만, 정부 또는 지방자치단체의 지급은 그러하지 아니하다.

1. 수출입대금의 지급 또는 수령
2. 외국환은행을 통한 용역대가의 지급 또는 수령
3. 제4-3조 제1항 제1호 내지 제2호의 규정에 의한 지급등
4. 건당 미화 1만불을 초과하는 해외이주비의 지급
5. 제1호 내지 제4호의 경우를 제외하고 건당 미화 1만불을 초과하는 금액을 외국환은행을 통하여 지급등(송금수표에 의한 지급을 포함한다)을 하는 경우

③ 외국환은행의 장은 법 제21조 및 영 제36조의 규정에 의하여 다음 각호의 1에 해당하는 지급등의 내용을 매월별로 익월 10일까지 금융감독원장에게 통보하여야 한다. 다만, 정부 또는 지방자치단체의 지급은 그러하지 아니하다.

1. 제4-3조 제1항 제1호의 규정에 의한 지급 및 제7-11조 제2항의 규정에 의한 지급금액이 지급인별로 연간 미화 1만불을 초과하는 경우
2. 제4-5조의 규정에 의한 해외유학생 및 해외체재자의 해외여행경비 지급금액이 연간 미화 10만불을 초과하는 경우
3. 제1호 및 제2호의 경우를 제외하고 건당 미화 1만불을 초과하는 금액을 외국환은행을 통하여 지급등(송금수표에 의한 지급을 포함한다)을 하는 경우

또한 미국의 경우에는 FATCA(Foreign Account Tax Compliance Act., 해외계좌납세자순응법)의 규정을 적용받고 있습니다. FATCA란 미국이 아닌 다른 나라 국적의 금융회사가 보유하고 있는 미국 국적자의 5만달러(법인은 25만달러) 이상의 계좌를 미국 국세청(IRS)에 신고하도록 의무화한 법을 말합니다. 이 제도에 의해서 미국의 영주권자 등의 해외자산이 파악되어 미국에서 과세되고 있습니다.

| 증여관련 국내 과세체계 |

<table>
<tr><th colspan="4">구분</th><th rowspan="2">증여세 과세대상</th><th rowspan="2">납부의무</th><th rowspan="2">명의신탁
증여의제</th></tr>
<tr><th>근거법</th><th>증여자</th><th colspan="2">수증자</th></tr>
<tr><td rowspan="2">상증법</td><td rowspan="2">구분없음
(특례
제외)</td><td colspan="2">거주자
(본점 또는 주된 사무소 소재지가 국내에 있는 비영리법인 포함)</td><td>국내·국외 모든 재산</td><td>수증자(거주자)</td><td>적용
(수탁자
납세의무)</td></tr>
<tr><td colspan="2">비거주자
(본점 또는 주된 사무소 소재지가 국내에 없는 비영리법인 포함)</td><td>(원칙) 국내 모든 재산
(특례) 거주자로부터 증여받은 해외자산 중
① 해외금융계좌 자산
② 외국법인[10)] 주식</td><td>수증자
(비거주자)</td><td>적용
(수탁자
납세의무)</td></tr>
<tr><td>법인세법
상증법</td><td rowspan="3">구분없음</td><td colspan="2">내국영리법인</td><td>증여세 과세대상 아님
(순자산 증가에 따른 법인세 납부)</td><td>법인세 신고납부 의무</td><td>적용
(실질소유자
납세의무)</td></tr>
<tr><td rowspan="2">법인세법</td><td rowspan="2">외국
영리
법인</td><td>PE
있음</td><td rowspan="2">국내 소재 자산을 증여받아 생기는 소득은 국내원천소득(기타소득)으로 과세</td><td>국내사업장에 귀속 : 신고납부
국내사업장에 귀속 × : 하동</td><td rowspan="2">비적용
(증여에
명의신탁
불포함)</td></tr>
<tr><td>PE
없음</td><td>(원칙) 지급하는 자가 원천징수 납부의무
(특례) 지급하는 자가 비거주자 또는 PE없는 외국법인인 경우 수증자가 신고납부
(지급자가 원천징수하는 경우 제외)</td></tr>
<tr><td rowspan="3">국조법</td><td rowspan="3">거주자</td><td rowspan="2">비거주자
(본점 또는 주된 사무소 소재지가 국내에 없는 비영리법인 포함)</td><td>특수
관계
○</td><td>국외재산 증여
(상증령 §2③ 제외)</td><td>증여자
(거주자)</td><td>비적용
(증여에
명의신탁
불포함)</td></tr>
<tr><td>특수
관계
×</td><td>① 국외재산 증여 and,
② 외국의 법령에 따라 증여세가 부과되지 않을 것</td><td>증여자
(거주자)</td><td>비적용
(증여에
명의신탁
불포함)</td></tr>
<tr><td colspan="2">외국영리법인</td><td>비과세</td><td></td><td></td></tr>
</table>

Ⅱ 비거주자의 양도소득세 이슈

1 개요

비거주자의 양도소득세 설명에 앞서 가장 중요한 것은 거주자인지, 비거주자인지 여부의 판단을 먼저 하여야 한다.

한국뿐만이 아닌 여러 나라에서는 안정적이고 넉넉한 세금을 걷기 위해서 (조세징수) 거주자에게는 전 세계 모든 소득에 대하여 세금을 걷으려 한다.

예를 들어, 한국 국적의 김누리 씨가 미국의 부동산을 1억 원에 사서 3억 원에 팔았다면, 2억 원의 양도차익(소득)이 발생하였다. 김누리 씨는 한국에서만 계속 살며 외국은 한 번도 나간 적이 없다. 이럴 경우에 **한국의 국세청**에서는 김누리 씨가 한국 사람이니까 2억 원의 양도차익에 대해서 세금을 걷고 싶어 할 것이고, **미국의 국세청**에서는 미국의 부동산이니까 2억 원의 양도차익에 대해서 세금을 걷고 싶어 할 것이다.

그럼 김누리 씨는 한국에도 세금을 내고, 미국에도 세금을 내야 할까?

이렇게 두 나라, 양국 간의 세금에 대하여 한쪽의 나라에서만 과세하기로 약속을 한 게 바로 조세조약이다. 그리고, 한쪽의 나라에서만 세금을 낼 수 있게끔 판단하는 기준이 거주자, 비거주자 중 어느 쪽에 해당되는지이다.

(1) 비거주자의 양도소득 원천징수

모든 비거주자가 양도를 하고 나서 양도차이에 대한 세금을 그 나라에 신고납부한다면 괜찮겠지만, 고의든 고의가 아니든 신고를 안 하게 될 경우에는 그 나라에서는 별나른 세재를 할 방법이 많지 않다.

예를 들어서, 김누리 씨가 미국에서 번 양도차익을 미국에 신고를 하지 않는다면, 미국에서 한국에 있는 김누리 씨에게 인터폴을 보내서 잡아오거나 하기가 현실상 힘들 것이다. 그냥 2억 원에 대한 세금을 못 받고, 앞으로 김누리 씨를 미국에 오지 못하게 입국 거부를

10) 국내 자산비율이 50% 이상 법인

하는 정도일 것이다.

그래서 이에 대한 방법으로 양수자(매입자)에게 의무를 부여한다. 이를 원천징수의무라 한다.

원천징수의무란, 양수자(매입자)가 부동산을 구입할 때 그 대금을 양도자(판매자)에게 전부 주는 것이 아니라, 법에서 정한 세율만큼은 미리 떼어놓고 나머지만 양도자에게 준다. 그리고, 그 미리 떼어놓은 세금은 나라에 원천세로 납부하게 된다.

그럼 받아야 할 돈을 전부 받지 못한 김누리 씨는 나라에 세금을 신고하며, 그리 떼였던 돈과 정산을 하게 된다.

즉, 비거주자와 거래한 양수자에게 원천징수의무를 부여하였다.

(2) 원천징수의무자

최초(2003년)에는 비거주자와 거래한 양수자로 하여금 원천징수를 하도록 하였다. 그러나 개인이 원천징수하고 절차에 맞춰 신고납부하기에는 어려워 2007년부터는 양수자가 개인일 경우에는 원천징수의무를 면제하였다.

즉, 개인 외의 양수자는 원천징수의무를 부담한다.

(3) 원천징수대상 자산

비거주자의 양도소득에 대한 원천징수대상 자산은 국내 소재 아래의 자산이다(소법 §94).

① 토지와 건물

② 부동산에 관한 권리

③ 기타자산(법인의 자산총액 중 부동산 등의 가액이 50% 이상인 비상장주식 등)

(4) 원천징수시기

최종 잔금을 청산하는 때에 일괄하여 원천징수한다(소득세법 제98조 규정에 의한 양도시기).

(5) 원천징수세율

① 원칙 : 양도대가 즉 지급액의 10%

② 예외 : 취득가액 및 양도비용이 확인되는 경우에는 양도가액의 10%와 양도차익의 25% 중 적은 금액

(6) 원천징수 납세지

① 양수자가 거주자인 경우
   양수자의 사업장 소재지(사업장이 없는 경우에는 양수자의 주소지)

② 양수자가 비거주자인 경우
   양수자의 국내사업장 소재지 → 비거주자의 체류지 → 양도자산의 소재지 순서

(7) 원천징수불성실 가산세

①과 ② 중 큰 금액

① 미달납부세액 × 미납기간 × 0.03%(한도 : 미달납부세액 × 10%)

② 미달납부세액 × 5%

(8) 비거주자의 양도소득세 신고 및 환급

양수자의 원천징수와는 별도로 양도자는 거주자와 동일하게 양도소득세 예정 및 확정신고를 하여야 한다.

이때 원천징수세액은 기납부세액으로 공제받을 수 있다(비거주자 원천징수 영수증 첨부).

원천징수세액이 양도자가 납부할 세액보다 큰 경우에는 초과액을 환급 신청한다.

(9) 거주자와 비거주자의 차이 비교

구분	거주자	비거주자
납세의무의 범위	국내외 모든 부동산 등	국내 부동산 등
양도소득세 과세대상	부동산 등 및 주식의 양도	부동산 등의 양도(부동산법인 주식은 과세대상)
1세대 1주택 비과세 적용여부	적용	적용배제(단, 출국일로부터 2년 이내 양도분 비과세 ; 해외이주법)
조특법상 감면	적용	적용배제(미분양 주택의 양도 및 수용되는 경우에는 감면되는 경우가 있음)
원천징수의무	없음	있음
예정신고의무	있음	있음
기본공제	적용	적용

구분	거주자	비거주자
세율	양도소득세율	양도소득세율(거주자와 동일)
중과세율	적용	적용
장기보유특별공제	적용	적용(단, 1세대 1주택자에 대한 장기보유특별공제는 적용배제)

무제한 납세의무자인 거주자는 국내뿐만 아니라 국외에서 발생한 양도소득에 대하여도 양도소득세를 납부하여야 한다. 반대로 제한납세의무자인 비거주자는 국내에서 발생한 양도소득에 대하여 양도소득세를 납부하여야 한다.

구분	납세의무	국내 양도소득	국외 양도소득
거주자[11)]	무제한 납세의무	신고 납부 ○	신고 납부 ○
비거주자	제한 납세의무	신고 납부 ○	신고 납부 ×

2 비거주자의 양도소득세 비과세

(1) 해외이주에 따른 1세대 1주택 비과세(소령 §154①2호)

해외현지이주 및 취학 또는 근무상의 형편으로 세대전원이 출국 후 비거주자 상태에서 2년 이내 1주택을 양도할 경우에 양도세가 비과세된다. 이 규정은 1주택 상태에서 출국한 경우 출국일로부터 2년 이내에 양도시 비과세 적용한다.

※ 출국하기 전에 양도하는 경우에는 이 규정이 적용되지 않으니 주의하여야 한다.

출국일이 2년이 지났다면 비과세는 불가능하다. 그러나 여기에서 말하는 **출국일(出國日)**을 어느 날로 볼 지가 쟁점이다. 단순하게 세대 전원이 우리나라를 떠나는 비행기 또는 배를 타고 외국으로 나가는 날을 출국일로 할 지, 아니면 신체와 상관없이 영주권 등을 취득하는 날을 출국일로 볼 지 따져봐야 한다.

11) 해당 자산의 양도일까지 계속 5년 이상 국내에 주소 또는 거소를 둔 자만 해당

소득세법 시행령 제154조 제1항 제2호

나. 「해외이주법」에 다른 해외이주로 세대전원이 출국하는 경우. 다만, 출국일 현재 1주택을 보유하고 있는 경우로 출국일부터 2년 이내에 양도하는 경우에 한한다.

「해외이주법」에 따른 이주 시 출국일(양도소득세 집행기준 89-154-43)

구분	「해외이주법」에 따른 이주 시 출국일
연고 · 무연고 이주	전 세대원이 출국한 날
현지 이주	영주권 또는 그에 준하는 장기체류 자격을 취득한 날 (2009.4.14. 이후 양도분부터 적용)

「해외이수법」에 따른 현지이주 시에는 영주권 또는 그에 준하는 장기체류 자격을 취득한 날을 출국일로 본다. 따라서 현지이주 후 영주권을 취득한 날로부터 2년 이내에 1주택을 양도할 경우 비과세가 가능하다.

| 해외이주 사유별 핵심내용 |

종류	내용	증빙 서류	출국일	보유 및 거주기간에 관계없이 양도세 비과세를 적용받기 위한 양도시기
연고 이주	혼인, 약혼, 친족 관계 기초	해외이주 신고확인서(외교통상부)	세대전원 출국일	출국전 이주확인서 발행일로부터 1년 이내 출국후 2년 이내
무연고 이수	취업이주 이주알선업자에 의한 이주 등	해외이주 신고확인서(외교통상부)	세대전원 출국일	출국전 이주확인서 발행일로부터 1년 이내 출국후 2년 이내
현지 이주	해외이주 외의 목적으로 출국하여 영주권 취득	영주권 또는 장기체류 자격 (현지이주확인서)	영주권 등 취득일	영주권 등 취득 후 2년 이내
취학 등	-	-	세대전원 출국일	출국 후 2년 이내

- 양도일 현재 국내에 1주택을 보유한 1세대가 소득세법 시행령 제154조 제1항 제2호 나목 및 다목 규정의 해외이주법에 따른 해외이주 또는 1년 이상 계속하여 국외거주를 필요로 하는 취학 또는 근무상의 형편으로 세대전원이 출국함으로써 비거주자가 된 상태에서 국내의 1주택을 양도(출국일 현재 1주택을 보유하고 있는 경우로서 출국일로부터 2년 이내에 양도하는 경우에 한함)하는 경우 보유기간 및 거주기간의 제한 없이 1세대 1주택으로 비과세(실질 양도가액이 9억원을 초과하는 고가주택의 경우 9억원 초과부분은 과세)되는 것임(재산세과-448, 2009.10.13.).
- 1세대가 출국일 및 양도일 현재 국내에 1주택을 보유하고 있는 경우로서 해외이주법에 따른 해외이주로 세대전원이 출국하여 출국일로부터 2년 이내에 당해 주택을 양도하는 경우에는 1세대 1주택 비과세 여부를 판정할 때 그 보유기간 및 거주기간의 제한을 받지 아니하며 이를 적용할 때 해외이주법에 따른 현지이주의 경우 출국일은 영주권 또는 그에 준하는 장기체류 자격을 취득한 날임(재산세과-602, 2009.10.30.).
- 세대전원이 출국한 사유가 해외이주법에 따른 해외이주임이 외교통상부장관이 교부하는 해외이주신고확인서, 현지이주확인서 또는 거주여권 사본에 의하여 확인되는 경우에는 소득세법 시행령 제154조 제1항 제2호 나목을 적용받을 수 있는 것이며, 이를 적용할 때 해외이주법에 다른 현지이주의 경우 출국일은 영주권 또는 그에 준하는 장기체류 자격을 취득한 날임(재산세과-776, 2009.4.20.).
- 세대의 해외출국 당시에 일반주택과 상속주택이 있어 해외출국 이전인 거주자의 신분시에는 1세대 1주택의 비과세 요건을 충족되고 상속주택을 먼저 팔아 일반주택의 양도일 현재는 1주택 소유자이므로 비거주자인 상태에서 일반주택을 양도하였더라도 1세대 1주택 비과세 대상임(국심 2003서1220, 2003.6.30.).
- 비거주자가 국내 거주 시 보유하던 주택을 양도하는 경우로서 출국 당시는 부모와 아들이 동일세대원이었으나 해외이주 후 아들이 별도세대를 구성하여 양도일 현재는 1세대 1주택이므로 비과세 대상임(국심 2002서3215, 2003.4.30.).
- 초등학교 재학생으로 보이는 자녀 2명과 함께 출국한 사실만이 있을 뿐 취학이나 근무상의 형편 등의 부득이한 사유로 3년 미만 보유한 아파트를 양도하고 세대전원이 국외로 출국하지 아니한 경우에는 1세대 1주택 비과세 대상에 해당되지 않음(국심 2003중3445, 2004.1.27.).
- 1세대가 국내에 1주택을 보유하다가 1년 이상 계속하여 국외거주를 필요로 하는 근무상의 형편으로 세대전원이 출국한 후 1주택을 추가 취득하고 1세대 1주택 비과세 요건을 충족하지 못한 종전주택을 그 추가 취득한 주택의 취득일로부터 1년 이내 그리고 출국일로부터 2년 이후에 양도한 경우에는 1세대 1주택 비과세를 적용하지 아니하는 것임(재재산-993, 2010.10.18.).

- **해외이주 또는 국외근무 및 국외유학인 경우**

해외이주법에 따라 해외이주하거나 1년 이상 계속하여 국외거주를 필요로 하는 국외취학·

근무상의 형편으로 세대전원이 출국함으로써 비거주자가 된 상태에서 출국일로부터 2년이 경과하여 당해 주택을 양도하는 경우에는 설령 해외출국일 현재 해당주택이 1세대 1주택 비과세 요건을 충족하였다 하더라도 소득세법 시행령 제154조 제1항 제2호 다목(=출국일로부터 2년 이내에 양도하는 경우에 한하여 거주·보유기간 무관하게 출국 및 양도일 현재 1주택에 대한 비과세)에 따른 양도소득세 비과세 특례규정이 적용되지 아니함에 유의

- **세대원 중 일부가 군부대 입영으로 출국하지 못한 경우**

  세대전원이 출국한 것으로 봄. 다만, 세대전원이 해외이주로 출국한 후 양도하는 출국일로부터 1년 이내에 세대원 중 일부가 재입국하는 경우에는 비과세 특례(=해외출국에 따른 2년 이내 양도할 경우의 1세대의 출국일 및 양도일 현재 1주택에 대한 예외적인 비과세 특례규정을 의미) 적용대상이 아님(부동산거래관리과-1004, 2010.7.30.).

- **해외이주 당시는 1세대 2주택이나, 해외이주 후 1세대 1주택인 상태에서 양도하는 주택의 비과세 특례 적용 여부**

  2주택(A, B)을 소유한 1세대가 해외이주법에 따른 해외이주로 세대전원이 출국하여 A주택을 양도한 이후 B주택을 2007.12.31. 이전에 양도한 경우 B주택은 소득세법 시행령 제154조 제1항 제2호 나목 규정을 적용받을 수 있음(법규과-5391, 2008.12.23.).

- 해외이주법에 따른 해외이주신고 후 먼저 출국하고 자녀는 취학상의 사유로 나중에 출국한 경우 그 자녀가 출국한 날을 세대전원이 출국한 날로 보는 것이며(재산-3396, 2008.10.21.), 세대원 중 별도로 1세대를 구성할 수 있는 자가 함께 출국하지 아니하는 경에도 세대전원이 출국한 것으로 보는 것임(재산-3111, 2008.10.2.).

- 1주택을 소유하고 있던 거주자가 1주택을 상속받아 1세대 2주택이 된 후 소득세법 시행령 제154조 제1항 제2호 다목에 의하여 1년 이상 계속하여 국외거주를 필요로 하는 취학 또는 근무상 형편으로 세대전원이 출국하여 비거주자가 된 상태에서 국내의 1주택을 양도하는 경우에는 소득세법 제89조 제1항 제3호의 규정이 적용되지 아니하는 것임(서면4팀-2522, 2007.8.29.).

- **공동상속주택(소수지분) 보유시 해외이주로 인한 1세대 1주택 비과세 특례 적용 여부**

  1주택(A)을 소유하고 있던 거주자가 1주택(B)을 상속받아 1세대 2주택자가 된 후 해외이민으로 세대 전원이 출국하여 비거주자가 된 상태에서 국내의 1주택(A)을 양도하는 경우에는 소득세법 제89조 제1항 제3호의 규정이 적용되지 아니하는 것임(서면4팀-1513, 2007.5.7.).

- 국내에서 신규아파트를 분양받아 중도금 불입 중 1년 이상 계속하여 국외거주를 필요로 하는 근무상의 형편으로 세대전원이 출국한 후 당해 준공된 아파트를 양도(출국일로부터 2년 이내에 양도하는 경우에 한함)하는 경우에는 보유기간의 제한을 받지 않는 1세대 1주택으로 비과세되는 것이며 이 법령은 당해 주택의 양도일 현재에도 국내에서 발생한 근무상의 형편이 계속하여 유지되는 경우에 적용하는 것임(서면4팀-1741, 2007.5.29. ; 서면4팀-2653, 2007.9.11.).

- **근무형편상 국외에 1년 이상 거주가 필요한 자가 국내에 거주하면서 양도한 주택에 대하여 부득이한 사유 적용 여부**

  청구인들이 해외에 출국하기 이전에 국내에 있으면서 쟁점주택을 양도하기는 했으나 현실적으로 일단 출국하게 되면 국내의 쟁점주택을 매각하기는 어렵다 할 것이므로, 1세대 1주택 비과세요건을 판담함에 있어서 납세자가 세대전원과 함께 해외로 출국한 이후에 국내에 있는 주택을 양도할 것을 요구하는 것은 무리가 있다고 하겠음. 따라서 처분청에서 청국인들이 해외로 출국하기 전에 국내에서 쟁점주택을 양도하였음을 이유로 1세대 1주택 비과세 규정의 적용을 배제하고 양도소득세를 과세한 이 건 처분은 잘못임(국심 2003구393, 2003.4.23.).

- **국외거주를 필요로 하는 근무상의 형편이 해소된 후에 양도할 경우 비과세 규정 적용 여부**

  국내에서 신규아파트를 분양받아 중도금 불입 중 1년 이상 계속하여 국외거주를 필요로 하는 근무상의 형편으로 세대전원이 출국한 후 당해 준공된 아파트를 양도하는 경우에는 소득세법 제89조 제3호 및 동법 시행령 제154조 제1항 제2호 다목의 규정에 의하여 보유기간의 제한을 받지 않는 1세대 1주택의 범위에 해당되며, 이 법령은 당해 주택의 양도일 현재에도 국내에서 발생한 근무상의 형편이 계속하여 유지되는 경우에 적용함(서면4팀-347, 2005.3.9.).

저는 이제 미국으로 출국하여 이주를 할 예정입니다. 제가 가진 예금으로는 이자가 얼마 되지 않을거라 생각되어, 아파트 한 채를 출국하기 직전에 매입하여 추후 미국으로 이민간 뒤 2년 내에 팔면 비과세받아서 팔 예정입니다. 1주택 상태에서 출국한 경우 출국일로부터 2년 이내에 양도 시 비과세를 적용한다고 들었는데 2년내에만 팔면 세금없이 차익을 얻을수 있을까요?

A

해외 이주에 따른 1세대 1주택 중 해외현지이주 및 취학 또는 근무상의 형편으로 세대전원이 출국 후 비거주자 상태에서 2년 이내에 1주택을 양도할 경우에는 양도세가 비과세됩니다. 그러나 이 규정은 1세대 1주택인 상태에서 사정상 해외이주 후 어쩔수 없이 비거주자가 되었을 경우를 위한 취지로서 이에 해당하지 않고 양도차익 비과세만을 목적으로 취득하는 주택에는 적용이 되지 않습니다.

예 규

해외이주가 확정된 상태에서 출국 하루 전에 취득한 것은 해외이주자에 대한 1세대 1주택 비과세 특례를 인정하는 취지에 부합하지 아니하므로 1세대 1주택 비과세 특계 규정의 적용이 배제됨(국심 2003서3235, 2004.3.8.).

3 비거주자의 양도소득세 감면

(1) 비거주자의 주택취득에 대한 양도소득세의 과세특례(조특법 §98의4)

① 비거주자(「소득세법」 제120조에 따른 국내사업장이 없는 비거주자를 말함)가 2009년 3월 16일부터 2010년 2월 11일까지의 기간 중에 「조세특례제한법」 제98조의 3 제1항에 따른 미분양주택 외의 주택을 취득(2010년 2월 11일까지 매매계약을 체결하고 계약금을 납부한 경우를 포함)하여 양도하는 경우 양도소득세의 10%를 세액감면(2009.5.21. 이후 최초로 양도하는 분부터 적용)한다.

② 감면되는 세액의 20%를 농어촌특별세로 과세한다.

4 거주자의 국외자산 양도에 대한 양도소득세

거주자(해당 자산의 양도일까지 계속 5년 이상 국내에 주소 또는 거소를 둔 자만 해당함)가 해외에 있는 부동산 등을 양도하는 경우에도 우리나라 세법의 규정에 의하여 우리나라에 양도소득세를 신고납부하여야 한다.

∴ 모든 거주자가 납세의무자인 것은 아니다.

예 규

- **국외자산의 양도에 대한 납세의무**

  「소득세법 시행령」 제3조에 따라 내국법인의 국외사업장 등에 파견된 임직원으로서 가족이나 자산상태로 보아 파견기간 종료 후 재입국할 것으로 인정되어 그 파견기간에 관계없이 거주자로 보는 자가 같은법 제118조의 2 각호에 따른 국외에 있는 자산을 양도한 경우 양도소득세 납세의무가 있는 것임(부동산거래관리과-1000, 2010.7.29.).

- **국외부동산의 양도소득세 납세의무자 요건**

  국외 자산의 양도에 대하여 양도소득세 납세의무는 양도일 직전 5년 중 일정기간(3개월)동안 출국한 경우를 포함함(서면인터넷방문상담4팀-2981, 2007.10.17.).

(1) 과세대상 자산

거주자(해당 자산의 양도일까지 계속 5년 이상 국내에 주소 또는 거소를 둔 자만 해당한다)의 국외에 있는 자산의 양도에 대한 양도소득은 해당 과세기간에 국외에 있는 자산을 양도함으로써 발생하는 다음의 소득으로 한다.[12)]

구분	과세대상
(1) 부동산	① 토지 ② 건물
(2) 부동산에 관한 권리(미등기 양도자산을 포함함)	① 지상권 · 전세권, 부동산임차권 ② 부동산을 취득할 수 있는 권리(건물이 완성되는 때에 그 건물과 이에 부수되는 토지를 취득할 수 있는 권리를 포함함)
(3) 기타자산	① 특정주식(과점주주주식, 부동산과다보유법인주식) ② 영업권(사업용 고정자산과 함께 양도하는 것에 한함) ③ 특정시설물이용권(골프회원권, 승마회원권, 콘도미니엄회원권, 종합체육시설이용회원권, 주주회원권 등)
(4) 일반주식(특정주식 제외)	① 외국법인이 발행한 주식등(증권시장에 상장된 주식등과 장내파생상품에 해당하는 주식등은 제외) ② 내국법인이 발행한 주식등(국외 예탁기관이 발행한 「소득세법 시행령」 제157조 제1항에 따른 증권예탁증권을 포함)으로서 증권시장과 유사한 시장으로서 외국에 있는 시장에 상장된 주식등

(2) 양도가액 및 취득가액(소법 §118의3, 소령 §178의3)

국외자산의 양도가액 및 취득가액은 그 자산의 양도 또는 취득 당시의 실지거래가액으로 한다. 다만, 양도 또는 취득 당시의 실지거래가액을 확인할 수 없는 경우에는 양도자산이 소재하는 국가의 양도 또는 취득 당시 현황을 반영한 아래의 (1)의 시가에 따르되, 아래의 (1)에 따른 시가를 산정하기 어려울 때에는 그 자산의 종류, 규모, 거래상황 등을 고려하여 아래 (2)에서 정하는 방법에 따른다.

1) 양도 및 취득 당시의 실지거래가액을 확인할 수 없는 경우

① 국외자산의 양도에 대한 과세와 관련하여 이루어진 외국정부(지방자치단체 포함)의

12) 다만, 위 자산의 양도소득이 국외에서 외화를 차입하여 취득한 자산을 양도하여 발생하는 소득으로서 환율변동으로 인하여 외화차입금으로부터 발생하는 환차익을 포함하고 있는 경우에는 해당 환차익을 양도소득의 범위에서 제외한다.

평가가액
② 국외자산의 양도일 또는 취득일 전・후 6월 이내에 이루어진 실지거래가액
③ 국외자산의 양도일 또는 취득일 전・후 6월 이내에 평가된 감정평가기관의 감정가액
④ 국외자산의 양도일 또는 취득일 전・후 6월 이내에 수용 등을 통하여 확정된 국외자산의 보상가액

2) 시가를 산정하기 어려운 경우

① 부동산 및 부동산에 관한 권리의 경우에는 「상속세 및 증여세법」 제61조・제62조・제64조 및 제65조를 준용하여 국외자산가액을 평가하는 것. 다만, 「상속세 및 증여세법」 제61조・제62조・제64조 및 제65조의 규정을 준용하여 국외자산가액을 평가하는 것이 적절하지 아니한 경우에는 「감정평가 및 감정평가사에 관한 법률」 제2조 제4호에 따른 감정평가업사가 평가한 가액
② 유가증권가액의 산정은 「상속세 및 증여세법」 제63조의 규정에 따른 평가방법을 준용하여 평가하는 것. 이 경우 동조 제1항 제1호 가목의 규정 중 "평가기준일 이전・이후 각 2월"은 각각 "양도일・취득일 이전 1월"로 본다.

(3) 기타필요경비(소법 §118의4, 소령 §178의3~§178의5)

국외자산의 양도에 대한 양도차익을 계산할 때 양도가액에서 공제하는 필요경비는 다음의 각 금액을 합한 것으로 한다. 국외자산 양도소득의 양도차익을 계산할 때에는 **양도가액 및 필요경비를 수령하거나 지출한 날 현재** 「외국환거래법」에 따른 기준환율[13] 또는 재정환율[14]에 의하여 계산한다. 이 경우 장기할부조건의 경우에는 양도 또는 취득시기의 규정에 의한 양도일 및 취득일을 양도가액 또는 취득가액을 수령하거나 지출한 날로 본다.

① 취득가액
② 자본적지출액
③ 양도비용

---

13) 기준환율(the basic exchange rate, 基準換率) : 외국환은행이 고객과 원화와 미달러화를 매매할 때 기준이 되는 환율을 말하며 시장평균율이라고도 한다. 금융결제원의 자금중개실을 경유하여 외국환은행간에 거래되는 원화의 대 미달러화 현물환율과 거래액을 가중평균하여 산출한다.
14) 재정환율(arbitrage rate of exchange, 裁定換率) : 기준환율을 이용하여 제3국의 환율을 간접적으로 계산한 환율

• 외화차입금의 환차손이 필요경비에 해당하는지 여부

국외자산의 양도차익을 실지거래가액으로 계산함에 있어 당해 자산의 양도가액 및 취득가액으로 수수된 외화대출금의 환차손은 필요경비에 해당되지 아니함(부동산거래관리과-1312, 2010.11.2.).

• 해외주식 양도차익 외화환산시 환율 적용 방법 등

국외자산의 양도에 대한 양도차익의 외화환산은 결제대금이 고객계좌로 입금되거나 출금된 날의 환율을 적용하는 것이며, 주식의 양도차익을 산정함에 있어 양도하는 주식의 취득시기가 분명하지 아니한 경우에는 선입선출법으로 양도차익을 산정하는 것이나, 해외주식을 매매 또는 단기투자목적으로 매입한 자의 경우에는, 증권회사가 일반적으로 공정 타당하다고 인정되는 기업회계기준에 따라 동인을 위하여 과세연도별로 계속하여 적용하는 이동평균법으로 양도차익을 산정할 수 있는 것임(국제세원-229, 2010.5.10.).

• 동일연도에 여러 국가의 주식을 양도한 경우 결손금 통산 여부

국내에 당해 자산의 양도일까지 계속 5년 이상 주소 또는 거소를 둔 거주자가 동일연도에 여러 국가의 외국시장 상장주식 등을 양도한 경우로서 어느 하나 국가의 주식에서 양도차손이 발생한 경우에는 다른 국가의 주식에서 발생한 양도소득금액에서 그 양도차손을 공제하는 것임(재산세과-311, 2009.9.25.).

• 동일연도에 국내 · 국외 자산양도시 양도소득과세표준 신고방법 및 결손금 통산 여부

국내에 당해 자산의 양도일까지 계속 5년 이상 주소 또는 거소를 둔 거주자가 동일연도에 「소득세법」 제94조의 규정에 따른 국내자산과 동법 제118조의 2의 규정에 따른 국외자산을 각각 양도한 경우 국내자산과 국외자산의 양도소득과세표준 및 산출세액은 이를 각각 구분하여 산정하는 것이며, 따라서 국외자산의 양도에서 발생한 결손금은 국내자산의 양도에서 발생한 소득금액과 통산하지 아니하는 것임(서면인터넷방문상담4팀-962, 2005.6.16.).

• 국내에 상장된 한국예탁증서를 홍콩의 원주로 전환하여 매매한 경우 취득가액 산정방법

거주자가 외국법인이 주식을 발행하여 국내의 예탁기관에 이를 예탁하고 동 예탁기관을 통하여 외국법인의 주식을 원주로 하여 발행되는 한국예탁증서를 취득하고 이를 원주로 전환하여 양도하는 경우 「소득세법 시행령」 제118조의 4 제1항에 따라 한국예탁증서의 취득에 든 실지거래가액을 해당 주식의 취득가액으로 보는 것임(부동산거래관리과-301, 2010.2.26.).

(4) 장기보유특별공제

국외자산은 단기투자 문제가 없기 때문에 국외자산의 양도에 대하여는 국외자산을 3년 이상 보유해도 장기보유특별공제를 적용하지 않는다.

(5) 양도소득기본공제(소법 §118의7)

국외자산의 양도에 대한 양도소득이 있는 거주자에 대해서는 해당 과세기간의 양도소득 금액에서 연 250만원을 공제한다(미등기자산 포함). 이 경우 양도소득기본공제를 적용할 때 해당 과세기간의 양도소득금액에 감면소득금액이 있는 경우에는 감면소득금액 외의 양도소득금액에서 먼저 공제하고, 감면소득금액 외의 양도소득금액 중에서는 해당과세기간에 먼저 양도하는 자산의 양도소득금액에서부터 순서대로 공제한다.

(6) 양도소득세율

국외자산의 양도소득에 대한 소득세는 해당 과세기간의 양도소득과세표준에 **기본세율**을 적용하여 계산한 금액을 그 세액으로 한다.

구분		세율
① 부동산(토지와 건물)		기본세율(6~42%)
② 부동산에 관한 권리		
③ 주식 및 출자지분	중소기업	10%
	중소기업외	20%
④ 기타자산		기본세율(6~42%)

(7) 외국납부세액공제(소법 §118의6)

국외자산의 양도소득에 대하여 해당 외국에서 과세를 하는 경우로서 그 양도소득에 대하여 외국정부(지방자치단체를 포함함)가 과세한 양도소득세액(국외자산 양도소득세액)을 납부하였거나 납부할 것이 있을 때에는 다음의 방법 중 하나를 **선택**하여 적용할 수 있다. 이때 "국외자산 양도소득에 대한 세액"이란 국외자산의 양도소득에 대하여 외국정부(지방자치단체 포함)가 과세한 다음의 어느 하나에 해당하는 세액을 말한다(소법 §118의 6①).

| 외국납부세액 공제 방법 |

방법	내용
① 세액공제방법	다음의 금액을 해당 과세기간의 양도소득 산출세액에서 공제하는 방법 외국납부세액공제액 : Min(ⓐ, ⓑ) ⓐ 국외자산 양도소득세액15) ⓑ 해당 과세기간의 국외자산에 대한 양도소득 산출세액 $\times \dfrac{\text{해당 국외자산 양도소득금액}}{\text{해당 과세기간의 국외자산에 대한 양도소득금액}}$
② 필요경비 산입방법	국외자산 양도소득에 대하여 납부하였거나 납부할 국외자산 양도소득세액을 해당 과세기간의 필요경비에 산입하는 방법

※ 외국납부세액 공제 신청

국외자산 양도소득세액을 공제받고자 하거나 필요경비에 산입하고자 하는 자는 「국외자산 양도소득 세액공제(필요경비 산입)신청서」를 확정신고(소득세법 제105조의 규정에 따른 예정신고를 포함) 기한 내에 납세지 관할 세무서장에게 제출하여야 한다.

예 규

• 외국납부세액공제 한도액 산출방법

국외자산을 양도하고 해당 국외자산의 양도소득에 대하여 해당 외국에 납부하였거나 납부할 세액을 「소득세법」 제118조의 6 제1항 제1호에 따른 세액공제 방법으로 공제함에 있어 공제한도액은 같은법 제118조의 5에 따라 계산한 해당 과세기간의 국외자산 양도소득 산출세액에 해당 국외자산 양도소득금액이 그 과세기간의 국외자산 양도소득금액에서 차지하는 비율을 곱하여 산출하는 것임(부동산거래관리과-629, 2010.4.30.).

• 확정신고전 납부세액 세액공제 여부

1. 국외자산의 양도에 따라 국외에서 원천징수되는 세액으로서 거주자의 당해연도의 과세표준 금액에 포함된 국외원천소득에 대하여 납부하였거나 납부할 것으로 확정되지 아니한 금액은 「소득세법」 제118조의 6에 따른 외국납부세액공제를 적용받을 수 없는 것임.
2. 「소득세법」 제105조에 따라 거주자가 같은 법 제92조 제2항에 따라 계산한 양도소득과세표준을 신고한 경우로서 같은 법 제118조의 6에 따른 외국납부세액의 적용 대상에 해당하지 않는 국외에서 원천징수된 세액을 해당 과세기간의 양도소득 산출세액에서 공제하는 경우에는 「국세기본법」 제47조의 4에 따른 가산세가 적용되는 것임(서면법규과-1015, 2014.9.21.).

15) 외국납부세액의 원화환산은 외국세액을 납부한 때의 외국환거래법에 의한 기준환율 또는 재정환율에 의한다.

(8) 국외자산 양도에 대한 준용규정(소법 §118의8)

국외자산의 양도에 대한 양도소득세의 과세에 관하여는 국내자산의 양도에 대한 양도소득세의 다음의 규정을 준용한다.

① 비과세 양도소득 및 양도소득세의 감면

- 단, 미등기양도자산에 대한 비과세 · 감면의 배제 규정은 적용하지 않음.

② 양도소득과세표준 및 세액의 계산

③ 양도소득금액

- 단, 장기보유특별공제액은 공제하지 않으며, 필요경비개산공제 및 기준시가 규정도 적용하지 않음.

④ 취득가액에서의 감가상각비 공제

⑤ 양도 또는 취득의 시기

⑥ 양도차익의 산정

⑦ 양도소득의 부당행위계산(증여 후 우회양도에 대한 부당행위계산의 부인을 포함함)

- 그러나 배우자 또는 직계존비속으로부터 증여받은 자산에 대한 이월과세와 가업상속공제재산에 대한 양도소득세 이월과세는 적용하지 않음.

⑧ 양도소득 과세표준의 예정신고와 납부

⑨ 양도소득 과세표준의 확정신고와 납부, 분할납부

⑩ 감정가액 또는 환산취득가액 적용에 따른 가산세

⑪ 양도소득에 대한 결정 · 경정과 징수 및 환급

5 거주자의 출국 시 국내주식등에 대한 과세특례(국외전출세, 출국세, exit tax)

국내의 거주자가 이민 등을 통하여 국외로 이주한 뒤에 본인이 소유하고 있던 주식을 비거주자 상태에서 상속 · 증여 또는 양도를 하게 되면 우리나라에서는 이에 대하여 과세를 하기가 무척이나 어렵다. 만약 거주자가 케이만제도, 버뮤다 등의 조세피난처로 이민을 가게 되면 역외 조세회피도 가능하다. 이에 대하여 우리나라는 역외 조세회피 방지 및 국내 재산에 대한 과세권 확보를 위해 거주자가 이민 등으로 국외로 전출하는 경우 국외로 전출하는 시점에 국내주식을 양도한 것으로 보아 양도소득세를 과세하게 되는데 이를 국외전출세(출국세, exit tax)라 한다. 법 적용은 2018.1.1. 이후 거주자가 출국하는 경우부터 적용한다.

국외전출세의 흐름

<table>
<tr><th>출국일 전날까지</th><th rowspan="10">출국일</th><th>출국한 달의 말일~3개월 이내(납세관리인을 신고한 경우:다음연도 5.1.~5.31.)</th><th colspan="2">추후</th></tr>
<tr><td rowspan="9">납세관리인·주식보유현황신고</td><td rowspan="3">국외전출세 신고·납부</td><td>실제 주식 양도</td><td>세액공제 신청(2년 이내)</td></tr>
<tr><td colspan="2">or</td></tr>
<tr><td>5년 이내 재전입 등</td><td>환급신청(1년 이내)</td></tr>
<tr><td colspan="3">or</td></tr>
<tr><td rowspan="5">납부유예</td><td>5년 이내 미양도</td><td>5년 되는 날의 말일부터 3개월 이내 국외전출세 + 이자상당액 납부</td></tr>
<tr><td colspan="2">or</td></tr>
<tr><td>5년 이내 실제 양도</td><td>양도한 달의 말일부터 3개월 이내 국외전출세 + 이자상당액 납부</td></tr>
<tr><td colspan="2">or</td></tr>
<tr><td>5년 이내 재전입 등</td><td>납부유예중인 세액의 취소 신청(1년 이내)</td></tr>
</table>

(1) 거주자의 출국시 납세의무(소법 §118의9)

다음의 요건을 모두 갖추어 출국하는 거주자(국외전출자)는 소득세법상 양도의 정의에도 불구하고 출국 당시 소유한 다음 중 어느 하나에 해당하는 국내주식 등을 출국일에 양도한 것으로 보아 양도소득에 대하여 소득세를 납부할 의무가 있다.

※ **국외전출자** : 다음의 요건을 모두 갖추어 출국하는 거주자

① 출국일 10년 전부터 출국일까지의 기간 중 국내에 주소를 두거나 거소를 둔 기간의 합계가 5년 이상일 것

② 출국일이 속하는 연도의 직전 연도 종료일 현재 소유하고 있는 주식 등의 비율·시가총액 등을 고려하여 대주주에 해당할 것(소령 §167의8①)

※ 과세되는 주식

① 대주주가 보유한 국내 주식 및 비상장주식(소법 §94①3가목및나목)

② 특정주식, 부동산과다보유법인주식(소법 §94①4다목및라목)

참고

국내부동산의 국외전출세

국외전출자의 국내부동산은 출국 후 비거주자가 되어도 조세조약상 국내에 과세권이 있다. 이로 인한 조세유실 등의 위험이 없기 때문에 국내부동산에 대한 국외전출세는 없다.

(2) 국외전출자 국내주식 등에 대한 과세표준과 산출세액의 계산

1) 과세표준의 계산(소법 §118의10, 소령 §178의9)

국외전출자 국내주식 등의 양도소득과세표준은 다음과 같이 계산한다.

	양도가액	: 출국일 당시의 시가
(-)	필요경비	: 취득가액 + 기타필요경비(자본적지출액 · 양도비용)
	양도소득금액	
(-)	양도소득기본공제	: 연 250만원
	양도소득과세표준	

가. 양도가액

국외전출세 과세대상인 국외전출자 국내 주식등의 양도가액은 국외전출자의 출국일 당시의 시가(해당 주식등의 거래가액)로 한다. 다만, 시가(거래가액)를 산정하기 어려울 때에는 다음의 구분에 따른 방법에 따른다.

① 주권상장법인의 주식등 : 국외전출일 이전 1개월 최종시세가액의 평균액(소법 §99①3)

② 주권비상장법인의 주식등 : 다음의 방법을 순차로 적용하여 계산한 가액

ⓐ 출국일 전후 각 3개월 이내에 해당 주식 등의 매매사례가 있는 경우 그 가액

ⓑ 기준시가

③ 신주인수권은 신주인수권증권[16] 평가액 적용(소법 §99①5)

④ 특정주식, 부동산과다보유법인주식 : 위 ①, ② 평가방법 준용

16) 신주인수권부사채의 만기상환금액을 현재가치로 할인한 가액(사채발행비율 - 적정할인율)(상증령 §58의2 ②)

나. 필요경비

국외전출세의 양도가액에서 공제할 필요경비는 취득가액과 기타필요경비(자본적지출액·양도비용)으로 한다(소법 §97).

다. 양도소득기본공제

양도소득금액에서 연 250만원을 양도소득기본공제로 공제한다. 이 때 종합소득, 퇴직소득 및 국내자산 양도에 따른 양도소득과세표준과 구분하여 계산한다.

(3) 양도소득세의 세율(소법 §118의11)

양도소득 과세표준	세율
3억원 이하	20%
3억원 초과	6천만원 + 3억원 초과액 × 25%

(4) 국외전출자 국내주식 등에 대한 세액공제

가. 조정공제

국외전출자가 출국한 후 국외전출자 국내주식 등을 실제 양도한 경우로서 실제 양도가액이 국외전출시 과세대상으로 삼았던 양도가액(소법 §118의10①에 따른 가액)보다 낮은 때에는 다음의 계산식에 따라 계산한 조정공제액을 산출세액에서 공제한다. 이는 국외전출세를 과세한 뒤 추후 주식을 실제로 양도할 때 가격이 국외전출시보다 하락하게 되면 실제 이익에 대한 세액보다 과다납부한 결과가 되므로 동 금액에 대하여 세액공제를 적용한다.

조정공제액 = (국외전출시 간주 양도가액 - 실제 양도가액) × 국외전출세 세율

나. 외국납부세액공제(소법 §118의13)

국외전출자가 이민등으로 출국한 뒤 국내주식 등을 실제로 양도하는 경우 이주국에서 양도소득에 대하여 과세를 하게 되면 이중과세문제가 발생한다. 이를 해결하기 위하여 국외전출자가 출국한 뒤 국외전출자 국내주식 등을 실제로 양도하여 해당 자산의 양도소득에 대하여 외국정부(지방자치단체를 포함함)에 세액을 납부하였거나 납부할 것이 있는 때에는 산출세액에서 조정공제액을 공제한 금액을 한도로 다음의 계산식에 따라 계산한 외국납부세액을 산출세액에서 공제한다. 다만, 다음의 어느 하나에 해당하는 경우에는 외국납부

세액공제를 적용하지 아니한다.

① 외국정부가 산출세액에 대하여 외국납부세액공제를 허용하는 경우

② 외국정부가 국외전출자 국내주식 등의 취득가액을 국외전출시 간주 양도가액으로 조정하여 주는 경우

> 외국납부세액공제액 : Min(①, ②)
>
> ① 해당 자산의 양도소득에 대하여 외국정부에 납부한 세액 × 국외전출시 간주 양도가액(조정공제한 경우에는 실제 양도가액) − (취득가액 + 기타필요경비) / 실제 양도가액 − (취득가액 + 기타필요경비)
>
> ② 한도 : 산출세액 − 조정공제액

다. 비거주자의 국내원천소득 세액공제(소법 §118의14)

국외전출자가 출국 시 비거주자가 되어 국외전출세를 과세당한 후 추후 국내주식을 실제 양도할 때 비거주자의 국내원천소득(유가증권 양도소득)으로 다시금 국내에서 과세되는 경우 이중과세의 문제가 있으므로 이를 해결하기 위하여 다음의 금액을 산출세액에서 공제한다. 단, 비거주자의 국내원천소득 세액공제를 하는 경우에는 위 나.의 외국납부세액의 공제를 적용하지 않는다.

> 비거주자의 국내원천소득 세액공제액 : Min(①, ②)
>
> ① 비거주자의 국내원천 유가증권양도소득에 대한 소득세 : 지급금액(양도가액)의 10%[17]
>
> ② 한도 : 산출세액 − 조정공제액

라. 세액공제(위 가.~다.)의 신청(소령 §178의10)

위의 가.~다.의 조정공제(위 가.), 외국납부세액공제(위 나.) 및 비거주자의 국내원천소득 세액공제(위 다.)를 받고자 하는 자는 국외전출자 국내주식 등을 실제 양도한 날부터 2년 이내에 기획재정부령으로 정하는 세액공제신청서를 납세지 관할 세무서장에게 제출(국세정보통신망에 의한 제출을 포함함)하여야 한다.

---

17) 다만, 해당 유가증권의 취득가액 및 양도비용이 확인되는 경우에는 Min(①, ②)

① 지급금액 × 10%

② 양도차익 × 20%

(5) 국외전출자 국내주식 등에 대한 신고 · 납부 및 가산세

구분	내용
납세관리인 및 국내주식등의 보유현황 신고	국외전출자는 출국일 전날까지 국외전출자 국내주식등의 양도소득에 대한 납세관리인과 **신고일의 전날**을 기준으로 국외전출자 국내주식등의 보유현황을 납세인관리신고서(소칙 §103⑪, 「국세기본법 시행규칙」 별지 제43호 서식) 및 국외전출자 국내주식등 보유현황신고서(「소득세법 시행규칙」 별지 제104호 서식)를 납세지 관할 세무서장에게 신고하여야 함.
양도소득 과세표준 신고	국외전출자는 국내주식 등의 양도소득과세표준을 출국일이 속하는 달의 말일부터 3개월 이내(단, 납세관리인을 신고한 경우 다음연도 5.1.부터 5.31.까지)에 납세지 관할 세무서장에게 신고하여야 함. → 무신고시 납부할 세액의 20%의 무신고 가산세를 부과
세액 납부 및 재취득 의제	국외전출자가 국내주식 등의 양도소득과세표준을 신고할 때에는 산출세액에서 감면세액과 세액공제액을 공제한 금액을 양도소득과세표준 신고와 함께 납세지 관할 세무서장에게 납부하거나 한국은행 또는 체신관서에 납부하여야 함. 국외전출자가 위에 따라 양도소득세를 납부한 경우에는 국외전출자 국내주식등을 출국시 양도가액(소법 §118의10①에 따른 가액)으로 양도하고 다시 취득한 것으로 봄.
주식보유현황 미신고가산세	국외전출자가 출국일 전날까지 국외전출자 국내주식 등의 보유현황을 신고하지 아니하거나 누락하여 신고한 경우에는 다음 ①의 구분에 따른 금액의 2%에 상당하는 금액을 산출세액에 더함. ① 출국일 전날까지 국외전출자 국내주식 등의 보유현황을 신고하지 아니한 경우 : 출국일 전날의 국외전출자 국내주식 등의 액면금액[18] 또는 출자가액 ② 국내주식 등의 보유현황을 누락하여 신고한 경우 : 신고일의 전날을 기준으로 신고를 누락한 국외전출자 국내주식 등의 액면금액[19] 또는 출자가액
경정청구	조정공제, 외국납부세액공제 및 비거주자의 국내원천소득 세액공제를 적용받으려는 자는 국외전출자 국내주식 등을 실제 양도한 날부터 **2년 이내**에 납세지 관할 세무서장에게 경정청구할 수 있음.

18) 무액면주식인 경우에는 그 주식을 발행한 법인의 자본금을 발행주식총수로 나누어 계산한 금액
19) 무액면주식인 경우에는 그 주식을 발행한 법인의 자본금을 발행주식총수로 나누어 계산한 금액

(6) 납부유예(소법 §118의16)

가. 납부유예 신청 및 납부유예

국외전출자는 다음의 요건을 모두 갖춘 경우에는 출국일부터 국외전출자 국내주식 등을 실제로 양도할 때까지 납세지 관할 세무서장에게 양도소득세 납부의 유예를 신청(소칙 별지 제105호 서식)하여 납부를 유예받을 수 있다. 다음의 요건을 충족한 경우에는 납부유예를 신청한 날에 납부유예를 받은 것으로 본다.

① 「국세기본법」 제29조에 따른 납세담보를 제공할 것

② 납세관리인을 납세지 관할 세무서장에게 신고할 것

나. 납부유예받은 세액의 납부

① 납부를 유예받은 국외전출자는 출국일부터 5년(국외전출자의 「국외유학에 관한 규정」 제2조 제1호에 따른 유학의 경우에는 10년) 이내에 국외전출자 국내주식 등을 양도하지 않은 경우에는 출국일부터 5년(국외전출자의 국외유학의 경우에는 10년)이 되는 날이 속하는 달의 말일부터 3개월 이내에 국외전출자 국내주식 등에 대한 양도소득세를 납부하여야 한다.

② 납부유예를 받은 국외전출자가 국외전출자 국내주식 등을 실제 양도한 경우 양도일이 속하는 달의 말일부터 3개월 이내에 국외전출자 국내주식 등에 대한 양도소득세를 납부하여야 한다.

③ 납부를 유예받은 국외전출자는 국외전출자 국내주식 등에 대한 양도소득세를 납부할 때 다음의 계산식에 따라 산출된 이자상당액을 가산하여 납부하여야 한다.

> 이자상당액 = 산출세액에서 감면세액과 세액공제액을 공제한 금액 × 신고기한의 다음 날부터 납부일까지의 일수 × 납부유예 신청일 현재 국세환급가산금 이자율[20] ÷ 365일(윤년 366일)

(7) 재전입 등에 따른 환급 등(소법 §118의17)

국외전출일로부터 5년 이내에 국내 재전입 등으로 대한민국의 거주자가 되는 경우에는 추후에 실제 양도시 양도소득세로 과세하므로 기납부한 국외전출세를 환급해준다. 국외전출자(아래 ③의 경우에는 상속인을 말함)는 다음 중 어느 하나에 해당하는 사유가 발생한

20) 2020.3.13. 개정된 이자율 : 1천분의 18

경우 그 사유가 발생한 날부터 1년 이내에 납세지 관할 세무서장에게 납부한 세액의 환급을 신청하거나 납부유예 중인 세액의 취소를 신청하여야 한다.

① 국외전출자가 출국일부터 5년 이내에 국외전출자 국내주식 등을 양도하지 않고 국내에 다시 입국(국내에 다시 주소를 두거나 출국일 후 국내에 거소를 둔 기간이 2과세기간에 걸쳐 183일 이상인 것을 말함)한 경우

② 국외전출자가 출국일부터 5년 이내에 국외전출자 국내주식 등을 거주자에게 증여한 경우

③ 국외전출자의 상속인이 국외전출자의 출국일부터 5년 이내에 국외전출자 국내주식 등을 상속받은 경우

위의 ② 또는 ③에 해당하여 국외전출자가 납부한 세액을 환급하는 경우에는 국세환급금에 국세환급가산금을 가산하지 않는다. 납세지 관할 세무서장은 ①~③의 신청을 받은 경우 지체 없이 국외전출자가 납부한 세액을 환급하거나 납부유예 중인 세액을 취소하여야 한다.

(8) 국외전출자 국내주식 등에 대한 준용규정

국외전출자 국내주식 등에 대한 양도소득세에 관하여는 다음의 규정을 준용한다.

① 양도소득세의 감면(소법 §90)

② 양도소득세액 계산의 순서(소법 §93)

③ 양도차손의 공제(소법 §102②)

④ 양도소득과세표준과 세액의 결정 · 결정 및 통지(소법 §114)

⑤ 양도소득세의 징수(소법 §116)

⑥ 양도소득세의 환급(소법 §117)

예 규

• **국외전출세 과세대상 여부 판정시 출국의 의미**

「소득세법」 제118조의 9에 따른 양도소득세 납부 의무는 거주자가 주소 또는 거소의 국외 이전을 위하여 출국함으로써 비거주자가 되는 경우에만 적용되는 것임(기획재정부 국제조세제도과-209, 2019.5.17.).

• **국외전출세 적용 시 출국한 날의 판정**

「소득세법」 제118조의 9에 따른 양도소득세 납부 의무는 거주자가 주소 또는 거소의

국외 이전을 위하여 출국함으로써 비거주자가 되는 경우에만 적용되는 것으로, 이때 비거주자가 되는 시기는 생계를 같이하는 가족 및 국내에 소재하는 자산의 유무 등 생활관계의 객관적 사실에 따라 판단할 사항임(서면-2018-법령해석재산-1015, 2019.5.31.).

• **유학목적으로 재출국하는 경우 국외전출세 적용여부 및 "출국일"이 언제인지 여부**
「소득세법」 제94조 제1항 제4호 다목에 따른 비상장법인의 주식을 소유한 거주자가 2019년 1월 1일 이후 유학을 목적으로 주소 또는 거소의 국외 이전을 위해 출국함으로써 비거주자가 되는 경우에 같은 법 제118조의 9에 따른 양도소득세 납부의무가 있는 것이나, 이때 비거주자 해당여부는 생계를 같이하는 가족 및 국내에 소재하는 자산의 유무 등 생활관계의 객관적 사실에 따라 판단할 사항임(사전-2019-법령해석재산-0053, 2019.12.16.).

사례

국외전출세

거주자 김누리 씨는 일본으로 이민을 가려고 한다. 출국일은 20×1.4.13.이다.

김누리 씨의 재산내역

구분	보유수량	취득가액	출국시 시가	비고
토지	1,000㎡	20억	40억	일산 소재
아파트		7억	18억	송파구 소재
A사 주식	1,000주	2억	5억	코스닥중소기업
B사 주식	1,000주	1억	3억	비상장중소기업

1. 20×1.7.31.(납세관리인을 신고한 경우 20×2.5.31.)까지 신고해야 할 국외전출세

(1) 양도소득금액 : ③ + ④ = 5억
① 토지 : 국외전출세 대상 아님.
② 건물 : 국외전출세 대상 아님.
③ A사 주식 : 5억 - 2억 = 3억
④ B사 주식 : 3억 - 1억 = 2억

(2) 과세표준 : 5억 - 2,500,000 = 497,500,000

(3) 산출세액 : 497,500,000 × 세율 = 109,375,000

양도소득 과세표준	세율
3억원 이하	20%
3억원 초과	6천만원 + 3억원 초과액 × 25%

2. 20×2.6.30.에 A사 주식을 4억에 양도하고 일본에서 외국납부세액 20,000,000원을 납부한 경우 세액공제액

(1) 조정공제액 : (5억 - 4억) × 세율 = 20,000,000

(2) 외국납부세액공제액 : Min(①, ②) = 20,000,000

$$① \ 20,000,000 \times \frac{4억 - 2억}{4억 - 2억} = 20,000,000$$

② 한도 : 109,375,000 - 20,000,000 = 89,375,000

(3) 세액공제 합계 : 40,000,000

3. 20×3.7.16.에 B사 주식을 2억에 양도하고 국내에서 비거주자의 원천납부세액 15,000,000원을 납부한 경우 세액공제

(1) 조정공제액 : (3억 - 2억) × 세율 = 20,000,000

(2) 비거주자의 국내원천소득 세액공제액 : Min(①, ②) = 15,000,000

① 15,000,000

② 109,375,000 - 20,000,000 - 20,000,000 - 20,000,000 = 49,375,000

(3) 세액공제 합계 : 35,000,000

6 양수자가 법인인 경우 비거주자의 부동산 등 양도소득에 대한 원천징수

비거주자도 국내에 있는 부동산 등을 양도하는 경우에는 양도소득세를 신고납부하여야 한다.

2003.12.31. 이전에는 비거주자가 국내에 소재하는 부동산 등을 양도하는 경우 거주자와 동일한 방식으로 양도인이 직접 납세지 관할 세무서에 자진신고·납부하여 납세의무를 이행하여 왔다.

2020.6.30. 이전에는 구「소득세법」제165조의 규정에 의해 등기전 부동산양도신고 제도를 운영함으로써 비거주자가 국내에 있는 부동산을 양도할 때에는 소유권을 양수인에게 넘겨주는 소유권이전등기 신청전까지 관할 세무서에 부동산 양도신고를 하여야 소유권이전등기가 가능하였다. 이를 통해 소유권이전단계에서 양도사실을 포착하여 납세담보 등 조세채권의 확보가 용이하였으나 2002.7.1. 이 제도가 폐지되어 비거주자가 부동산을 양도하고 신고납부하지 않을 경우 조세유실될 수 있다.

비거주자가 국내의 부동산등을 양도하는 경우에 대하여 국가는 비거주자의 특성상 조세유실 가능성이 있기 때문에 이를 양수하는 자에게 원천징수 의무를 부여하기 시작하였다.

2003.12.30. 법률 제7006호로 개정된 「소득세법」에서는 2004.1.1. 이후 양도분부터 비거주자의 국내원천소득으로서 국내사업장과 실질적으로 관련되지 아니하거나 그 국내사업장에 귀속되지 아니한 소득의 금액(국내사업장이 없는 비거주자에게 지급하는 금액 포함)은 이를 지급하는 자(양수자)가 원천징수하여 납부하는 「비거주자의 부동산등 양도소득의 원천징수제도」를 신설하였다. 그러나 양수자가 개인(거주자 또는 비거주자)일 경우 원천징수의 효과를 기대하기 어려워 2007.1.1. 이후 양도하는 분부터 양수자가 개인(거주자 또는 비거주자)일 경우 원천징수 의무가 폐지되어, 양수자가 법인(내국법인 또는 외국법인)인 경우에만 원천징수 및 납부를 해야 한다.

(1) 비거주자의 부동산 등의 국내원천소득

원천징수 대상이 되는 「비거주자의 부동산 등의 국내원천소득」은 비거주자가 다음의 어느 하나에 해당하는 자산을 양도함으로써 발생하는 소득으로서 국내원천 부동산 등 양도소득을 말한다(소법 §119, 9호).

구분	과세대상
(1) 부동산	① 토지(「지적에 관한 법률」에 의하여 지적공부에 등록하여야 할 지목) ② 건물(건물에는 부속된 시설물과 구축물을 포함)
(2) 부동산에 관한 권리 (미등기자산 포함)	① 지상권과 전세권(등기 여부 불문) ② 등기된 부동산임차권 ③ 부동산을 취득할 수 있는 권리
(3) 기타 자산	① 영업권(사업용 고정자산과 함께 양도하는 것에 한함) ② 특정시설물이용권(골프회원권, 승마회원권, 콘도미니엄회원권, 종합체육시설이용회원권 등, 수주회원권 포함) ③ 기타자산(비상장법인의 부동산주식) * 다만, 기타자산에 해당하는 주식의 경우는 양도일이 속하는 사업연도 개시일 현재 당해 법인의 자산총액 중 부동산 · 부동산에 관한 권리의 가액(2016.1.1. 이후 양도분부터 부동산 등의 비율이 50% 이상인 부동산 과다보유법인의 주식 등은 "주식가액 × 부동산 등 보유비율"을 합산)의 합계액이 100분의 50 이상인 비상장법인의 주식 또는 출자지분에 한한다.
(4) 상장주식 등	① 내국법인이 발행한 주식 또는 출자지분과 기타의 유가증권 ② 외국법인이 발행한 주식 또는 출자지분(증권시장에 상장된 것에 한함) 및 외국법인의 국내사업장이 발행한 기타의 유가증권

(2) 원천징수(소법 §156①)

비거주자에 대하여 지급하는 국내원천소득으로서 국내사업장과 실질적으로 관련되지 아니하거나 그 국내사업장에 귀속되지 아니한 소득의 금액(국내사업장이 없는 비거주자에게 지급하는 금액을 포함)을 지급하는 법인이 원천징수를 하여야 한다.

1) 원천징수의무자

원천징수대상 자산인 소득세법 제119조 제9호(부동산 등)에 대한 원천징수의무자는 비거주자에게 양도대가를 지급하는 내국법인, 외국법인이 된다.

① 비거주자가 「민사집행법」에 따른 경매 또는 「국세징수법」에 따른 공매로 인하여 「소득세법」 제199조에 따른 국내원천소득을 지급받는 경우에는 해당 경매대금을 배당하거나 공매대금을 배분하는 자가 해당 비거주자에게 실제로 지급하는 금액의 범위에서 원천징수를 하여야 한다(소법 §156⑨).

② 소득세법 제119조 제11호(상장주식 등)에 대한 원천징수의무자는 비거주자에게 양도대가를 지급하는 자(개인, 법인 모두 포함)가 원천징수한다.

③ 「자본시장과 금융투자업에 관한 법률」에 따른 투자매매업자 또는 투자중개업자를 통하여 양도하는 경우에는 그 투자매매업자 또는 투자중개업자가 원천징수를 하여야 한다(소법 §156①,⑥).

2) 원천징수의무의 면제(소법 §156⑮)

① 소득세를 미리 납부하였거나 비과세·과세미달되는 것임을 증명하는 경우

비거주자가 「소득세법」 제6조 제2항에 따른 납세지 관할 세무서장에게 양도소득세 신고납부(비과세 또는 과세미달)확인 신청서(소칙 별지 제29호의 3 서식)에 당해 부동산에 대한 등기부등본 · 매매계약서를 첨부하여 신청하고, 그 확인을 받아 이를 원천징수의무자에게 제출하는 경우에는 양수자의 원천징수의무를 면제한다(소령 §207⑥).

■ 소득세법 시행규칙 [별지 제29호의 3 서식] 〈개정 2019.3.20.〉

비거주자의 양도소득세 [ ] 신고납부 [ ] 비 과 세 [ ] 과세미달 확인(신청)서

※ 해당되는 [ ]에 √ 표를 합니다. (앞쪽)

접수번호	접수일	처리기간 3일

양도자	① 성 명	② 주민등록번호
	③ 전화번호	④ 거주지국
	⑤ 주소 또는 거소	

양수자	⑥ 성 명(법인명)	⑦ 주민등록번호
	⑧ 전화번호	⑨ 사업자등록번호
	⑩ 주소 또는 소재지	

(단위 : 원)

양도 내용	⑪ 계약일자	⑫ 잔금일자	⑬ 양도대금	⑭ 종류	⑮ 물건(부동산)소재지	⑯ 면적(㎡)

(단위 : 원)

양도 소득세 신고(납부) 내역	⑰ 신고 일자	⑱ 양도 가액	⑲ 필요 경비	⑳ 양도 차익	㉑ 산출 세액	㉒ 자진 납부할 세액	㉓ 납부 세액	㉔ 납부 일자	㉕ 구분

「소득세법 시행령」 제207조 제6항에 따라 비거주자의 양도소득에 대한 양도소득세 ([ ] 신고납부, [ ] 비과세, [ ] 과세미달) 내용이 위와 같음을 확인하여 주시기 바랍니다.

년 월 일

신 청 인 (서명 또는 인)

세무서장 귀하

제출서류	1. 양도소득과세표준 신고서 및 자진납부계산서와 그 첨부서류 사본 1부 2. 양도소득세 납부영수증 사본 1부: 양도소득세 신고납부 확인신청의 경우만 해당합니다. 3. 비과세 시 근거서류 사본 1부: 양도소득세 비과세 확인신청의 경우만 해당합니다.	수수료 없 음

위 사실을 확인합니다.

년 월 일

세 무 서 장 (서명 또는 인)

※ 위 확인서에 따라 양수인의 원천징수의무는 면제됩니다.

210㎜×297㎜[백상지 80g/㎡ 또는 중질지 80g/㎡]

② 경매, 공매 등의 사유로 양도하는 경우

비거주자가 부동산 등을 경매, 공매 등의 사유로 양도하는 경우로서 양수자가 양도소득세를 원천징수하기 여려운 경우에는 양수자의 원천징수의무가 면제된다(대법 91누4423, 1992.2.11.).

3) 원천징수세액

① 원천징수할 금액(소법 §156①5)

양도가액(지급액)의 10%를 원천징수한다.

다만, 당해 부동산 등의 취득가액 및 양도비용이 확인되는 경우에는 그 지급액의 10%에 해당하는 금액과 그 자산의 양도차익의 20%에 해당하는 금액 중 적은 금액으로 한다.

② 실거래가액을 기준으로 원천징수

지급액은 실지거래가액을 의미하므로 양도자가 기준시가에 의하여 양도소득세를 신고하더라도 양수자는 실지거래가액을 기준으로 원천징수한다.

4) 원천징수시기

「소득세법」 제156조 제1항의 규정에 의하면 비거주자에게 부동산 등 국내원천소득 금액을 지급하는 자는 그 지급하는 때에 그 비거주자의 국내원천소득에 대한 소득세로서 원천징수하여 그 원천징수한 날이 속하는 달의 다음달 10일까지 원천징수 관할 세무서 · 한국은행 또는 체신관서에 납부해야 한다.

① 원천징수시기 : 소득세법 제98조 규정에 따른 양도시기

부동산 등의 거래대금은 보통 계약금, 중도금, 잔금 등으로 나누어 지급하는 것이 일반적이므로 부동산 등 양도소득에 대한 원천징수의 시기는 당해 부동산 등의 대금청산이 이루어지는 때(잔금일) 등 「소득세법」 제98조 규정에 따른 양도시기에 일괄하여 원천징수한다.

따라서, 양수대금을 여러 차례에 걸쳐 나누어 지급하는 때에는 최종 대금청산일(잔금일)이 원천징수시기가 되므로, 최종 대금청산시점에서 계약금 및 중도금을 포함한 총 양수대금의 10%(또는 양도차익의 20%)를 원천징수한다.

② 대금청산 전에 소유권이전등기를 먼저하는 경우

대금을 청산하기 전에 먼저 소유권이전등기를 한 경우에는 양도시기인 등기 접수일에 원천징수를 한다.

5) 원천징수 납세지(소법 §7①, 소령 §5③)

구분	납세지
양수자가 내국법인인 경우	당해 법인의 본점 또는 주사무소의 소재지. 국내에 본점이나 주사무소가 소재하지 아니하는 경우 사업의 실질적 관리장소가 납세지가 된다. 다만, 법인의 지점, 영업소, 그 밖의 사업장이 독립채산제에 따라 독자적으로 회계사무를 처리하는 경우에는 그 사업장의 소재지로 한다. 이 경우 법인이 본점 또는 주사무소의 소재지를 해당 법인의 지점 · 영업소, 그 밖의 사업장에서 지급하는 소득에 대한 소득세원천징수세액의 납세지로 승인을 받은 경우와 「부가가치세법」에 의해 사업자단위과세사업자로 관할 세무서장에게 등록한 경우에는 당해 법인의 본점 등을 납세지로 할 수 있다.
양수자가 외국법인인 경우	당해 법인의 주된 국내사업장의 소재지가 된다. 그 외의 경우에는 양도자산의 소재지가 된다.

6) 원천징수 불이행시 제재조치(소법 §85③)

양수자가 원천징수세액을 기간내에 납부하지 아니하거나 미달하여 납부한 때에는 그 미납부세액 또는 미달세액의 10%를 가산세로 가산하여 원천징수의무자(양수자)에게 부과 · 징수한다.

다만, 양수자가 원천징수하지 않은 경우로서, ① 양도자가 그 원천징수되지 않은 양도소득을 포함하여 신고 · 납부하였거나, ② 세무서장이 당해 양도자에게 직접 양도소득세를 부과 · 징수한 때에는 원천징수의무자(양수자)에게는 가산세만을 징수한다.

(3) 비거주자의 양도소득세 신고 · 납부(소법 §121②)

양도자(비거주자)는 거주자의 경우와 동일한 방식으로 양도소득세를 예정(확정)신고 · 납부하여야 하며, 당해 양수자에게 지급한 원천징수세액이 있는 경우에는 예정(확정)신고시 기납부세액으로 공제하여 예정(확정)신고세액을 산정한다. 이 경우 비거주자에게는 다음의 규정을 적용하지 아니한다.

① 「소득세법」 제89조 제1항 제3호 · 제4호에 따른 1세대 1주택 비과세[단, 소득세법 시행령 제154조 제1항 제2호 나목 및 다목의 요건을 충족하는 비거주자는 제외(소령 §180의2①단서)]

② 「소득세법」 제95조 제2항의 표2(1세대 1주택자 장기보유특별공제 최고 80%)

7 「비과세 등 확인서」 발급(소령 §207⑥)

비거주자가 국내의 부동산 등을 양도하기 전에 양도소득세를 이미 신고·납부하였거나, 비과세 또는 과세 미달에 해당하는 경우 양수자의 원천징수의무를 면제해 줌으로써 납세자의 불편을 해소하기 위하여 「비과세 등 확인서」를 발급하여 소유권이전등기 등을 한다.

(1) 발급대상

양도시기 전에 양도소득세를 신고·납부하였거나, 비과세 또는 과세미달로 신고하고 동 확인서 발급(소칙 별지 제29호의 3 서식)을 신청한 비거주자이다.

(2) 발급기관

양도자산 소재지 관할 세무서장이 하며, 다만, 비거주자인 재외국민이 인감증명법에 의해 증명청 관할 세무서장으로부터 인감증명 경유확인서를 발급받은 경우에는 증명청 관할 세무서장이 양도소득세 신고납부(비과세·과세미달 신고 포함)사실을 확인하여 발급할 수 있다.

(3) 발급기간

신청서 접수일로부터 3일 이내이며, 실지조사가 필요한 경우에는 기간을 정하여 연장할 수 있다.

(4) 발급절차

① 비거주자는 부동산 등 양도소득에 대하여 양도시기 이전에 이미 신고·납부(비과세, 과세미달 신고)한 경우 납세지 관할 세무서장에게 「양도소득세 신고납부(비과세·과세미달)확인(신청)서」 발급을 신청한다.
   - 재외국민의 경우 인감증명 경유확인신청서와 함께 발급신청
   - 신청시 양도소득 과세표준 신고서, 양도소득세 납부 영수증, 비과세 근거서류 등을 제출

② 관할 세무서장(재산담당과장)은 양도자가 제출한 서류를 검토하여 신고·납부, 비과

세 등의 사실여부를 확인한 후 「비과세등 확인서」를 양도자에게 발급하되,

- 실지조사가 필요한 경우에는 양도자에게 발급기간 연장 및 그 사유를 설명
- 실지조사기간이 길어질 것으로 예상되는 경우 양수자의 인정사항을 파악하여 대금 청산 시 원천징수하도록 안내

③ 재산담당과장은 실지조사 결과에 따라 확인서를 발급하고 「비과세 등 확인서 발급대장」에 등재하고 사후관리(「비거주의 양도소득에 대한 비과세등 확인서 발급대장」)한다.

※ 동 확인서를 발급하지 않은 경우에도 그 사유를 기재하고 사후관리

④ 양도자는 세무서장으로부터 발급받은 확인서를 양수자에게 제시하고 원천징수의무를 면제받는다.

8 비거주자의 양도소득세 신고 및 환급업무

(1) 양도소득세 신고관리

양수자가 원천징수한 경우에도 비거주자인 양도자는 거주자와 동일하게 예정(확정)신고하면서 원천징수세액을 기납부세액으로 공제받을 수 있다.

비거주자인 양도자가 양도소득세를 신고하면서 원천징수세액을 공제한 경우에는 이의 적정여부를 검토하여야 한다.

① 양도자가 양수자로부터 수령한 「양도소득 원천징수 영수증」 등 원천징수 관련자료를 제출받아 검토

② 원천징수세액이 있는 경우 양수자 관할 세무서에 원천징수세액 납부여부 및 원천징수이행상황신고서 제출여부 확인

③ 양수자가 원천징수했으나 신고서 미제출 또는 무납부한 것으로 확인된 경우에는 양수자 관할 세무서로 자료통보

→ 양도소득 원천징수/양도소득 지급명세서(소칙 별지 제24호 서식(8))

■ 소득세법 시행규칙 [별지 제24호 서식(8)] 〈개정 2014.3.14.〉

관리번호		[ ]양도소득 원천징수영수증 [ ]양도소득 지 급 명 세 서 ([ ]양도자 보관용 [ ]양수자 보관용 [ ]양수자 제출용)

양도자 구분			
거주구분	거주자1 / 비거주자2		
내·외국인	내국인1/ 외국인9		
거주지국		거주지국코드	

양도자 (비거주자)	① 성명(법인명)		② 전화번호	
	③ 주민(사업자)등록번호			
	④ 주소 또는 거소			
양수자 (징수의무자)	⑤ 법인명 또는 상호		⑥ 전화번호	
	⑦ 사업자등록번호			
	⑧ 주소 또는 소재지			

⑨ 매매 계약일	⑩ 양도자산 종류	⑪ 물건(부동산) 소재지	⑫ 면적(㎡)

⑬ 잔금지급일	⑭ 양도가액	⑮ 필요경비	⑯ 양도차익	⑰ 세율	⑱ 원천징수세액		
					소득세 (법인세)	지방 소득세	합계

위의 원천징수세액을 정히 영수합니다.

년 월 일

양수자(원천징수의무자) (서명 또는 인)

귀하

작 성 방 법

1. 이 서식은 비거주자(외국법인을 포함)가 양도소득이 발생한 경우에 작성합니다. 다만, 유가증권양도소득 및 부동산주식등 양도소득은 「소득세법 시행규칙」 별지 제24호 서식(7)에 작성합니다.
2. 거주지국과 거주지국코드는 국제표준화기구(ISO)가 정한 국가별 ISO코드 중 국명약어 및 국가코드를 적습니다. 거주지가 말레이시아 라부안인 경우에는 라부안 코드(사전승인을 받은 경우에는 LM, 사전승인을 받지 않은 경우에는 LN)를 적습니다.
3. ③,⑦ 주민(사업자)등록번호란 : 아래의 표를 참조하여 적습니다.

	구분	기재번호
(1)	원칙	주민등록번호 또는 사업자등록번호
(2)	(1)의 기재번호를 부여받지 않은 경우	[개인] 국내거소신고증상의 국내거소신고번호(재외국민, 외국국적동포인 경우) 또는 외국인등록표상의 외국인등록번호(외국인인 경우)를 적고, 그 번호가 없는 경우 여권상의 여권번호를 적습니다.
(3)	(1), (2)의 기재번호를 부여받지 않은 경우	투자등록증상의 투자등록번호를 적고, 그 번호가 없는 경우 해당 거주지국의 납세번호(Taxpayer Identification Number)를 적습니다.

4. ⑭ 양도가액란은 실지거래가액을 적으며, ⑮ 필요경비란은 양도자의 원래 실지취득가액, 자본적지출액 및 양도비 등의 합계액을 적습니다.

210㎜×297㎜[백상지 80g/㎡(재활용품)]

(2) 환급관리

비거주자인 양도자가 양도소득세 신고시 양수자의 원천징수세액이 비거주자인 양도자가 납부해야 할 산출세액보다 큰 경우에는 환급이 발생한다.

① 비과세, 과세미달에 해당하지만 양수자가 원천징수한 경우

② 양도가액의 10%(양도차익의 20%)가 산출세액보다 큰 경우

양도자가 기 신고·납부하였으나 양수자가 원천징수한 경우 양도소득세 신고 또는 경정 청구에 따른 환급이 발생한 경우 관할 세무서장은 신속히 환급 조치한다.

 재외국민과 외국인의 부동산 등 양도신고확인서 제출(소법 §108)

(2020년 7월 1일 이후 양도분부터 적용)

(1) 신청대상자

「재외동포의 출입국과 법적지위에 관한 법률」 제2조 제1호에 따른 재외국민과 「출입국 관리법」 제2조 제2호에 따른 외국인이 제94조 제1항 제1호의 자산을 양도하고 그 소유권을 이전하기 위하여 등기관서의 장에게 등기를 신청할 때에는 소득세법 시행령 제171조에 따라 부동산등양도신고확인서를 제출하여야 한다.

(2) 제출방법

등기관서의 장에게 부동산등양도신고확인서를 제출해야 하는 자는 기획재정부령으로 정하는 신청서(소칙 별지 제88호 서식)를 세무서장에게 제출하여 부동산등양도신고확인서 발급을 신청해야 한다. 이 경우 「인감증명법 시행령」 제13조 제3항 단서에 따라 세무서장으로부터 부동산 매도용 인감증명서 발급 확인을 받은 경우에는 부동산등양도신고확인서를 제출한 것으로 본다.

■ 소득세법 시행규칙 [별지 제88호 서식] 〈개정 2020.3.13.〉

[ ] 부동산등양도신고확인서 발급 신청서
[ ] 부동산등양도신고확인서

※ 뒤쪽의 작성방법을 읽고 작성하시기 바랍니다. (앞쪽)

발행번호	제 호		처리기한: 즉시
신청인 (양도인)	① 성명	② 주민등록번호(국내거소신고번호, 외국인등록번호, 여권번호)	
	③ 주소 (전화번호 :)		
	④ 구분 [ ] 재외국민 [ ] 외국인		
등기권리자 (양 수 인)	⑤ 성 명 (법인명)	⑥ 주민등록번호(법인등록번호)	
	⑦ 주소 (전화번호 :)		
⑧ 등기원인		⑨ 양도계약일자	

부 동 산 등 양 도 내 용

⑩ 부 동 산 소 재 지	⑪ 종 류	⑫ 면적(㎡)	⑬ 양도지분	⑭ 잔금일자

「소득세법」 제108조 및 같은 법 시행령 제171조에 따라 부동산등양도신고확인서 발급 신청서를 제출합니다.

년 월 일

양도인 또는 대리인 주소

성명 (서명 또는 인)

세무서장 귀하

위와 같이 부동산등 양도내용을 신고하였음을 확인합니다.

년 월 일

세무서장 [인]

첨부서류	뒤쪽 참조	수수료 없 음

210㎜×297㎜[백상지80g/㎡ 또는 중질지80g/㎡]

1) 원천징수이행상황신고서 관리

양수자는 원천징수한 양도소득세를 그 징수일이 속하는 달의 다음달 10일까지 납부하여야 하며, 원천징수이행상황신고서를 관할 세무서장에게 제출하여야 한다.

양수자가 원천징수이행상황신고서만 제출하는 경우 양도자의 인적사항을 확인할 수 없으므로 양수자가 양도자에게 교부한 원천징수영수증 사본을 함께 제출하도록 안내하여야 한다.

2) 지방소득세 원천징수 여부(지법 §103의18①)

「소득세법」에 따른 원천징수의무자가 비거주자의 국내원천소득에 대하여 소득세를 원천징수하는 경우에는 원천징수할 소득세의 100분의 10을 적용하여 산정한 금액을 개인지방소득세로 특별징수하여야 한다.

Ⅲ 비거주자의 금융 이슈

1 부동산판매대금 등의 국외반출

국내의 부동산을 양도하고 받은 대가 등을 국외로 반출하는 경우에는 관할 세무서장이 발급하는 서류 등을 은행에 제출하는 등 다음의 절차를 통하여 반출하여야 한다. 재외동포가 본인 명의로 보유하고 있는 국내의 부동산 처분대금(부동산을 매각하여 금융자산으로 보유하고 있는 경우를 포함하며 재외동포 자격 취득 후 형성된 재산을 포함함)을 국외로 반출하고자 하는 경우에는 거래외국환은행을 지정하여야 한다. 또한, 부동산처분대금에 해당하는 취득경위 입증서류를 지정거래외국환은행의 장에게 제출하여야 한다. 이 경우 확인서신청일 현재 부동산 처분일로부터 5년이 경과하지 아니한 부동산처분대금에 한한다(외국환거래규정 §4-7).

재외동포의 국내재산을 반출하기 위하여 관할 세무서에서 부동산매각자금확인서를 발급받아야 한다. 이 경우 부동산 등기부등본, 매매계약서 및 관련 금융자료를 첨부하여 신청한다.

매각한 부동산 소재지 또는 신청자의 최종 주소지를 관할하는 세무서장(부동산이 둘 이상으로 이를 관할하는 세무서가 다른 경우에는 신청서를 접수한 세무서장을 말한다)이 다음의 내용을 확인한 후 국세징수·예금압류 등 조세채권확보에 필요한 조치 후 접수일로부터 10일 이내에 전산으로 발급하여야 한다. 다만, 서면으로 부동산매각자금을 확인할 수 없는 경우에는 실지조사 후 발급할 수 있으며 이 경우 1회에 한하여 발급기한을 20일 이내에서 연장할 수 있다(상증세 사무처리규정 §48).

① 해당 부동산에 대한 양도소득세, 상속세 및 증여세 등의 신고·납부 여부

② 국세의 체납 여부

③ 재산반출 금액의 적정 여부

④ 국세징수법 제14조 제1항 각호의 납기전 징수 사유 해당 여부

또한, 부동산 처분일로부터 5년이 경과한 부동산의 경우에는 부동산매각자금확인서가 아닌 예금 등 자금출처확인서를 제출하여야 한다.

구분	예금 등 자금출처 확인신청서	부동산매각자금 확인신청서	해외이주비 등 자금출처확인신청서
정의	재외동포가 국내원화예금 · 신탁계정관련 원리금을 국외로 반출시 자금의 출처를 확인하는 신청서	재외동포가 본인명의로 보유하고 있는 부동산처분대금(부동산을 매각하여 금융자산으로 보유하고 있는 경우를 포함)을 국외로 반출시 매각자금을 확인하는 신청서	해외이주자(해외이주법 등 관련법령에 의하여 해외이주가 인정된 자를 말한다)가 반출할 수 있는 자금의 출처를 확인하는 신청서
발급 대상자	재외동포 중 국내원화예금 · 신탁계정관련 원리금을 국외로 반출하는 자	재외동포 중 부동산처분대금을 국외로 반출하는 자	해외이주자(해외이주법에 의한 해외이주신고확인서를 발급받은 날부터 3년 이내인 자 포함)
발급대상 금액	반출자금누계액이 미화 10만불을 초과할 경우 전체 금액	신고된 양도가액 범위 이내	세대별 해외이주비 지급 누계액이 미화 10만불을 초과할 경우 전체 금액
발급관서	지정거래외국환은행 관할세무서	부동산소재지 관할 세무서	최종 주소지 관할 세무서 세대별 해외이주비 지급 누계액이 미화 10만불을 초과할 경우 전체 금액
발급서식	상증세사무처리규정 별지 제12호 서식 : 예금 등 자금출처확인서	외국환거래규정 별지 제4-2호 서식 또는 상증세 사무처리규정 제7호 서식 : 부동산 매각자금확인신청서	상증세 사무처리규정 별지 제19호 서식 : 해외이주비자금출처확인서
관련규정	외국환거래규정 제4-7조 제1항 제2호	외국환거래규정 제4-7조 제1항 제1호	외국환거래규정 제4-6조 제2항

〈중점사항〉

① 부동산 매각자금확인서 발행시 당해 부동산이 1세대 1주택 등의 양도에 따른 비과세인 경우에는 매매계약서 및 금융자료 등에 의하여 실지거래가액이 확인되는 경우 확인된 가액으로 발급 가능

비과세대상이 아닌 경우에는 종전대로 신고금액으로 확인서 발급

② 외국인 또는 비거주자가 국내에서의 고용, 근무, 자유업 영위에 따라 취득한 국내 보수 또는 소득의 지급은 지정거래외국환은행에서 세무서장의 자금출처 확인 없이 반출 가능

따라서 예금 등 자금출처확인신청서의 경우 자금의 출처 확인은 주식 등 매매에 따른 양도대금, 상속 증여재산의 국외반출이 대부분임(단, 상속 증여재산이 부동산인 경우 부동산매각자금확인신청서에 의하여 발급함).

■ 상속세 및 증여세 사무처리 규정 [별지 제7호 서식] 〈개정 2017.5.1.〉

발급번호	부동산 매각자금 확인서				처리기간 10일 (필요시 30일)
신청인	성 명		생년월일 (외국인등록번호)		국적 또는 영주권취득일
	국내거소	(연락처)			
부 동 산 매 각 자 금 내 역					
부동산	소 재 지				
	지 목		면 적(㎡)		
	양도일자		양도가액(원)		
	확인금액(원)				
양수인	성 명		생년월일		
	주 소				

외국환거래규정 및 관련 지침 등에 의해 국내보유 부동산을 매각한 자금이 위와 같이 확인됨을 증명하여 주시기 바랍니다.

년 월 일

신청인 :
대리인 :
신청인과의 관계 :
대리인 생년월일 :

세무서장 귀하

위와 같이 확인함

년 월 일

세무서장 (인)

붙임서류 1. 양도소득세 신고서 및 납부서
2. 양도 당시 실지거래가액을 확인할 수 있는 서류(매매계약서 및 관련 금융자료 등)

☞ 작성요령

1. "국내거소"란에는 국내체류지 및 연락 전화번호를 기재
2. "지목"란에는 부동산의 종류(대지, 전답, 아파트 등)을 기재하고 부동산소재지별로 작성한다.
3. "양도가액"란에는 세무서에 신고된 부동산 매각당시의 가액을 기재
   다만, 기준시가에 의한 양도소득세 신고의 경우 또는 양도소득세 비과세에 해당하는 경우 매매계약서 및 관련 금융자료 등 제출된 증빙서류에 의하여 객관적으로 부동산매각대금이 확인된 경우에는 그 가액을 기재
4. "확인금액"란에는 양도가액에서 해당 부동산의 채무액(전세보증금, 임차보증금 등)을 공제한 가액을 기재
5. 토지수용 등의 경우 사업시행소관부처장의 확인서를 첨부

※ 개인정보보호법 제24조에 의한 수집・이용 동의 [신청인(본인)]
○ 수집・이용목적(확인서발급, 사후관리 등)
○ 수집대상 고유식별정보(주민등록번호, 외국인등록번호, 여권번호)
○ 보유・이용기간(5년)
☞ 상기내용에 대해 동의함 □, 동의하지 않음 □
○ 동의를 거부할 권리가 있으며, 동의 거부에 따라 불이익(**확인서 미발급 등**)이 있을 수 있음.

■ 상속세 및 증여세 사무처리규정 [별지 제12호 서식(갑)] 〈개정 2019.6.3.〉

발급번호	예금 등에 대한 자금출처 확인서(갑)			수수료 없음
				처리기간
				10일 (필요시 30일)
신 청 자	성 명		생년월일 또는 외국인등록번호	
	주소 또는 거소			
제출처			이민일자	
확인서의 사용목적		여권번호	전화번호	
		해외이주허가번호 및 일자 No.	(. . .)	
확인금액	원(미화 $) 【 년 월 일 확인서 발급금액 원 포함】			

자 금 출 처 내 역			
자 금 출 처	금 액	자 금 원 천	비 고
계			
예금 · 적금			
신 탁 계 정			
원 화 대 출 금			
임 대 보 증 금			
기 타			

외국환거래규정 제4-7조의 규정에 따라 위 확인서 발급되는 날 현재 자금출처가 위와 같이 확인됨을 증명하여 주시기 바랍니다.

. . .

신 청 인 : ㊞

세무서장 귀하

위와 같이 확인합니다.

. . .

세 무 서 장 ㊞

※ 붙임서류 : 1. 예금 등 재산반출 명세서
2. 예금·적금 및 신탁계정은 통장 사본을 붙이고 동 예금·적금의 입금과 관련한 자금원천이 확인되는 서류
3. 대출금의 경우 대출금 통장 사본 및 대출관련 서류
4. 임대보증금의 경우 임대차계약서 사본
5. 대리인의 경우 위임장

※ 유의사항 : - 비고란에는 자금의 원천을 간단하게 기재합니다.
- 확인금액은 국외 반출되는 전체 누계금액이 미화 10만 달러를 초과하는 경우 초과하는 금액을 포함한 전체 누계금액으로 표기합니다.

※ 원화대출금·임대보증금 : 본인명의 예금 또는 부동산을 담보로 하여 외국환은행으로부터 취득한 원화대출금 및 본인명의 부동산의 임대보증금을 말합니다.

※ 개인정보보호법 제24조에 의한 수집·이용 동의 [신청인(본인)]

○ 수집·이용목적(확인서발급, 사후관리 등)

○ 수집대상 고유식별정보(주민등록번호, 외국인등록번호, 여권번호)

○ 보유·이용기간(5년)

☞ 상기내용에 대해 동의함 □, 동의하지 않음 □

○ 동의를 거부할 권리가 있으며, 동의 거부에 따라 불이익(**확인서 미발급 등**)이 있을 수 있음.

■ 상속세 및 증여세 사무처리규정 [별지 제12호 서식(을)] 〈개정 2019.6.3.〉

예금 등에 대한 자금출처 확인 명세서(을)

1. 본인 명의 예금 또는 부동산을 담보로 하여 외국환은행으로부터 취득한 원화대출금

재산 종류 (예금· 부동산 원화대출금)	부동산소재지 또는 계좌번호	대출기관		대출금(원)
		은행명	사업자등록번호	

2. 본인명의 부동산의 임대보증금

임차인		부동산소재지		임대차기간	임대보증금(원)
성명	생년월일	소재지	층, 호수		

■ 상속세 및 증여세 사무처리규정 [별지 제19호 서식] 〈개정 2016.7.1.〉

발급번호	해외이주비 자금출처 확인서 (□해외이주자, □해외이주예정자)	수수료 없음
		처리기간 10일(필요시 30일)

신 청 자	성 명		생년월일		전화번호	
	주소 또는 거소					

이주가족	성 명	생년월일	세대주와 관계	성 명	생년월일	세대주와 관계

확인서의 사용목적	이주비 환전	해외이주허가번호 및 일자 No. (. . .) 여권발급번호 및 일자 No. (. . .)
이주비 금액		원(미화 $)

자 금 출 처 내 역		
자 금 출 처	금 액	비 고
계		
부 동 산 매 각 대 금		
동산, 기타재산매각대금		
예 금 · 적 금		
수 증		
기 타		

외국환거래규정 제4-6조의 규정에 따라 해외이주자의 해외이주비 확인 발급되는 날 현재 자금출처가 위와 같이 확인됨을 증명하여 주시기 바랍니다.

. . .

신 청 인 : ㊞

세 무 서 장 귀하

위와 같이 확인합니다.

. . .

세 무 서 장 ㊞

※ 붙임서류

- '부동산 매각대금'은 부동산 소재지 · 수량 및 금액이 표시된 매매계약서 사본과 그 부동산 취득자금원천이 확인되는 서류
- '동산, 기타 재산매각대금'은 매수자의 주소, 성명, 생년월일이 기입된 매매계약서 또는 매수확인서와 그 동산 취득자금원천이 확인되는 서류
- '예금 · 적금'은 통장 사본 및 동 예금 · 적금의 자금원천이 확인되는 서류
- '수증'은 증여자의 주소, 성명 및 생년월일이 기입된 확인서
- '기타'는 자금원천이 확인되는 서류

※ '비고'란에는 자금의 원천을 간단하게 기재합니다.

※ 개인정보보호법 제24조에 의한 수집 · 이용 동의 [신청인(본인)]

○ 수집 · 이용목적(확인서발급, 사후관리 등)

○ 수집대상 고유식별정보(주민등록번호, 외국인등록번호, 여권번호)

○ 보유 · 이용기간(5년)

☞ **상기내용에 대해 동의함 □, 동의하지 않음 □**

○ 동의를 거부할 권리가 있으며, 동의 거부에 따라 불이익(**확인서 미발급 등**)이 있을 수 있음.

2 해외금융계좌의 신고

(1) 개요

해외금융회사에 개설된 해외금융계좌를 보유한 거주자 및 내국법인(비거주자 ×) 중에서 해당 연도의 매월 말일 중 어느 하루의 보유계좌잔액(보유계좌가 복수인 경우에는 각 계좌잔액을 합산함)이 5억원을 초과하는 자는 다음의 정보(해외금융계좌정보)를 다음 연도 6월 1일부터 30일까지 납세지 관할 세무서장에게 신고하여야 한다(국조법 §34①).

① 보유자의 성명·주소 등 신원에 관한 정보

② 계좌번호, 금융회사의 이름, 매월 말일의 보유계좌잔액의 최고금액 등 보유계좌에 관한 정보

③ 해외금융계좌 관련자에 관한 정보

(2) 신고의무자

1) 신고의무자

해외금융계좌 신고의무자는 해외금융회사에 개설된 해외금융계좌를 보유한 거주자 및 내국법인(비거주자 ×) 중에서 해당 연도의 매월 말일 중 어느 하루의 보유계좌잔액(보유계좌가 복수인 경우에는 각 계좌잔액을 합산함)이 5억원을 초과하는 자이다(국조법 §34①, 국조령 §50①).

해외금융회사란 국외에 소재하는 금융업, 보험 및 연금업, 금융 및 보험관련 서비스업 및 이와 유사한 업종을 하는 금융회사(내국법인의 국외사업장을 포함하고, 외국법인의 국내사업장은 제외함)로서 금융회사등 또는 외국의 금융관련 법령에 따라 설립된 금융회사등 중 이와 유사한 금융회사 등을 말한다(국조법 §34②).

해외금융계좌란 해외금융회사와 금융거래(「금융실명거래 및 비밀보장에 관한 법률」 제2조 제3호의 금융거래 및 이와 유사한 거래를 포함함)를 위하여 해외금융회사에 개설한 계좌로서 다음의 계좌를 말한다(국조법 §34③).

① 「은행법」 제27조에 따른 은행업무와 관련하여 개설한 계좌(예 예금계좌, 적금계좌 등)

② 「자본시장과 금융투자업에 관한 법률」 제4조에 따른 증권 및 이와 유사한 해외증권의 거래를 위하여 개설한 계좌(예 주식계좌)

③ 「자본시장과 금융투자업에 관한 법률」 제5조에 따른 파생상품 및 이와 유사한 해외파

생상품의 거래를 위하여 개설한 계좌(예 파생상품 거래 계좌)

④ 위 ①~③까지에서 규정한 계좌 외의 계좌로서 그 밖에 금융거래를 위하여 해외금융회사에 개설한 계좌(예 채권, 펀드 등 거래계좌)

외국인도 해외금융계좌 신고의무가 있나요?

만약 외국인이 비거주자라면 신고의무가 없습니다. 외국인이 거주자인 경우에는 신고대상연도 종료일 10년 전부터 국내에 주소나 거소를 둔 기간의 합계가 5년을 초과한 경우에는 신고의무가 있습니다.

Q

미국에 거주하는 미국 영주권자도 신고의무가 있나요?

우리나라 국민으로서 외국의 영주권을 취득한 자 또는 영주할 목적으로 외국에 거주하고 있는 자를 재외국민이라고 합니다. 재외국민이 우리나라의 비거주자라면 신고의무가 없습니다.

2) 신고의무자의 판정기준 등

해외금융계좌 신고의무가 있는 거주자 및 내국법인은 신고대상 연도 종료일을 기준으로 판정한다(국조령 §50①).

해외금융계좌 신고의무자의 매월 말일 보유계좌잔액은 신고의무자가 보유한 각 해외금융계좌(거래실적 등이 없는 계좌, 연도 중에 해지된 계좌 등 해당 연도 전체 기간 중에 보유한 모든 계좌를 포함하되, 「보험업법」에 따른 보험상품 및 이와 유사한 해외보험상품으로서, 순보험료가 위험보험료만으로 구성되는 보험계약에 해당하는 금융계좌는 제외함)의 자산에 대하여 다음의 구분에 따라 산정한 금액을 해당 표시통화의 환율(「외국환거래법」에 따른 일별 기준환율 또는 재정환율을 말함)로 각각 환산한 후 합산하여 산출한다(국조령 §50②).

① 현금 : 해당하는 매월 말일의 종료시각 현재의 잔액

② 「자본시장과 금융투자업에 관한 법률」에 따른 증권시장 또는 이와 유사한 해외 증권시장에 상장된 주식과 그 주식을 기초로 발행한 예탁증서 : 해당하는 매월 말일의 종

료시각 현재의 수량 × 해당하는 매월 말일의 최종가격(해당하는 매월 말일이 거래일이 아닌 경우 그 직전 거래일의 최종가격)

③ 「자본시장과 금융투자업에 관한 법률」에 따른 증권시장 또는 이와 유사한 해외 증권시장에 상장된 채권 : 해당하는 매월 말일의 종료시각 현재의 수량 × 해당하는 매월 말일의 최종가격(해당하는 매월 말일이 거래일이 아닌 경우에는 그 직전 거래일의 최종가격)

④ 「자본시장과 금융투자업에 관한 법률」에 따른 집합투자증권 및 이와 유사한 해외집합투자증권 : 해당하는 매월 말일의 종료시각 현재의 수량 × 해당하는 매월 말일의 기준가격(해당하는 매월 말일의 기준가격이 없는 경우에는 해당하는 매월 말일 현재의 환매가격 또는 해당하는 매월 말일 전 가장 가까운 날의 기준가격)

⑤ 「보험업법」에 따른 보험상품 및 이와 유사한 해외보험상품 : 해당하는 매월 말일의 종료시각 현재의 납입금액

⑥ 위 ①~⑤에서 규정한 자산 외의 자산 : 해당하는 매월 말일의 종료시각 현재의 수량 × 해당하는 매월 말일의 시가(시가산정이 곤란한 경우에는 취득가액)

3) 해외금융계좌 관련자

해외금융계좌 관련자란 해외금융계좌 중 실지명의에 의하지 아니한 계좌 등 그 계좌의 명의자와 실질적 소유자가 다른 경우에는 명의자 및 실질적 소유자를, 공동명의 계좌인 경우에는 공동명의자 각각을 말한다. 해외금융계좌 관련자는 해당 계좌를 각각 보유한 것으로 본다(국조법 §34④). 또한 해외금융계좌 관련자는 해당 계좌의 잔액 전부를 각각 보유한 것으로 본다(국조령 §50⑥).

실질적 소유자는 해당 계좌의 명의와는 관계없이 해당 해외금융계좌와 관련한 거래에서 경제적 위험을 부담하거나 이자·배당 등의 수익을 획득하거나 해당 계좌를 처분할 권한을 가지는 등 해당 계좌를 사실상 관리하는 자(내국인이 외국법인의 의결권 있는 주식의 100%를 직접 또는 간접으로 소유(내국인과 국세기본법상 친족관계 또는 경제적연관관계에 있는 자가 직접 또는 간접으로 소유한 주식을 포함함)한 경우 그 내국인을 포함하되, 조세조약의 체결여부 등을 고려하여 기획재정부장관이 정하는 경우에는 그렇지 않음)로 한다.

다만, 다음 중 어느 하나에 해당하는 경우에는 실질적 소유자로 보지 않는다(국조령 §50⑤).

① 해외금융계좌의 명의자가 집합투자기구(「자본시장과 금융투자업에 관한 법률」에 따라 금융위원회에 등록된 것에 한정함)인 경우에 해당 집합투자기구에 투자한 자

② 해외금융계좌의 명의자가 투자중개업자 또는 한국예탁결제원인 경우에 해당 해외금융자산에 투자한 자

③ 해외금융계좌의 명의자가 금전신탁계약의 신탁업자인 경우에 해당 해외금융자산에 투자한 자

④ 해외금융계좌의 명의자가 중소기업창업투자조합인 경우에 해당 해외금융자산에 투자한 자

⑤ 해외금융계좌의 명의자가 한국벤처투자조합인 경우에 해당 해외금융자산에 투자한 자

(3) 신고기한

신고의무자는 기획재정부령으로 정하는 해외금융계좌 신고서(국조칙 별지 제21호 서식)를 신고기한까지 납세지 관한 세무서장에게 제출하여야 한다(국조령 §50④). 신고의무자는 해외금융계좌 신고서에서 정하는 바에 따라 본인 외의 해외금융계좌 관련자 정보를 함께 제출하여야 한다(국조령 §50⑦).

해외금융계좌 신고의무자는 다음의 해외금융계좌정보를 다음 연도 6월 1일부터 30일까지 납세지 관할 세무서장에게 신고하여야 한다(국조법 §34①, 국조령 §49①).

① 보유자의 성명·주소 등 신원에 관한 정보

② 계좌번호, 금융회사의 이름, 매월 말일의 보유계좌잔액의 최고금액 등 보유계좌에 관한 정보

③ 해외금융계좌 관련자에 관한 정보

• 실질적 소유자로서 해외금융계좌 신고의무자 해당 여부

내국법인 및 다른 내국법인, 개인 거주자가 지분을 나누어 보유하고 있는 외국법인 명의 해외금융계좌에 대하여 동 계좌의 명의자와 실질적 소유자가 다른 경우 「국제조세조정에 관한 법률」 제34조 제4항 및 같은 법 시행령 제50조 제4항에 따라 동 계좌를 사실상 관리하는 자는 실질적 소유자로서 같은 법 제34조 제1항에 따른 신고의무가 있는 것이고, 내국법인, 다른 내국법인, 거주자 모두 또는 일부가 공동으로 동 금융계좌를 사실상 관리하는 경우에는 사실상 관리하는 자 각각 동 조항에 따른 신고의무가 있는 것임(사전-2016-법령해석국조-0253, 2016.6.24.).

• 선박투자회사의 해외자회사 명의 해외금융계좌의 실질적 소유자 등 해당 여부

「선박투자회사법」에 의하여 설립된 선박투자회사는 해외자회사(SPC) 명의 해외금융계좌에 대하여 「국제조세조정에 관한 법률 시행령」 제50조 제4항에서 규정하는 해외금융계좌의

실질적 소유자에 해당하는 것이며, 해당 해외자회사(SPC)는 같은 법 같은 조 같은 항 단서에서 규정하는 집합투자기구에 해당하지 않는 것임(국제세원관리담당관실-472, 2011.10.7.).

- **해외금융계좌가 실지명의에 의하지 않은 계좌인 경우 신고의무자**

'내국법인이 의결권 있는 주식을 100% 직·간접으로 소유한 외국법인'이 보유한 해외금융계좌가 「국제조세조정에 관한 법률」 제34조 제4항의 실지명의에 의하지 아니한 계좌에 해당하고 당해 계좌의 실제 소유자가 내국법인인 경우, 지분율 및 조세조약 체결여부 등과 무관하게 동 조문에 따라 실제 소유자인 내국법인에게 해외금융계좌 신고의무가 부과되는 것임(기획재정부 국제조세제도과-276, 2016.6.27.).

- **북한지역에 소재하는 금융기관의 해외금융기관 해당 여부**

북한지역(개성공업지구 포함)은 「국제조세조정에 관한 법률」 제34조 제2항에 따른 국외로 보는 것이며, 동 지역에 소재하는 금융기관(국내은행 지점 포함)은 해외금융기관에 해당함(법규과-724, 2011.6.9.).

■ 국제조세조정에 관한 법률 시행규칙 [별지 제21호 서식] 〈개정 2019.3.20.〉 (제1쪽)

신고대상 연도	해외금융계좌 신고서	신고 구분	[ ] 정기	신고인 유형	[ ] 거 주 자
년			[ ] 수정		[ ] 내국법인
			[ ] 기한 후		

1. 신고인 인적사항

① 성 명 (법인명)	(한글)	② 주민등록번호 (사업자등록번호)	
	(영문)	③ 여권번호	
④ 주 소 (소재지)		⑤ 전화번호	

2. 해외금융계좌 보유 현황

⑥ 총 신고계좌 수	보유계좌 잔액의 연중 매월 말일의 최고금액	
	⑦ 기준일	⑧ 금액
개	. . .	원

3. 해외금융계좌별 명세

(단위: 현지 통화, 원)

보유 계좌 일련 번호 (1)	⑨ 계좌 관련자 정보	[ ] 없음, [ ] 공동명의계좌, [ ] 외국법인(100% 소유), [ ] 명의자와 실소유자가 다른 계좌			
	⑩ 금융회사명			⑪ 계좌종류	
	⑫ 계좌번호			⑬ 표시 통화	
	⑭ 계좌 명의자			⑮ 현지기업 고유번호	
	⑯ 기준일 잔액	(외화)		⑰ 개설일	. . .
		(원화)		⑱ 해지일	. . .
	⑲ 금융회사 소재지	국가	지역[주(州), 성(省) 등]	도시	그 밖의 상세 주소

위 신고인은 「국제조세조정에 관한 법률」 제34조 및 제37조에 따라 위 내용을 신고하며, 위 내용을 충분히 검토하였고 신고인이 알고 있는 사실 그대로를 정확하게 적었음을 확인합니다.

년 월 일

신 고 인 (서명 또는 인)

세무서장 귀하

대리인	성명(상호)		사업자등록번호 (주민등록번호)		전화번호	

210㎜×297㎜[백상지(80g/㎡) 또는 중질지(80g/㎡)]

■ 국제조세조정에 관한 법률 시행규칙 [별지 제21호 서식] (3쪽)

신고대상 연도	해외금융계좌 명세서	신고인 유형	[ ] 거 주 자
년			[ ] 내국법인

주민등록번호 (사업자등록번호)	

(단위: 현지 통화, 원)

보유 계좌 일련 번호 ( )	⑨ 계좌 관련자 정보	[ ] 없음, [ ] 공동명의계좌, [ ] 외국법인(100% 소유), [ ] 명의자와 실소유자가 다른 계좌				
	⑩ 금융회사명			⑪ 계좌 종류		
	⑫ 계좌번호			⑬ 표시 통화		
	⑭ 계좌 명의자			⑮ 현지기업 고유번호		
	⑯ 기준일 잔액	(외화)		⑰ 개설일	. . .	
		(원화)		⑱ 해지일	. . .	
	⑲ 금융회사 소재지	국가	지역[주(州), 성(省) 등]	도시	그 밖의 상세 주소	

보유 계좌 일련 번호 ( )	⑨ 계좌 관련자 정보	[ ] 없음, [ ] 공동명의계좌, [ ] 외국법인(100% 소유), [ ] 명의자와 실소유자가 다른 계좌				
	⑩ 금융회사명			⑪ 계좌종류		
	⑫ 계좌번호			⑬ 표시 통화		
	⑭ 계좌 명의자			⑮ 현지기업 고유번호		
	⑯ 기준일 잔액	(외화)		⑰ 개설일	. . .	
		(원화)		⑱ 해지일	. . .	
	⑲ 금융회사 소재지	국가	지역[주(州), 성(省) 등]	도시	그 밖의 상세 주소	

보유 계좌 일련 번호 ( )	⑨ 계좌 관련자 정보	[ ] 없음, [ ] 공동명의계좌, [ ] 외국법인(100% 소유), [ ] 명의자와 실소유자가 다른 계좌				
	⑩ 금융회사명			⑪ 계좌 종류		
	⑫ 계좌번호			⑬ 표시 통화		
	⑭ 계좌 명의자			⑮ 현지기업 고유번호		
	⑯ 기준일 잔액	(외화)		⑰ 개설일	. . .	
		(원화)		⑱ 해지일	. . .	
	⑲ 금융회사 소재지	국가	지역[주(州), 성(省) 등]	도시	그 밖의 상세 주소	

보유 계좌 일련 번호 ( )	⑨ 계좌 관련자 정보	[ ] 없음, [ ] 공동명의계좌, [ ] 외국법인(100% 소유), [ ] 명의자와 실소유자가 다른 계좌				
	⑩ 금융회사명			⑪ 계좌 종류		
	⑫ 계좌번호			⑬ 표시 통화		
	⑭ 계좌 명의자			⑮ 현지기업 고유번호		
	⑯ 기준일 잔액	(외화)		⑰ 개설일	. . .	
		(원화)		⑱ 해지일	. . .	
	⑲ 금융회사 소재지	국가	지역[주(州), 성(省) 등]	도시	그 밖의 상세 주소	

작 성 방 법

1. 이 서식은 신고계좌가 2개 이상인 경우에만 보유계좌 일련번호 2번부터 차례로 작성합니다. (/)쪽
2. 각 일련번호의 계좌마다 ⑨번 항목부터 ⑲번 항목까지 해당 사항을 각각 적습니다.

210㎜×297㎜[백상지(80g/㎡) 또는 중질지(80g/㎡)]

신고대상 연도	해외금융계좌 관련자 명세서	신고인 유형	[ ] 거 주 자
년			[ ] 내국법인

주민등록번호 (사업자등록번호)	

관련자 일련번호						
관련자 일련번호 ( )	보유계좌 일련번호			계좌 관련자 유형	[ ] 유형1, [ ] 유형2, [ ] 유형3, [ ] 유형4	
	관련자 정보	성명 (법인명)		주민등록번호 (사업자등록번호)		
		주소 (소재지)			전화번호	
관련자 일련번호 ( )	보유계좌 일련번호			계좌 관련자 유형	[ ] 유형1, [ ] 유형2, [ ] 유형3, [ ] 유형4	
	관련자 정보	성명 (법인명)		주민등록번호 (사업자등록번호)		
		주소 (소재지)			전화번호	
관련자 일련번호 ( )	보유계좌 일련번호			계좌 관련자 유형	[ ] 유형1, [ ] 유형2, [ ] 유형3, [ ] 유형4	
	관련자 정보	성명 (법인명)		주민등록번호 (사업자등록번호)		
		주소 (소재지)			전화번호	
관련자 일련번호 ( )	보유계좌 일련번호			계좌 관련자 유형	[ ] 유형1, [ ] 유형2, [ ] 유형3, [ ] 유형4	
	관련자 정보	성명 (법인명)		주민등록번호 (사업자등록번호)		
		주소 (소재지)			전화번호	
관련자 일련번호 ( )	보유계좌 일련번호			계좌 관련자 유형	[ ] 유형1, [ ] 유형2, [ ] 유형3, [ ] 유형4	
	관련자 정보	성명 (법인명)		주민등록번호 (사업자등록번호)		
		주소 (소재지)			전화번호	
관련자 일련번호 ( )	보유계좌 일련번호			계좌 관련자 유형	[ ] 유형1, [ ] 유형2, [ ] 유형3, [ ] 유형4	
	관련자 정보	성명 (법인명)		주민등록번호 (사업자등록번호)		
		주소 (소재지)			전화번호	

작 성 방 법

1. 이 서식은 신고계좌 중 관련자가 있는 경우(신고서 1쪽과 3쪽의 ⑨번 항목)에만 작성합니다. (/)쪽
2. 관련자가 있는 계좌가 2개 이상인 경우 관련자 일련번호의 2번 이하를 작성합니다. 이 경우 같은 계좌의 관련자가 둘 이상인 경우(3명의 공동명의자 중 1명이 다른 2명의 공동명의자를 신고하는 경우, 공동명의자와 실소유자가 함께 있는 경우 등)에는 해당 관련자를 각각 구분하여 작성합니다.
3. 보유계좌 일련번호는 신고서 1쪽 또는 3쪽에 적힌 일련번호를 적습니다.
4. 계좌 관련자 유형은 공동명의자인 경우 "유형1"을, 내국인이 외국법인의 의결권 있는 주식 100%를 직·간접으로 소유한 경우 "유형2"를, 신고인이 계좌 명의자이고 실소유자 정보를 적는 경우 "유형3"을, 신고인이 실소유자이고 계좌 명의자 정보를 적는 경우 "유형4"를 선택하여 "√" 표시를 합니다.

210㎜×297㎜[백상지(80g/㎡) 또는 중질지(80g/㎡)]

(4) 신고의무의 면제

신고의무자 중 다음의 어느 하나에 해당하는 경우 신고의무를 면제한다(국조법 §34⑤).

① 소득세법에 따른 외국인 단기 거주자 및 재외국민으로서 해당 신고대상 연도 종료일 1년전부터 국내에 거소를 둔 기간의 합계가 183일 이하인 자

② 국가, 지방자치단체 및 공공기관, 금융회사 등

③ 해외금융계좌 관련자 중 어느 하나가 본인의 해외금융계좌 정보를 함께 제출함에 따라 납세지 관할 세무서장이 본인이 보유한 해외금융계좌 정보를 확인할 수 있는 자

④ 다른 법령에 따라 국가의 관리·감독이 가능한 기관으로서 금융투자업 관계기관, 집합투자기구, 집합투자기구 평가회사, 채권 평가회사, 금융지주회사, 외국환업무 취급기관, 외국환 중개회사 및 신용정보회사

• 해외금융계좌 신고의무 면제자인 "국내 거주기간이 1년 이하인 재외국민"의 범위

「국제조세조정에 관한 법률」 제34조 제5항에 따라 해외금융계좌 신고의무가 면제되는 "국내 거주기간이 1년 이하인 재외국민"이란 「재외동포의 출입국과 법적지위에 관한 법률」 제2조 제1호의 규정에 의한 재외국민으로서 신고대상 연도 종료일 현재 계속하여 국내에 거주한 기간이 1년 이하인 경우를 말하는 것이며, 국내 거주기간은 「소득세법 시행령」 제4조 제1항과 제2항을 준용하여 계산하는 것임(기획재정부 국제조세제도과-271, 2011.6.16.).

• 미국 영주권자의 해외금융계좌 신고의무자 제외 여부

「재외동포의 출입국과 법적지위에 관한 법률」 제2조 제1호에 따른 재외국민에 해당하는 미국 영주권자가 해외금융계좌 신고대상기간 종료일 2년 전부터 국내에 거소를 둔 기간이 1년 이하인 경우에는 구 「국제조세조정에 관한 법률」(2015.12.15. 법률 제13553호로 개정되기 전의 것)에 따라 해외금융계좌 신고의무자에서 제외되는 것임(국제세원관리담당관-830, 2016.6.27.).

• 해외금융계좌 신고면제 대상 여부

장외파생상품거래 업무로 인가를 받음으로써 「자본시장과 금융투자업에 관한 법률」에 따른 금융투자업관계기관에 해당하게 된 내국법인이 수행하는 장내파생상품거래에 대하여는 「국제조세조정에 관한 법률」 제34조 제5항 및 같은 법 시행령 제49조 제6항이 적용되지 않는 것임(법령해석과-5009, 2016.12.30.).

(5) 해외금융계좌 신고의무 불이행에 대한 과태료

1) 과태료의 부과 사유 및 한도

해외금융계좌 신고의무자가 신고기한 내에 해외금융계좌정보를 신고하지 않거나 과소 신고한 경우에는 다음에 상당하는 과태료를 부과한다(국조법 §35①).

① 신고를 하지 아니한 경우 : 미신고 금액의 20% 이하

② 과소신고한 경우 : 실제 신고한 금액과 신고하여야 할 금액과의 차액의 20% 이하

2) 과태료의 부과기준

과태료의 부과기준은 다음과 같다(국조령 §51③). 다만, 「조세범 처벌법」에 따라 해외금융계좌 신고의무 불이행범으로 처벌되는 경우에는 위 과태료를 부과하지 않는다(국조법 §35④).

① 신고하지 아니하거나 과소 신고한 금액이 20억원 이하인 경우 : 해당금액의 10%

② 신고하지 아니하거나 과소 신고한 금액이 20억원 초과 50억원 이하인 경우 : 2억원 + 해당 금액 중 20억원을 초과한 금액의 15%

③ 신고하지 아니하거나 과소 신고한 금액이 50억원 초과인 경우 : 6억 5천만원 + 해당 금액 중 50억원을 초과한 금액의 20%

(6) 해외금융계좌 신고의무 위반금액의 출처에 대한 소명

1) 소명요구

신고의무자(거주자, 내국법인)가 신고기한 내에 해외금융계좌정보를 신고하지 않거나 과소 신고한 경우에는 해당 납세지 관할 세무서장은 그 신고의무자에게 신고기한 내 신고하지 않은 금액이나 과소 신고한 금액(이하 "신고의무 위반금액"이라 함)의 출처에 대하여 소명을 요구할 수 있다(국조법 §34의3①).

2) 소명방법 및 소명기간 연장

소명을 요구받은 해당 신고의무자는 통지를 받은 날부터 90일 이내(이하 "소명기간"이라 함)에 소명을 하여야 한다. 다만, 신고의무자가 자료의 수집·작성에 상당한 기간이 걸리는 등 부득이한 사유로 소명기간의 연장을 신청하는 경우에는 납세지 관할 세무서장은 한 차례만 60일까지 연장할 수 있다(국조법 §34의3②).

신고의무자가 자료의 수집·작성에 상당한 기간이 걸리는 등 부득이한 사유란 다음의 경우를 말한다(국조령 §50의2③).

① 신고의무자가 화재・재난 및 도난 등의 사유로 자료를 제출할 수 없는 경우
② 신고의무자가 사업이 중대한 위기에 처하여 자료를 제출하기 매우 곤란한 경우
③ 관련 장부・서류가 권한 있는 기관에 압수되거나 영치된 경우
④ 자료의 수집・작성에 상당한 기간이 걸려 기한까지 자료를 제출할 수 없는 경우
⑤ ①~④에 준하는 사유가 있어 기한까지 자료를 제출할 수 없다고 판단되는 경우

소명을 요구받은 신고의무자가 신고의무 위반금액의 출처에 대하여 소명하려는 경우에는 기획재정부령으로 정하는 해외금융계좌 신고의무 위반금액 출처 확인서(국조칙 별지 제22호 서식)를 납세지 관할 세무서장에게 제출하여야 한다(국조령 §50의2①). 소명을 요구받은 신고의무자가 소명을 요구받은 금액의 80% 이상에 대하여 출처를 소명한 해외금융계좌에 대해서는 신고의무 위반으로 소명을 요구받은 전액에 대하여 소명한 것으로 본다(국조령 §50의2②).

신고의무자가 수정신고 및 기한 후 신고를 한 경우(과세당국의 과태료 부과를 미리 알고 신고한 경우는 제외함)에는 신고의무 위반금액의 출처에 대하여 소명을 요구하지 아니한다(국조법 §34의3③).

3) 미소명시 과태료

위 2)에 따라 신고의무자가 신고의무 위반금액의 출처에 대하여 소명하지 않거나 거짓으로 소명한 경우에는 소명하지 않거나 거짓으로 소명한 금액의 20%에 상당하는 과태료를 부과한다. 다만, 천재지변, 화재・재난, 도난 등 불가항력적 사유로 증명서류 등이 없어져 소명이 불가능한 경우 및 해외금융계좌 소재 국가의 사정 등으로 인하여 신고의무자가 신고의무 위반금액의 출처에 대하여 소명을 하는 것이 불가능한 경우에는 부과하지 않는다(국조법 §35②, 국조령 §51⑧).

예규

• 해외금융계좌 신고의무 불이행에 대한 과태료

해외에 보유한 금융계좌 잔액의 합산 금액이 2012년도 중 어느 하루에 10억원을 초과하여 「국제조세조정에 관한 법률」 제34조에 따라 해외금융계좌를 신고하여야 할 거주자가 해외금융계좌와 입금액을 확인할 수 있는 증빙을 첨부하여 양도소득세 예정신고서를 제출하였다고 하여 해외금융계좌 신고서를 제출한 것으로 보지 않는 것이며, 같은 법률 제35조 및 같은 법률 시행령 제51조에 따라 해외금융계좌 신고의무 불이행에 대한 과태료를 부과하는 것임(법규과-56, 2014.1.21.).

- **실질적 소유자와 명의자 공동명의의 해외금융계좌를 기한 후 신고하는 경우 과태료부과대상 여부**

  해외금융계좌 관련자 중 실질적 소유자가 「국제조세조정에 관한 법률」 제37조 제2항에 따른 기한 후 신고를 통해 단순 명의자의 해외금융계좌정보를 확인할 수 있게 된 경우에는 실질적 소유자에게만 과태료가 부과되는 것임.

(7) 해외금융계좌정보의 비밀유지

세무공무원은 해외금융계좌정보를 타인에게 제공 또는 누설하거나 목적 외의 용도로 사용해서는 안된다. 다만, 다음 중 어느 하나에 해당하는 경우에는 그 사용 목적에 맞는 범위에서 해외금융계좌정보를 제공할 수 있다(국조법 §36①, 국기법 §81의13①). 이 경우 해외금융계좌정보를 알게 된 사람은 이를 타인에게 제공 또는 누설하거나 그 목적 외의 용도로 사용해서는 안 된다(국조법 §36②).

① 지방자치단체 등이 법률에서 정하는 조세의 부과・징수 등을 위하여 사용할 목적으로 과세정보를 요구하는 경우
② 국가기관이 조세쟁송이나 조세범 소추를 위하여 과세정보를 요구하는 경우
③ 법원의 제출명령 또는 법관이 발부한 영장에 의하여 과세정보를 요구하는 경우
④ 세무공무원 간에 국세의 부과・징수 또는 질문・검사에 필요한 과세정보를 요구하는 경우
⑤ 통계청장이 국가통계작성 목적으로 과세정보를 요구하는 경우
⑥ 사회보장기본법에 따른 사회보험의 운영을 목적으로 설립된 기관이 관계 법률에 따른 소관업무를 수행하기 위하여 과세정보를 요구하는 경우
⑦ 국가행정기관, 지방자치단체 또는 공공기관이 급부・지원 등을 위한 자격의 조사・심사 등에 필요한 과세정보를 당사자의 동의를 받아 요구하는 경우
⑧ 「국정감사 및 조사에 관한 법률」 제3조에 따른 조사위원회가 국정조사의 목적을 달성하기 위하여 조사위원회의 의결로 비공개회의에 과세정보의 제공을 요청하는 경우
⑨ 다른 법률의 규정에 따라 과세정보를 요구하는 경우

(8) 해외금융계좌 수정신고 및 기한 후 신고

1) 수정신고

해외금융계좌 신고기한 내에 해외금융계좌정보를 신고한 자로서 과소 신고한 자는 과세

당국이 해외금융계좌 신고의무 불이행에 대한 과태료를 부과하기 전까지 해외금융계좌정보를 수정신고할 수 있다(국조법 §37①).

2) 기한 후 신고

해외금융계좌 신고기한 내에 해외금융계좌정보를 신고하지 않은 자는 과세당국이 해외금융계좌 신고의무 불이행에 대한 과태료를 부과하기 전까지 해외금융계좌정보를 신고할 수 있다(국조법 §37②).

(9) 해외금융계좌 정보제공에 대한 포상금

해외금융계좌 신고의무 위반행위를 적발하는 데 중요한 자료(해외금융기관의 이름, 계좌번호, 계좌잔액, 계좌 명의자 등 해외금융계좌의 구체적인 정보)를 제공한 자에게는 20억원의 범위에서 포상금을 지급할 수 있다.

해외금융계좌 신고의무 위반금액 출처 확인서

1. 신고인 인적사항

① 성 명 (법인명)	(한글)	② 주민등록번호 (사업자등록번호)
	(영문)	③ 여권번호
④ 주 소 (소재지)		⑤ 전화번호

2. 납세지 관할 세무서장의 소명요구 내용 (1)

⑥ 금융회사명	⑦ 금융회사 소재 국가	⑧ 계좌번호	⑨ 기준일	⑩ 소명요구 금액(천원)	⑪ 소명요구일

3. 위반금액 출처 명세 (1)

(단위: 천원)

구분	⑫ 금액	⑬ 발생처	⑭ 발생기간	⑮ 과세대상 금액	⑯ 과세대상 금액 중 신고(결정) 금액
⑰ 소득					
⑱ 상속 또는 증여					
⑲ 채무					
⑳ 기타					
㉑ 합계(⑰+⑱+⑲+⑳)		㉒ 소명기준 충족 여부[(㉑/⑩)≥80%]		[ ] 예	[ ] 아니요

위 신고인은 「국제조세조정에 관한 법률」 제34조의 3 및 같은 법 시행령 제50조의 2 제1항에 따라 신고인이 알고 있는 사실 그대로 정확하게 소명하였음을 확인합니다.

년 월 일

신 고 인 (서명 또는 인)

세무서장 귀하

대리인	성명(상호)	사업자등록번호(주민등록번호)	전화번호

신고인 제출서류(예시)	1. 신고(결정) 소득금액을 확인할 수 있는 신고서 등 2. 부동산 양도차익은 부동산소재지 · 수량 및 금액이 표시된 매수 · 매도계약서 또는 양도소득세 신고서 3. 동산 등 양도차익은 매수자의 주소, 성명, 주민등록번호가 적힌 매수 · 매도계약서 또는 매수 · 매도자 확인서 등 거래금액 및 거래사실을 증명하는 서류 4. 증여는 증여자의 주소, 성명, 주민등록번호를 적은 확인서 또는 증여세 신고서 5. 채무 중 금융기관 차입자금은 해당 금융기관이 발행한 증명서 6. 채무 중 타인자금은 채권자가 확인되는 차용증서, 전세금 등의 경우 계약서 등 7. 그 밖의 자금원천이 확인되는 서류

210㎜×297㎜[백상지 80g/㎡(재활용품)]

Ⅳ 비거주자의 종합소득세 이슈

1 비거주자의 과세기간 및 신고기간

거주자의 소득세 과세기간은 1월 1일부터 12월 31일까지의 1년이며, 신고기간은 그 다음해의 5월 1일부터 5월 31일까지이다. 다만, 성실신고확인대상사업자가 성실신고확인서를 제출하는 경우 신고기한은 그 다음해의 6월 30일까지 신고를 하여야 한다(소법 §70의2②).

거주자가 출국(주소 또는 거소의 국외이전)으로 인하여 비거주자가 되는 경우에는 1월 1일부터 출국일까지가 과세기간이 된다. 이 경우의 신고기간은 출국일 전일까지이다(소법 §74).

2 비거주자의 과세방법

비거주자의 국내원천소득에 대한 과세방법은 국내원천소득을 종합하여 과세하는 방법과 국내원천소득별로 분리하여 과세하는 방법이 있다.

원칙적으로 비거주자로서 국내사업장이 있거나 부동산소득이 있는 경우에는 국내원천소득에 대하여 종합과세하고 그렇지 않은 경우에는 국내원천소득별로 분리과세한다. 다만, 비거주자의 국내사업장에서 발생한 국내원천소득이 국내사업장과 실질적으로 관련되지 아니하거나 국내사업장에 귀속되지 아니하는 경우에는 국내원천소득별로 분리과세한다

비거주자는 종합과세의 경우 종합소득세 신고·납부를 하여야 하며, 분리과세의 경우 원천징수만으로 납세의무가 종결된다. 다만, 비거주자라 하더라도 근로소득이 있는 경우에는 원천징수 및 연말정산 대상이며, 원천징수에서 제외되는 근로소득이 있는 비거주자는 다음해 5월 중 종합소득세 확정신고를 하여야 한다.

퇴직소득 및 양도소득이 있는 비거주자는 국내사업장이나 부동산소득의 유무에 관계없이 소득별로 거주자와 동일하게 분류과세한다.

| 비거주자의 국내원천소득에 대한 과세체계 |

<table>
<tr><th colspan="2">국내원천소득</th><th rowspan="2">국내사업장이 있는 비거주자</th><th rowspan="2">국내사업장이 없는 비거주자</th><th rowspan="2">분리과세 원천징수세율 (소득세법상)</th></tr>
<tr><th colspan="2">소득세법 제119조</th></tr>
<tr><td>1호</td><td>이자소득</td><td rowspan="11">종합과세, 신고 · 납부 (특정소득은 국내사업장 미등록시 원천징수)</td><td rowspan="10">분리과세, 완납적원천징수</td><td>20*</td></tr>
<tr><td>2호</td><td>배당소득</td><td>20</td></tr>
<tr><td>3호</td><td>부동산소득</td><td>-</td></tr>
<tr><td>4호</td><td>선박 등 임대소득</td><td>2</td></tr>
<tr><td>5호</td><td>사업소득</td><td>2</td></tr>
<tr><td>7호</td><td>근로소득</td><td>거주자와 동일</td></tr>
<tr><td>8호의 2</td><td>연금소득</td><td>거주자와 동일</td></tr>
<tr><td>11호</td><td>사용료 소득</td><td>20</td></tr>
<tr><td>12호</td><td>유가증권 양도소득</td><td>Min(양도가액의 10%, 양도차익의 20*%)</td></tr>
<tr><td>13호</td><td>기타소득</td><td>20</td></tr>
<tr><td>6호</td><td>인적용역 소득</td><td>분리과세 (종합과세 선택 가능)</td><td>20</td></tr>
<tr><td>8호</td><td>퇴직소득</td><td colspan="2" rowspan="2">거주자와 동일(분류과세)</td><td>-</td></tr>
<tr><td>9호</td><td>양도소득</td><td>Min(양도가액의 10%, 양도차익의 20*%)</td></tr>
</table>

〈2017 국제조세실무, 국세공무원교육원〉

* 국가 · 지방자치단체 및 내국법인이 발행하는 채권에서 발생하는 이자소득은 14%

1. 국내사업장이 있는 비거주자에는 부동산소득이 있는 비거주자 포함
2. 국내사업장 또는 부동산소득이 있는 비거주자의 경우에도 일용근로자 급여, 분리과세이자소득, 분리과세배당소득, 분리과세기타소득 등에 대하여는 거주자의 경우와 동일하게 분리과세 원천징수함.
3. 소득세법상의 원천징수세율이 조세조약상의 제한세율보다 높은 경우에는 조세조약상의 제한세율을 적용하여야 함.
4. 건축, 건설, 기계장치 등의 설치, 조립 기타의 작업이나 그 작업의 지휘, 감독 등에 관한 용역의 제공 혹은 인적용역의 제공 등으로 국내사업장을 구성하거나 사업자등록을 하지 않은 경우에는 원천징수하여야 함.

| 비거주자의 소득세 과세 체계 |

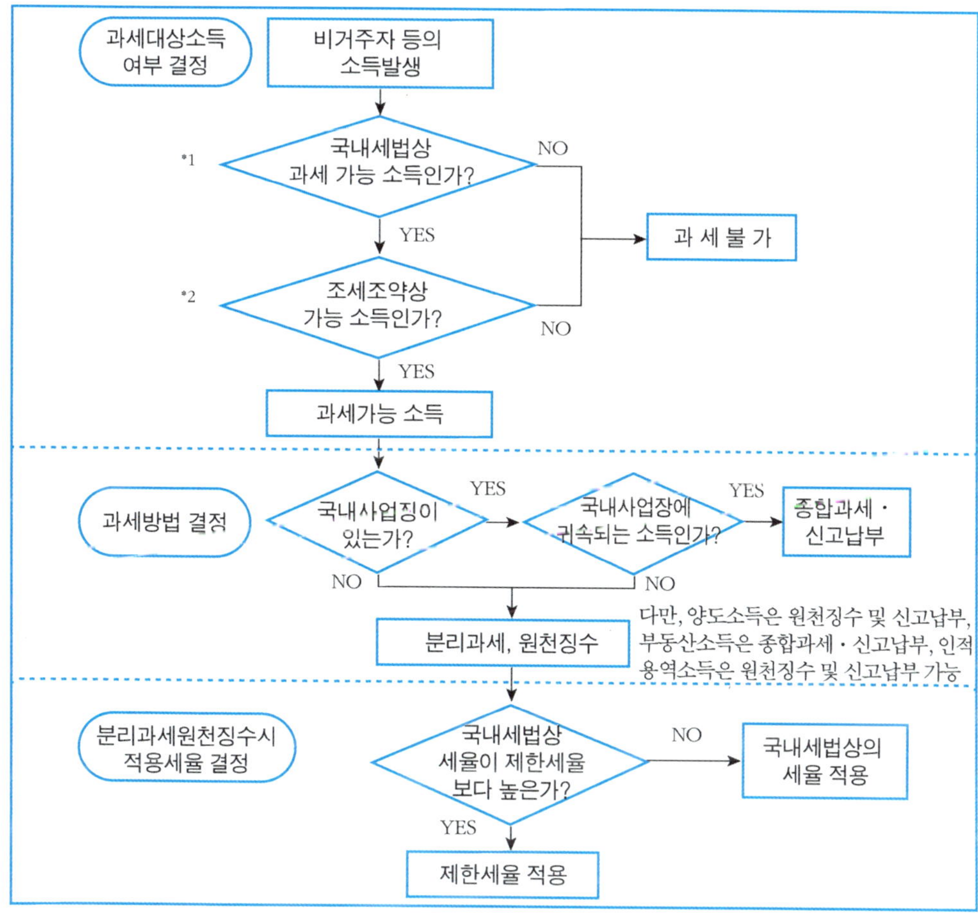

〈2017 국제조세실무, 국세공무원교육원〉

*1 국내세법상 과세가능소득 : 국내원천소득에 해당하고, 비과세 · 면세되지 않는 소득

*2 조세조약상 과세가능 : 국내원천소득에 해당하고, 원천지국(우리나라)에 과세권이 있는 소득

3 비거주자의 연말정산

비거주자의 연말정산은 국내원천소득인 다음의 근로소득(소법 §119, 소령 §179)을 받는 비거주자에 대하여 하게 된다.

① 국내에서 제공하는 근로의 대가로서 받는 급여

② 거주자 또는 내국법인이 운용하는 외국항행선박 · 원양어업선박 및 항공기의 승무원이 받는 급여

③ 내국법인의 임원 자격으로서 받는 급여

④ 법인세법에 따라 상여로 처분된 금액

내국인이면서 거주자인 근로자 (×)	내국인이면서 비거주자인 근로자 (○)
외국인이면서 거주자인 근로자 (×)	외국인이면서 비거주자인 근로자 (○)

우리나라의 소득세법에서는 거주자에게는 소득세법에서 열거하고 있는 모든 소득에 대하여 과세한다. 다만, 해당 과세기간 종료일 10년 전부터 국내에 주소나 거소를 둔 기간의 합계가 5년 이하인 외국인 거주자(외국인 단기거주자)에게는 과세대상 소득 중 국외에서 발생한 소득의 경우 국내에서 지급되거나 국내로 송금된 소득에 대해서만 과세한다.

그러나 우리나라의 소득세법에서는 비거주자에게는 「소득세법」 제119조에 따른 국내원천소득에 대해서만 과세한다. 소득세법 제119조에 따른 비거주자의 국내원천소득은 다음과 같다.

1. 국내원천 이자소득
2. 국내원천 배당소득
3. 국내원천 부동산소득
4. 국내원천 선박등임대소득
5. 국내원천 사업소득
6. 국내원천 인적용역소득
7. 국내원천 근로소득
8. 국내원천 퇴직소득

8의 2. 국내원천 연금소득

9. 국내원천 부동산등양도소득
10. 국내원천 사용료소득
11. 국내원천 유가증권양도소득
12. 국내원천 기타소득

(1) 연말정산 방법(소법 §122)

비거주자의 국내원천소득에 해당하는 근로소득에 대한 소득세의 과세표준과 세액의 계산에 관하여는 거주자에 대한 소득세의 과세표준과 세액의 계산에 관한 규정을 준용한다. 다만, 「소득세법」 제51조 제3항에 따른 인적공제 중 비거주자 본인 외의 자에 대한 공제와 같은 법 제52조에 따른 특별소득공제, 제59조의 2에 따른 자녀세액공제 및 제59조의 4에 따른 특별세액공제는 하지 아니한다.

예 규

국내사업장이 없는 비거주자의 근로소득에 대한 소득세의 과세표준 및 세액의 계산은 소득세법 제122조의 규정에 의거, 비거주자 본인 외의 인적공제와 특별공제를 제외하고는 거주자의 계산규정을 준용하는 것이므로, 비거주자의 근로소득금액을 계산할 때에는 소득세법 제47조에서 규정하는 근로소득공제를 적용하는 것이며, 세액의 계산시에도 동법 제59조에서 규정하는 근로소득세액공제를 산출세액에서 공제하는 것임(국일 46017-92, 1997.2.6.).

참고

외국인의 연말정산(조특법 §18의2)

외국인근로자는 해당 과세연도 종료일 현재 대한민국의 국적을 가지지 아니한 사람을 의미하므로 거주자인 외국인 근로자와 비거주자인 외국인 근로자를 말한다.

※ 대한민국 국적을 가진 재외국민은 외국인근로자 과세특례 적용대상 아님

내국인이면서 거주자인 근로자 (×)	내국인이면서 비거주자인 근로자 (×)
외국인이면서 거주자인 근로자 (○)	외국인이면서 비거주자인 근로자 (○)

(2) 외국인 근로자에 대한 과세특례

외국인 임원 또는 사용인(일용근로자 제외)이 2021년 12월 31일 이전에 국내에서 최초로 근로를 제공하기 시작하는 경우 국내에서 근무(시행령으로 정하는 외국인 투자기업을 제외한 특수관계기업에 근로를 제공하는 경우는 제외)함으로써 받는 근로소득으로서 국내에서 최초로 근로를 제공한 날부터 5년 이내에 끝나는 과세기간까지 받는 근로소득에 대한 소득세는 「소득세법」 제55조 제1항에도 불구하고 해당 근로소득에 19%를 곱한 금액을 그 세액으로 할 수 있다. 다만, 외국인근로자가 「외국인투자촉진법 시행령」 제20조의 2 제4항 제1호에 따른 지역본부에 근무함으로써 받는 근로소득의 경우에는 2021년 12월 31일 이후 최초로 근로를 제공하기 시작한 경우에도 최초로 근로를 제공하는 날부터 5년 이내에 끝나는 과세기간까지는 적용할 수 있다.

- 이 경우 「소득세법」 및 「조세특례제한법」에 따른 소득세와 관련된 비과세, 공제, 감면 및 세액공제에 관한 규정은 적용하지 아니하며, 해당 근로소득은 「소득세법」 제14조 제2항에 따른 종합소득과세표준에 합산하지 아니한다.

• 외국인근로자에 대한 과세특례를 적용받으려는 외국인근로자는 근로소득세액의 연말정산을 하는 때에 근로소득자 소득·세액공제신고서에 외국인근로자 단일세율적용신청서(조특칙 별지 제8호 서식)를 첨부하여 원천징수의무자·납세조합 또는 납세지 관할 세무서장에게 제출하여야 한다.

※ 외국인 근로자는 단일세율(19%) 적용방식과 내국인 근로자의 연말정산 방법 중 선택 가능

• 원천징수의무자는 외국인근로자에게 매월분의 근로소득을 지급할 때 근로소득 간이세액표에도 불구하고 해당 근로소득에 100분의 19를 곱한 금액을 원천징수할 수 있다.

Q

외국인 근로자가 연말정산 시 단일세율 특례를 신청한 경우 연말정산 결정세액은?
① 총급여액 200,000,000원
② 비과세 소득 5,000,000원

결정세액 : 〈결정세액 계산〉
○ 총급여(연간 근로소득)
= 총급여액 + 비과세소득 = 종합소득 과세표준
= 200,000,000원 + 5,000,000원 = 205,000,000원
○ 결정세액 = 총급여 × 19% = 205,000,000원 × 19% = 38,950,000원
∵ 단일세율 특례 신청시 비과세, 소득공제 및 각종 세액공제를 적용하지 않음.

〈비거주자의 소득공제〉

종합과세하는 비거주자의 소득에 대한 소득세의 과세표준과 세액의 계산에 관하여는 거주자에 대한 소득세의 과세표준과 세액의 계산에 관한 규정을 준용한다. 다만, 인적공제 중 비거주자 본인 외의 자에 대한 공제와 특별소득공제, 자녀세액공제 및 특별세액공제는 하지 아니한다(소법 §52, §122단서).

※ 비거주자 소득공제 가능항목
1. 본인에 대한 기본공제(150만원)
2. 본인에 대한 추가공제(경로우대공제, 장애인공제, 부녀자공제)
3. 연금보험료 공제
4. 우리사주출연금공제

예 규

• 비거주자의 근로소득의 소득공제, 세액공제 여부

비거주자의 근로소득금액을 계산할 때에는 근로소득공제를 적용하는 것이며, 세액의 계산 시에도 근로소득세액공제를 산출세액에서 공제하는 것임(국일 46017-92, 1997.2.6.).

| 내 · 외국인 거주자 · 비거주자의 소득 · 세액공제 비교 |

<table>
<tr><th colspan="2" rowspan="2">구분</th><th colspan="2">내국인</th><th colspan="2">외국인</th><th rowspan="2">근거 또는 참고사항</th></tr>
<tr><th>거주자</th><th>비거주자</th><th>거주자</th><th>비거주자</th></tr>
<tr><td colspan="2">총급여</td><td>국외근로 소득 포함</td><td>국내원천 소득</td><td>국외근로 소득 포함</td><td>국내원천 소득</td><td>소법 §3</td></tr>
<tr><td colspan="2">근로소득공제</td><td>○</td><td>○</td><td>○</td><td>○</td><td></td></tr>
<tr><td rowspan="2">인적 공제</td><td>기본공제(본인, 배우자, 부양가족)</td><td>○</td><td>본인만 가능</td><td>○</td><td>본인만 가능</td><td>소법 §122</td></tr>
<tr><td>추가공제(경로우대, 장애인, 부녀자 등)</td><td>○</td><td>본인만 가능</td><td>○</td><td>본인만 가능</td><td>소법 §122</td></tr>
<tr><td colspan="2">연금보험료 공제</td><td>○</td><td>○</td><td>○</td><td>○</td><td></td></tr>
<tr><td rowspan="2">특별 소득 공제</td><td>국민건강 · 고용보험료</td><td>○</td><td>×</td><td>○</td><td>×</td><td></td></tr>
<tr><td>주택자금공제</td><td>○</td><td>×</td><td>×</td><td>×</td><td>외국인은 ‘세대주’에 해당하지 않음</td></tr>
<tr><td rowspan="8">그 밖의 소득 공제</td><td>연금저축 등 공제</td><td>○</td><td>×</td><td>○</td><td>×</td><td></td></tr>
<tr><td>소기업 · 소상공인 공제부금공제</td><td>○</td><td>×</td><td>○</td><td>×</td><td></td></tr>
<tr><td>주택마련저축공제</td><td>○</td><td>×</td><td>×</td><td>×</td><td>외국인은 ‘세대주’에 해당하지 않음</td></tr>
<tr><td>중소기업창업 투자조합출자공제</td><td>○</td><td>×</td><td>○</td><td>×</td><td></td></tr>
<tr><td>신용카드소득공제</td><td>○</td><td>×</td><td>○</td><td>×</td><td></td></tr>
<tr><td>고용유지중소기업 근로자 소득공제</td><td>○</td><td>×</td><td>○</td><td>×</td><td></td></tr>
<tr><td>장기집합투자증권저축</td><td>○</td><td>×</td><td>○</td><td>×</td><td></td></tr>
<tr><td>우리사주조합출연금 공제</td><td>○</td><td>○</td><td>○</td><td>○</td><td>거주자 제한없이</td></tr>
</table>

구분		내국인		외국인		근거 또는 참고사항
		거주자	비거주자	거주자	비거주자	
						조합원이면 가능
세액공제 등	근로소득세액공제	○	○	○	○	
	자녀세액공제	○	×	○	×	
	특별세액공제 (보험료 · 의료비 교육비 · 기부금)	○	×	○	×	
	월세액 세액공제	○	×	×	×	외국인은 '세대주'에 해당하지 않음
	납세조합세액공제	○	○	○	○	납세조합에 가입하여 원천징수한 경우 적용
	외국납부세액공제	○	×	○	×	
	표준세액공제	○	×	○	×	

4 비거주자등의 국내원천소득에 대한 납세사실 증명

비거주자 등에게 국내원천소득을 지급할 때 관련법령에 따라 원천징수세액을 징수하여 다음달 10일까지 관할 세무서 또는 시 · 군 · 구청에 납부하여야 한다. 반대로 원천징수를 당한 비거주자 등은 상대방의 국가에서 법령에 따라 외국납부세액공제를 신청하여 동 금액을 공제받게 된다. 이를 위하여 비거주자 등에게 국내원천소득에 대한 납세사실 증명을 발급해 주어야 한다. 이를 위하여 관할 세무서 또는 시 · 군 · 구청으로부터 「비거주자등의 국내원천소득에 대한 소득세(법인세)납세사실증명」을 발급하여 전달해준다. 다음의 서식을 작성하여 관할 세무서와 시 · 군 · 구청에 세액을 납부한 영수증사본, 지급명세서 사본, 기타 계약서 등 납부(할)세액을 확인할 수 있는 서류를 함께 제출하고 납세사실증명을 받는다.

■ 국제조세사무처리규정 [별지 제1호 서식] 〈개정 2018.7.6.〉

발급번호 Issuing Number			

비거주자 등의 국내원천소득에 대한 소득세(법인세) 납세사실 증명
Certificate for Non-resident's Tax Payment

지급자 Payer	상호 Name of Company		사업자등록번호 Taxpayer Identification No.	
	소재지(주소) Location(Address)			
	성명 Name of Representative		주민(외국인)등록번호 Resident (Alien) Registration No.	
소득귀속년월 Period for the Payments			지급년월일 Date of Payment	

소득의종류 Type of Income		지급금액 Amount Paid		세율 Tax Rate	

수취인 Recipient	국적 Nationality	
	명칭 Name	
	주소 Address	

원천징수세액
Details of Tax Withheld

구분 Classification	납부할세액 Amount of Tax Due	납부세액 Amount of Tax Paid	미납세액 Amount of Tax Unpaid	납부년월일 Date of Tax Payment
본세 Income(Corporation) Tax				

비거주자 등의 국내원천소득에 대한 납부세액이 위와 같음을 증명하여 주시기 바랍니다.
I hereby request you to certify that the tax amount described above is duly paid by way of tax withholding under the Korean tax laws.

년 월 일

신 청 인 (서명 또는 인)
Applicant Signature or stamp

______ 세 무 서 장 귀 하
To the Director of ______ District Tax Office

개인정보 수집·이용에 대한 동의 (개인정보보호법 제15조, 제24조)

(수집·이용목적) 증명발급, 사후관리 등 (보유·이용기간) 5년
(수집대상 고유식별정보) 주민등록번호, 외국인등록번호, 여권번호 등
□ 고유식별정보 수집에 대해 동의합니다. □ 고유식별정보 수집에 대해 동의하지 않습니다.
(수집대상 개인정보) 성명, 주소지 등
□ 개인정보 수집에 대해 동의합니다. □ 개인정보 수집에 대해 동의하지 않습니다.
납세자 본인(서명 또는 인) : 위임받은 사람(서명 또는 인) :
※ 동의를 거부할 권리가 있으며, 거부할 경우 증명발급 불가능 등 불이익이 따를 수 있습니다.

위 사실을 증명합니다.
The Korean Tax Authority undersigned certifies the above.

년 월 일

______ 세 무 서 장
Director of ______ District Tax Office ______
Official Stamp

첨부서류 : 1. 세액을 납부한 영수증 사본
2. 지급명세서 사본
3. 기타 계약서 등 납부(할)세액을 확인할 수 있는 서류

※ 관할 시군구청에 제출할 경우 작성한다.

비거주자 등의 국내원천소득에 대한 소득세(법인세) 납세사실 증명
Certificate for Non-resident's Tax Payment

<table>
<tr><td rowspan="3">지 급 자
Payer</td><td>상 호
Name of Company</td><td></td><td>사업자등록번호
Taxpayer Identification No.</td><td></td></tr>
<tr><td>소 재 지 (주 소)
Location(Address)</td><td colspan="3"></td></tr>
<tr><td>성 명
Name of Representative</td><td></td><td>주민(외국인)등록번호
Resident (Alien) Registration No.</td><td></td></tr>
<tr><td colspan="2">소 득 귀 속 년 월
Period for the Payments</td><td></td><td>지 급 년 월 일
Date of Payment</td><td></td></tr>
<tr><td>소 득 의 종 류
Type of Income</td><td></td><td>지 급 금 액
Amount Paid</td><td></td><td>세 율
Tax Rate</td></tr>
<tr><td rowspan="3">수 취 인
Recipient</td><td>국 적
Nationality</td><td colspan="3"></td></tr>
<tr><td>명 칭
Name</td><td colspan="3"></td></tr>
<tr><td>주 소
Address</td><td colspan="3"></td></tr>
</table>

<table>
<tr><td colspan="5">원 천 징 수 세 액
Details of Tax Withheld</td></tr>
<tr><td>구 분
Classification</td><td>납부할세액
Amount of Tax Due</td><td>납부세액
Amount of Tax Paid</td><td>미납세액
Amount of Tax Unpaid</td><td>납부년월일
Date of Tax Payment</td></tr>
<tr><td>본 세
Income(Corporation) Tax</td><td></td><td></td><td></td><td></td></tr>
</table>

비거주자 등의 국내원천소득에 대한 납부세액이 위와 같음을 증명하여 주시기 바랍니다.
I hereby request you to certify that the tax amount described above is duly paid by way of tax withholding under the Korean tax laws.

년 월 일

신 청 인 Applicant (서명 또는 인) Signature or stamp

구 청 장 귀 하

To the Director of District Office

개인정보 수집·이용에 대한 동의 (개인정보보호법 제15조, 제24조)

(수집·이용목적) 증명발급, 사후관리 등 (보유·이용기간) 5년
(수집대상 고유식별정보) 주민등록번호, 외국인등록번호, 여권번호 등
☐ 고유식별정보 수집에 대해 동의합니다. ☐ 고유식별정보 수집에 대해 동의하지 않습니다.

(수집대상 개인정보) 성명, 주소지 등
☐ 개인정보 수집에 대해 동의합니다. ☐ 개인정보 수집에 대해 동의하지 않습니다.

납세자 본인(서명 또는 인) : 위임받은 사람(서명 또는 인) :

※ 동의를 거부할 권리가 있으며, 거부할 경우 증명발급 불가능 등 불이익이 따를 수 있습니다.

위 사실을 증명합니다.
The Korean Tax Authority undersigned certifies the above.

년 월 일

구 청 장

Director of District Office

Official Stamp

첨부서류 : 1. 세액을 납부한 영수증 사본
2. 지급명세서 사본
3. 기타 계약서 등 납부(할)세액을 확인할 수 있는 서류

V 비거주자의 부가가치세 이슈

1 비거주자의 사업자등록

최근 우리나라에서도 다양한 외국국적자 또는 비거주자들이 국내에 사업장을 내거나, 공동사업자가 되는 경우가 많아졌다. 비거주자(재외국민, 외국인 등)가 국내에서 사업을 하려고 하는 경우에는 거주자와 마찬가지로 사업자등록을 해야 한다. 이번에는 비거주자의 사업자등록에 대해 알아보자.

비거주자가 우리나라에서 사업을 하는 방법은 크게 (1) 개인으로 사업자등록을 내는 방법과 (2) 법인을 설립하여 사업을 하는 방법으로 나눌 수 있다.

(1) 개인으로 사업자등록을 신청하는 경우

외국인이 직접 사업자등록을 하는 경우에는 한국에서 사업을 할 수 있는 비자가 있어야 한다.

그 중 D-9 비자를 외국인투자촉진법에 따라 취득하려면 최소투자금 3억원이 있는 경우 신청이 가능하다.

※ 비거주자 사업자등록신청시 필요서류

비거주자가 사업자등록신청을 할 경우에 필요한 서류는 다음과 같다.

① 사업자등록신청서 1부 (세무서 비치)

② (사업장을 임차한 경우) 임대차계약서 1부

③ (인허가 필요한 사업일 경우) 허가신청서, 등록신청서 사본과 사업계획서
 - 허가 전에 등록하는 경우 허가(등록)신청서 사본 또는 사업계획서

④ (동업일 경우) 동업계약서

⑤ 여권 또는 외국인 거소등록필증

⑥ 재외국인 입증서류

⑦ (국내에 통상 주재하지 않을 경우) 납세관리인설정신고서

⑧ (금지금 도소매업, 액체기체연료 도소매업, 재사용 재료수집 및 판매업, 과세유흥장소 영위일 경우) 자금출처 명세서

■ 국세기본법 시행규칙 [별지 제43호 서식] 〈개정 2019.3.20.〉

납세관리인 [ ] 설정 [ ] 변경 [ ] 해임 신고서

접수번호	접수일	처리기간

납세자	상호(법인명)		사업자등록번호	
	성명(대표자)		주민등록번호	
	사업장소재지		전화번호	
	주소(본점)		전화번호	
납세관리인	상호(법인명)		사업자등록번호	
	성명(대표자)		주민등록번호	
	사업장소재지		전화번호	
	주소(본점)		전화번호	
변경 전 납세관리인	성명(법인명)		주민등록번호 (사업자등록번호)	
	주소(본점)			
설정(변경 · 해임)이유				
납세관리 세목	[ ] 모든 세목 [ ] 소득세 [ ] 법인세 [ ] 부가가치세 [ ] 상속세 · 증여세 [ ] 그 밖의 세목 (세)			

위와 같이 납세관리인을 설정(변경 · 해임)하였으므로 「국세기본법」 제82조 및 각 세법에 따라 신고합니다.

년 월 일

납세자 (서명 또는 인)

납세관리인 (서명 또는 인)

세무서장 귀하

첨부서류	납세자의 인감증명서 또는 본인서명사실확인서 1부 (설정 · 변경 시에 한정하며, 외국인의 경우에는 첨부하지 않습니다)	수수료 없음

210㎜×297㎜[백상지 80g/㎡(재활용품)]

■ 부가가치세법 시행규칙 [별지 제4호 서식] 〈개정 2020.3.13.〉

홈택스(www.hometax.go.kr)에서도 신청할 수 있습니다.

사업자등록 신청서(개인사업자용)
(법인이 아닌 단체의 고유번호 신청서)

※ 사업자등록의 신청 내용은 영구히 관리되며, 납세 성실도를 검증하는 기초자료로 활용됩니다.
아래 해당 사항을 사실대로 작성하시기 바라며, 신청서에 본인이 자필로 서명해 주시기 바랍니다.
※ [ ]에는 해당되는 곳에 √표를 합니다.

(앞쪽)

접수번호		처리기간	2일(보정기간은 불산입)

1. 인적사항

항목		연락처	
상호(단체명)		연락처	(사업장 전화번호)
			(주소지 전화번호)
성명(대표자)			(휴대전화번호)
주민등록번호			(FAX 번호)
사업장(단체) 소재지	층 호		
사업장이 주소지인 경우 주소지 이전 시 사업장 소재지 자동 정정 신청	([ ]여, [ ]부)		

2. 사업장 현황

업 종	주업태		주종목		주생산 요소		주업종 코드	개업일	종업원 수
	부업태		부종목		부생산 요소		부업종 코드		

사이버몰 명칭		사이버몰 도메인	

사업장 구분	자가 면적	타가 면적	사업장을 빌려준 사람 (임 대 인)			임대차 명세		
			성 명 (법인명)	사업자 등록번호	주민(법인) 등록번호	임대차 계약기간	(전세) 보증금	월 세 (차 임)
	㎡	㎡				. . . ~ . . .	원	원

허 가 등 사업 여부	[ ]신고 [ ]등록 [ ]허가 [ ]해당 없음	주류면허	면허번호	면허신청
				[ ]여 [ ]부

개별소비세 해 당 여 부	[ ]제조 [ ]판매 [ ]입장 [ ]유흥	사업자 단위 과세 적용 신고 여부	[ ]여 [ ]부
사업자금 명세 (전세보증금 포함)	자기자금 원	타인자금	원
간이과세 적용 신고 여부	[ ]여 [ ]부	간이과세 포기 신고 여부	[ ]여 [ ]부
전자우편주소		국세청이 제공하는 국세정보 수신동의	[ ]문자(SMS) 수신에 동의함(선택) [ ]전자우편 수신에 동의함(선택)

그 밖의 신청사항	확정일자 신청 여부	공동사업자 신청 여부	사업장소 외 송달장소 신청 여부	양도자의 사업자등록번호 (사업양수의 경우에만 해당함)
	[ ]여 [ ]부	[ ]여 [ ]부	[ ]여 [ ]부	

210mm×297mm[백상지(80g/㎡) 또는 중질지(80g/㎡)]

(뒤쪽)

3. 사업자등록 신청 및 사업 시 유의사항 (아래 사항을 반드시 읽고 확인하시기 바랍니다)

가. 다른 사람에게 사업자명의를 빌려주는 경우 사업과 관련된 각종 세금이 명의를 빌려준 사람에게 나오게 되어 다음과 같은 불이익이 있을 수 있습니다.
  1) 조세의 회피 및 강제집행의 면탈을 목적으로 자신의 성명을 사용하여 타인에게 사업자등록을 할 것을 허락하거나 자신 명의의 사업자등록을 타인이 이용하여 사업을 영위하도록 한 자는 「조세범 처벌법」 제11조 제2항에 따라 1년 이하의 징역 또는 1천만원 이하의 벌금에 처해집니다.
  2) 소득이 늘어나 국민연금과 건강보험료를 더 낼 수 있습니다.
  3) 명의를 빌려간 사람이 세금을 못 내게 되면 체납자가 되어 소유재산의 압류 · 공매처분, 체납명세의 금융회사 등 통보, 출국규제 등의 불이익을 받을 수 있습니다.

나. 다른 사람의 명의로 사업자등록을 하고 실제 사업을 하는 것으로 확인되는 경우 다음과 같은 불이익이 있을 수 있습니다.
  1) 조세의 회피 또는 강제집행의 면탈을 목적으로 타인의 성명을 사용하여 사업자등록을 하거나 타인 명의의 사업자등록을 이용하여 사업을 영위한 자는 「조세범 처벌법」 제11조 제1항에 따라 2년 이하의 징역 또는 2천만원 이하의 벌금에 처해집니다.
  2) 「부가가치세법」 제60조 제1항 제2호에 따라 사업 개시일부터 실제 사업을 하는 것으로 확인되는 날의 직전일까지의 공급가액 합계액의 1%에 해당하는 금액을 납부세액에 더하여 납부해야 합니다.
  3) 「주민등록법」 제37조 제10호에 따라 다른 사람의 주민등록번호를 부정하게 사용한 자는 3년 이하의 징역 또는 3천만원 이하의 벌금에 처해집니다.

다. 귀하가 재화 또는 용역을 공급하지 않거나 공급받지 않고 세금계산서 또는 계산서를 발급하거나 발급받은 경우 또는 이와 같은 행위를 알선 · 중개한 경우에는 「조세범 처벌법」 제10조 제3항 또는 제4항에 따라 3년 이하의 징역 또는 공급가액에 부가가치세의 세율을 적용하여 계산한 세액의 3배 이하에 상당하는 벌금에 처해집니다.

라. 신용카드 가맹 및 이용은 반드시 사업자 본인 명의로 해야 하며 사업상 결제목적 외의 용도로 신용카드를 이용할 경우 「여신전문금융업법」 제70조 제3항 제2호부터 제6호까지의 규정에 따라 3년 이하의 징역 또는 2천만원 이하의 벌금에 처해집니다.

창업자 멘토링 서비스	신청 여부	[ ]여 [ ]부

※ 세무대리인을 선임하지 못한 경우 신청 가능하며, 서비스 제공 요건을 충족하지 못한 경우 서비스가 제공되지 않을 수 있음

대리인이 사업자등록신청을 하는 경우에는 아래의 **위임장을 작성하시기 바랍니다.**

위 임 장	본인은 사업자등록 신청과 관련한 모든 사항을 아래의 대리인에게 위임합니다. 본 인: (서명 또는 인)		
대리인 인적사항	성명	주민등록번호	전화번호	신청인과의 관계

위에서 작성한 내용과 실제 사업자 및 사업내용 등이 일치함을 확인하며, 「부가가치세법」 제8조 제1항 · 제3항, 제61조 제3항, 같은 법 시행령 제11조 제1항 · 제2항, 제109조 제4항, 같은 법 시행규칙 제9조 제1항 · 제2항 및 「가건물 임대차보호법」 제5조 제2항에 따라 사업자등록 ([ ]일반과세자[ ]간이과세자[ ]면세사업자[ ]그 밖의 단체) 및 확정일자를 신청합니다.

년 월 일

신청인: (서명 또는 인)

위 대리인: (서명 또는 인)

세무서장 귀하

신고인 제출서류	1. 사업허가증 사본, 사업등록증 사본 또는 신고확인증 사본 중 1부(법령에 따라 허가를 받거나 등록 또는 신고를 해야 하는 사업의 경우에만 제출합니다) 2. 임대차계약서 사본 1부(사업장을 임차한 경우에만 제출합니다) 3. 「상가건물 임대차보호법」이 적용되는 상가건물의 일부분을 임차한 경우에는 해당 부분의 도면 1부 4. 자금출처명세서 1부(금지금 도매 · 소매업, 과세유흥장소에서의 영업, 액체연료 및 관련제품 도매업, 기체연료 및 관련제품 도매업, 차량용 주유소 운영업, 차량용 가스 충전업, 가정용 액체연료 소매업, 가정용 가스연료 소매업, 재생용 재료 수집 및 판매업을 하려는 경우에만 제출합니다)	수수료 없음

유의사항

사업자등록을 신청할 때 다음 각 호의 사유에 해당하는 경우에는 붙임의 서식 부표에 추가로 적습니다.
1. 공동사업자가 있는 경우
2. 사업장 외의 장소에서 서류를 송달받으려는 경우
3. 사업자 단위 과세 적용을 신청하려는 경우(2010년 이후부터 적용)

210mm×297mm[백상지(80g/㎡) 또는 중질지(80g/㎡)]

■ 부가가치세법 시행규칙 [별지 제6호 서식] 〈개정 2015.3.6.〉

자금출처명세서

접수번호	접수일	처리기간 즉시

1. 사업자 인적사항

성명(법인명)	주민등록번호
주소 또는 거소	전화번호

2. 소요 자금 명세 (천원)

합계	임대보증금 (전세금포함)	권리금	시설비	기타

* 그 밖의 명세:

3. 자금 출처 명세 (천원)

합계	자기자금						타인자금		
	계	예금 등	부동산 매각대금	동산 등 매각대금	수증	기타	계	금융기관	타인자금

* 그 밖의 자금 출처:

4. 타인자금 세부 내역 (천원, %)

□ 금융기관

연번	은행명	계좌번호	차입금액	차입일	만기일	이자율
1						
2						

□ 타인자금

연번	대여자		차입금액	차입일	만기일	이자율	관계
	성명(상호)	주민등록번호 (사업자등록번호)					
1							
2							

「부가가치세법 시행령」 제11조 제3항에 따라 자금출처명세서를 제출합니다.

년 월 일

제출자 (서명 또는 인)

세무서장 귀하

신청인(대표자) 제출서류	1. 소요 자금을 확인할 수 있는 세금계산서, 계약서, 사업계획서 등 증명서류 2. 금융기관 차입자금은 해당 금융기관이 발행한 증명서 3. 타인자금은 채권자가 확인되는 차용증서 사본 4. 예금·적금은 통장 사본과 그 예금·적금의 자금원천이 확인되는 서류 5. 부동산 매각대금은 부동산소재지·수량 및 금액이 표시된 매매계약서 사본 6. 동산 등 매각대금은 매수자의 주소, 성명, 주민등록번호가 적힌 매매계약서 사본 또는 매수자 확인서 7. 수증은 증여자의 주소, 성명, 주민등록번호를 적은 확인서 8. 기타는 자금원천이 확인되는 서류	수수료 없음

210mm×297mm[백상지 80g/㎡(재활용품)]

주민등록번호가 없을 경우에는 어떻게 하나요?

A

주민등록이 되어 있지 않은 재외국민 등이 사업자등록을 신청하는 경우에는 주민등록번호에 갈음하여 국외공관장이 확인하는 재외국민등록번호를 기재하시면 됩니다.

(2) 법인으로 사업자등록을 신청하는 경우

법인설립의 경우에는 국내법에 따라 외국인이 투자를 하여 설립한 내국법인이므로 내국인이 설립한 법인과 세금적으로 동일하다. 다만, 외국자본이 국내로 유입되어 외국인투자촉진법에 따른 세제혜택을 받을 수 있다. 외국의 자본이 유입되는 경우에는 법인을 설립하기 전에 외국인투자신고를 해야 한다. 외국인투자기업으로 등록하기 위해서는 최소 투자금액이 1억원 이상이어야 하며 D-8비자의 신청자격이 부여된다.

2 국외사업자로부터 국내에서 공급받은 용역 등에 대한 대리납부

(1) 의의

비거주자나 외국법인으로부터 국내에서 용역이나 권리를 공급받고 그 대가를 지불하는 면세사업자 또는 비사업자는 그 용역이 국내에서 제공되는 용역이므로 부가가치세가 과세되어야 한다. 그러나 현실상 국외사업자에게 부가가치세를 과세하기 어려우며, 용역이나 권리는 세관을 거치지 않기 때문에 세관장에게 징수의무를 지울 수도 없다. 따라서 국외사업자를 대리하여 국내에서 공급받는 자가 용역의 대가를 지급하는 때에 공급받는 자가 공급자를 내신하여 부가가치세를 징수하여 납부하는 제도를 대리납부라 한다(부법 §52, 부령 §95).

이러한 부가가치세 대리납부제도는 소비지국과세원칙을 구현하기 위한 제도이며, 국내사업자와 마찬가지로 국내에서 공급받는 용역에 대하여 국내사업자와의 형평성을 도모한다.

한편 공급받는 자가 과세사업자의 경우에는 대리납부를 하게 되면 대리납부를 함과 동시에 매입세액공제를 받기 때문에 과세관청에서는 아무런 실익도 없이 납세의무자와 과세관청의 업무량만 증가시키므로 과세사업자는 대리납부를 하지 않는다. 다만, 매입세액불공제되는 용역·권리를 공급받는 경우에는 대리납부를 해야 한다.

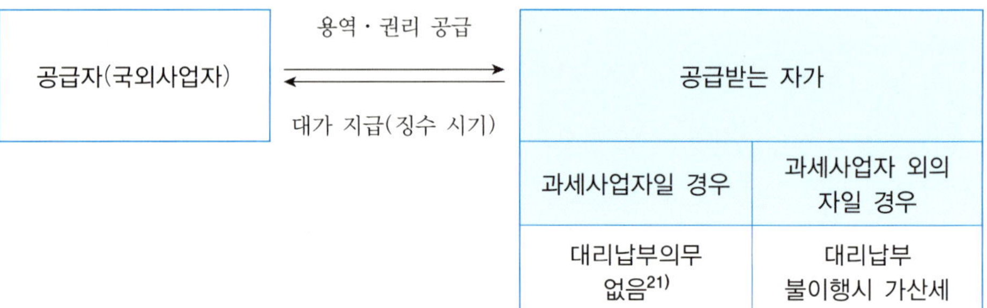

(2) 대리납부의 적용요건

구분	내용
대리납부 대상 용역	① 국내에서 부가가치세 과세대상인 용역 또는 권리 → 부가가치세 면세 용역은 대리납부 대상이 아님. ② 국내에 반입하는 것으로서 관세와 함께 부가가치세를 신고·납부하여야 하는 재화의 수입에 해당하지 않는 경우 → 관세와 함께 부가가치세를 신고·납부해야 하는 권리의 수입은 대리납부대상이 아님. 비거주자 또는 외국법인의 재화, 시설물 또는 권리를 우리나라에서 사용하고 그 대가를 지급하는 자는 당해 용역이 부가가치세 과세 대상으로서, 국내에서 면세사업과 부가가치세 과세사업자가 아닌 비사업자가 사용하는 용역인 경우에 부가가치세를 대리납부하여야 함.
공급자	① 국내사업장이 없는 비거주자 또는 외국법인이 제공하는 용역 ② 국내사업장이 있는 비거주자 또는 외국법인이 제공하는 다음 어느 하나의 용역 ⓐ 비거주자 또는 외국법인의 국내사업장과 관련없이 용역 등을 공급하는 경우로서 해당 용역 등의 제공이 국내사업장과 실질적으로 관련없거나 귀속되지 아니하는 경우 ⓑ 국내사업장에 귀속되지 않는 경우
공급받는 자 (대리납부의무자)	① 부가가치세 면세사업자, 부가가치세법상 사업자가 아닌 경우(비영리 법인, 학교법인, 의료법인 등) ② 부가가치세 과세대상이라 하더라도 매입세액 불공제 대상인 경우

21) 다만, 매입세액불공제되는 용역·권리를 공급받는 경우에는 대리납부하여야 한다.

22) 비거주자 또는 외국법인으로부터 공급받은 용역등이 과세사업과 면세사업등에 공통으로 사용되어 그 실지 귀속을 구분할 수 없는 경우 :

$$\text{과세 표준} = \text{해당 용역 등의 총공급가액} \times \frac{\text{대가의 지급일이 속하는 과세기간의 면세공급가액}}{\text{대가의 지급일이 속하는 과세기간의 총공급가액}}$$

구분	내용
과세표준의 계산	① 원화로 외화를 매입하여 지급시 : 지급일 현재 대고객외국환 매도율 ② 보유중인 외화로 지급하는 경우 : 지급일 현재의 기준환율 또는 재정환율 ③ 거래당사자간에 부가가치세에 대하여 별도의 계약이 있는 경우 : 당해 계약 ④ 별도의 계약이 없이 용역대가의 전액을 지급하는 경우 : 당해 용역의 대가에 부가가치세가 제외되어 있는 것으로 봄(부가가치세 별도로 간주). ⑤ 별도의 계약이 없이 용역대가에서 부가가치세를 공제하여 지급하는 경우 : 당해 용역의 대가에 부가가치세가 포함되어 있는 것으로 봄(통칙 34-85-3).
대리납부세액	용역 등의 공급가액[22]의 10%
징수시기	대가를 지급하는 때마다 징수(용역제공완료일이 아님)

예 규

- **해외투자자문사에 투자자문수수료 지급시 대리납부 의무 여부**

국내에 사업장이 없는 외국법인으로부터 당해 외국법인이 국외에서 수행한 용역의 결과물을 공급받아 동 결과물을 국내에서 사용하는 자(공급받은 당해 용역을 과세사업에 공하는 경우를 제외)는 그 대가를 지급하는 때에 부가가치세를 징수함(부가-979, 2016.5.12.).

- **부가가치세 대리납부 의무 여부**

해외에 지점을 가지고 있는 국내법인의 본점에서 국외 소재지점으로부터 본점의 업무수행 등에 필요한 용역을 제공받고 그 대가를 지급하는 경우에는 「부가가치세법」 제52조에 따른 대리납부 의무가 없는 것임(부가-840, 2016.4.27.).

- **외국 거주 한국인에게 지급하는 번역료의 부가가치세 면제 여부**

번역료는 물적 시설 없이 근로자를 고용하지 아니하고 독립된 자격으로 용역을 제공하고 그 대가로서 받는 경우 부가가치세가 면제되는 것으로서, 그 번역료의 지급대상이 비거주자인 경우도 면세대상에 해당하여 부가가치세 대리납부의무가 없는 것임(서면부가 2018-1651, 2018.6.12.).

- **국내사업장이 없는 비거주자 또는 외국법인으로부터 용역을 공급받는 경우 부가가치세 대리납부여부 회신**

1. 인적・물적설비를 갖추지 않고 독립된 자격으로 용역을 제공하는 비거주자로부터 용역을 제공받고 그 대가를 지급하는 경우에는 부가가치세 대리납부의무 없음.
2. 외국어교육기관이 외국법인으로부터 용역을 제공받은 경우 대리납부 해당함(서면법령해석부가 2014-19760, 2015.4.21.).

- **국내사업장이 없는 외국법인으로부터 공급받는 용역의 부가가치세 대리납부 적용 여부**

  국내사업장이 없는 외국법인으로부터 해외 투자대상 업종 및 관련 기업에 대한 동향 분석 등의 자문용역을 제공받고 그 대가를 지급하는 경우로서 사업자는 공급받은 자문용역을 참고하여 대상을 선정하고 해당 기업에 투자할 것인지 여부에 대한 최종 의사결정을 국내에서 하는 경우에는 대리납부대상에 해당하는 것임(사전법령해석부가 2019-569, 2019.10.21.).

- **국외에서 제공받은 용역의 대리납부 여부**

  수출업자가 재화를 국외대리점을 통하여 판매하고 국외대리점에 지급하여야 할 수수료 일부를 국내에 출장 온 국외대리점 종사직원에게 원화로 지급하는 경우 대리납부의무 없음(부가 1265-2506, 1982.9.23., 1265-1121, 1983.6.11.).

- **외국법인에게 지급하는 저작권 사용료의 대리납부**

  국내 비영리종교법인이 외국의 비영리종교법인과 성서보조서의 저작권 사용계약을 맺고 그 사용에 대한 대가를 지급할 경우 대리납부를 하여야 하는 것임(부가 22601-1731, 1992.11.18.).

- **국내사업장이 없는 외국법인의 온라인 영어 교육프로그램을 국내에서 사용하고 그 사용대가를 외국법인에 송금하는 경우 대리납부의무가 있음**

  고등교육법 제2조 및 교육과학기술부 인가에 근거하여 설립한 사이버대학이 재학생 영어교육을 위하여 국내사업장이 없는 외국법인과 온라인 영어 교육프로그램 사용권계약을 체결하여 온라인 강의 및 영어회화 지도를 수강하는 교육과정(고등교육법 제21조 및 같은 법 시행령 제13조에 따라 외국 또는 외국이 공인하는 평가인정기구의 평가인정을 받은 외국대학과 공동으로 운영하는 교육과정을 제외한다)을 개설하고, 재학생들로 하여금 인터넷 서버에 접속하여 온라인 강의 및 화상영어지도를 수강하게 하고 그 사용대가를 외국법인에 송금하는 경우 그 송금하는 금액에 대하여는 부가가치세를 징수하여 대리납부하여야 하는 것임(부가-1402, 2010.10.21.).

■ 부가가치세법 시행규칙 [별지 제37호 서식]

부가가치세 대리납부신고서

※ 아래의 작성방법을 읽고 작성하시기 바랍니다.

접수번호	접수일	처리기간 즉시

1. 신고인 인적사항

① 상호(법인명)	② 사업자등록번호
③ 성명(대표자)	④ 사업장 소재지
⑤ 업태	⑥ 종목

2. 대리납부 신고 내용

용역 등 공급자		⑨ 대가지급 연월일	⑩ 공급 받은 금액	⑪ 부가 가치세	⑫ 가산세	⑬ 납부할 세 액
⑦ 성명(법인명)	⑧ 주소					

「부가가치세법 시행령」 제95조 제1항에 따라 위와 같이 부가가치세 대리납부를 신고합니다.

년 월 일

신고인 (서명 또는 인)

세 무 서 장 귀하

첨부서류	없음	수수료 없 음

작 성 방 법

이 신고서는 아래의 작성방법에 따라 한글과 영문, 아라비아 숫자로 정확하게 적고, 거래금액은 원단위까지 표시합니다.

1. 사업자기본사항

① ~ ⑥: 대리납부신고서를 제출하는 사업자의 인적사항을 적습니다.

2. 대리납부 신고 내용

⑦: 용역 등 공급자의 성명 또는 법인명을 적습니다.

⑧: 용역 등 공급자의 정확한 주소를 적습니다.

⑨: 용역 등 대가 지급일(외화송금일)을 적습니다.

⑩: 용역 등 대가 지급액을 원화로 적습니다. 다만, 원화를 외화로 매입하여 지급하는 경우에는 지급일 현재의 대고객 외국환매도율에 의하여 계산한 금액으로 하고, 보유 중인 외화로 지급하는 경우에는 지급일 현재의 기준환율 또는 재정환율에 의하여 계산한 금액으로 적습니다.

⑪: 대리납부하는 부가가치세액을 적습니다.

⑫: 「국세기본법」 제47조의 5에 따른 가산세가 적용되는 경우 가산세를 적습니다.

⑬: 대리납부하는 부가가치세액과 가산세를 더한 금액을 적습니다.

210㎜×297㎜[백상지 80g/㎡(재활용품)]

3 국외사업자의 용역 등 공급에 대한 특례

(1) 의의

국외사업자[23]가 부가가치세법 제8조(사업자등록)에 따른 사업자등록의 대상으로서 다음의 어느 하나에 해당하는 자(이하 "위탁매매인등"이라 함)를 통하여 국내에서 용역등을 공급하는 경우에는 해당 **위탁매매인등이 해당 용역등을 공급한 것으로 본다**(부법 §53①).

① 위탁매매인

② 준위탁매매인

③ 대리인

④ 중개인(구매자로부터 거래대금을 수취하여 판매자에게 지급하는 경우에 한정한다)

위 국외사업자로부터 권리를 공급받는 경우에는 부가가치세법 제19조 제1항(공급장소)에도 불구하고 공급받는 자의 국내에 있는 사업장의 소재지 또는 주소지를 해당 권리가 공급되는 장소로 본다.

(2) 취지

본래 부가가치세법에서 위탁매매는 위탁자가 직접 재화를 공급하는 것으로 본다. 그러나 위탁자가 국외사업자인 경우에는 부가가치세 신고·납부의무를 지우기 어렵고, 위탁매매 또는 대리인에 의한 매매를 통하여 용역을 공급받는 자에게 대리납부의 이행을 기대하기도 어렵다. 따라서 부가가치세법 규정에 대한 예외규정으로서 중간의 수탁자를 공급자로 보아 부가가치세 신고·납부의무를 지우는 국외사업자의 용역 등의 공급에 대한 대리납부제도를 보완한 제도이다.

23) 다음 중 어느 하나에 해당하는 비거주자 또는 외국법인을 말한다.
① 국내사업장이 없는 비거주자 또는 외국법인
② 국내사업장이 있는 비거주자 또는 외국법인(비거주자 또는 외국법인의 국내사업장과 관련 없이 용역 등을 공급하는 경우로서 해당 용역 등의 제공이 국내사업장과 실질적으로 관련되지 않거나 국내사업장에 귀속되지 않는 경우에만 해당함)

4 전자적 용역을 공급하는 국외사업자에 대한 특례

(1) 개요

국외의 스마트폰 앱 등의 개발자가 애플리케이션, 영화, 음악 등과 같은 전자적용역을 국내에 공급할 때에도 부가가치세를 납부할 수 있도록 하고 있다. 국외의 개발자는 국외에서 직접 국내의 소비자에게 공급할 수도 있고, 구글(구글플레이), 애플(앱스토어), SKT(앱스토어) 등과 같은 오픈마켓을 통하여 공급할 수도 있다. 이 경우에 해외개발자 또는 해외오픈마켓 사업자가 간편하게 사업자 등록을 하여 부가가치세를 납부할 수 있다.

종전의 부가가치세는 해외개발자가 해외의 오픈마켓(앱스토어, 구글플레이 등)을 통해 국내 사용자에게 공급하거나, 해외개발자가 직접 국내사용자에게 공급하는 전자적용역에 대하여는 과세를 하지 않았다. 그러나 국내개발자가 국내사용자에게 공급하거나, 해외개발자가 국내의 오픈마켓(SKT, KT)을 통해 국내사용자에게 공급하는 전자적용역에 대하여는 과세를 하였다. 이는 전자적용역이 사용 · 소비되는 곳이 국내임에도 소비지국과세원칙이 구현되지 못해 과세형평성에 어긋났다. 이를 바로 잡기 위하여 2015년 7월 1일부터 해외개발자 또는 해외오픈마켓사업자도 국내의 '간편사업자등록'을 통하여 부가가치세를 납부할 수 있도록 하였다.

(2) 용역 공급에 관한 특례

1) 국외사업자가 직접 공급한 경우

국외사업자가 국내에 전자적 용역을 공급하는 경우(부가가치세법 · 법인세법 · 소득세법에 따라 사업자등록을 한 자의 과세사업 또는 면세사업에 대하여 용역을 공급하는 경우는 제외함)에는 국내에서 해당 전자적 용역이 공급된 것으로 본다.

국외사업자가 국내에 공급하는 전자적 용역도 국내에서 사용 · 소비되므로 소비지국과세원칙에 따라 우리나라의 부가가치세가 과세된다.

"전자적 용역"이란 정보통신망 이용촉진 및 정보보호 등에 관한 법률 제2조 제1항 제1호에 따른 정보통신망을 이용하여 공급받는 것으로서 이동통신단말장치(예 스마트폰) 또는 컴퓨터 등에 저장되어 구동되거나, 저장되지 아니하고 실시간으로 사용할 수 있는 다음의 어느 하나를 말한다.

① 이동통신단말장치 또는 컴퓨터 등에 저장되어 구동되거나, 저장되지 아니하고 실시간

으로 사용할 수 있는 다음 중 어느 하나

ⓐ 게임·음성·동영상 파일, 전자 문서 또는 소프트웨어와 같은 저작물 등으로서 광(光) 또는 전자적 방식으로 처리하여 부호·문자·음성·음향 및 영상 등의 형태로 제작 또는 가공된 것

ⓑ ⓐ에 따른 전자적 용역을 개선시키는 것

② 광고를 게재하는 용역

③ 클라우드컴퓨팅서비스

④ 재화 또는 용역을 중개하는 용역으로서 다음 중 어느 하나를 말한다. 다만, 재화 또는 용역의 공급에 대한 대가에 중개용역의 대가가 포함되어 납세의무자가 부가가치세를 신고하고 납부하는 경우는 제외한다.

ⓐ 국내에서 물품 또는 장소 등을 대여하거나 사용·소비할 수 있도록 중개하는 것

ⓑ 국내에서 재화 또는 용역을 공급하거나 공급받을 수 있도록 중개하는 것

⑤ 그 밖에 위 ①~④와 유사한 용역으로서 대통령령으로 정하는 용역

2) 국외사업자가 해외오픈마켓 등을 통해 공급한 경우

국외사업자가 해외오픈마켓사업자 등을 통하여 국내에 전자적 용역을 공급하는 경우(국외사업자의 용역 등 공급 특례에 관한 규정이 적용되는 경우는 제외함)에는 해외오픈마켓사업자 등이 해당 전자적 용역을 국내에서 공급한 것으로 본다.

"해외오픈마켓사업자 등"이란 다음 중 어느 하나에 해당하는 제3자(위 국외사업자의 비거주자 또는 외국법인을 포함함)를 말한다.

① 정보통신망 등을 이용하여 전자적 용역의 거래가 가능하도록 오픈마켓이나 그와 유사한 것을 운영하고 관련 서비스를 제공하는 자

② 전자적 용역의 거래에서 중개에 관한 행위 등을 하는 자로서 구매자로부터 거래대금을 수취하여 판매자에게 지급하는 자

③ 그 밖에 ① 및 ②와 유사하게 전자적 용역의 거래에 관여하는 자로서 대통령령으로 정하는 자

(3) 간편 사업자등록

① 국내에 전자적 용역을 공급하는 자(위 국외사업자의 비거주자 또는 외국법인으로 한정함)는 국세정보통신망에 접속하여 다음의 사항을 입력하는 방식으로 국세청장에게

간편사업자등록을 하여야 한다. 이 경우 그 사업의 개시일부터 20일 이내에 대통령령으로 정하는 방법으로 간편사업자등록을 신청하여야 한다.

ⓐ 사업자 및 대표자의 이름과 전화번호, 우편주소, 이메일 주소 및 웹사이트 주소 등의 연락처. 이 경우 법인인 사업자가 법인 이름과 다른 이름으로 거래하는 경우 거래이름을 포함한다.

ⓑ 등록국가 · 주소 및 등록번호 등 용역을 제공하는 사업장이 소재하는 국외 사업자 등록 관련 정보

ⓒ 제공하는 전자적 용역의 종류, 국내에 전자적 용역을 공급하는 사업개시일 및 그 밖에 간편사업자등록을 위하여 필요한 사항으로서 다음의 사항

i) 납세관리인이 있는 경우 납세관리인의 성명, 주민등록번호 또는 사업자등록번호, 주소 또는 거소 및 전화번호

ii) 부가가치세 환급금을 지급받기 위하여 금융회사 또는 체신관서에 계좌를 개설한 경우 그 계좌번호

② 국세청장은 간편사업자등록을 한 자에 대하여 간편사업자등록번호를 부여하고, 사업자(납세관리인이 있는 경우 납세관리인을 포함함)에게 통지(정보통신망을 이용한 통지를 포함함)하여야 한다.

(4) 신고 · 납부 등에 관한 특례

① 간편사업자등록을 한 자는 국세정보통신망에 접속하여 다음의 사항을 입력하는 방식으로 부가가치세 예정신고 및 확정신고를 하여야 한다.

ⓐ 사업자이름 및 간편사업자등록번호

ⓑ 신고기간 동안 국내에 공급한 전자적 용역의 총 공급가액, 공제받을 세액 및 납부할 세액

ⓒ 그 밖에 필요한 사항으로서 기획재정부령으로 정하는 것

② 납부는 국세청장이 정하는 바에 따라 외국환은행의 계좌에 납입하는 방식으로 한다.

③ 간편사업자등록자가 국내에 공급한 전자적 용역의 대가를 외국통화나 그 밖의 외국환으로 받은 경우에는 과세기간 종료일(예정신고 · 납부에 대해서는 예정신고기간 종료일)의 기준환율을 적용하여 환가한 금액을 과세표준으로 할 수 있다. 이 경우 국세청장은 정보통신망을 이용하여 통지하거나 국세정보통신망에 고시하는 방법 등으로 사업자(납세관리인이 있는 경우 납세관리인을 포함함)에게 기준환율을 알려야 한다.

④ 간편사업자등록을 한 자는 해당 전자적 용역의 공급과 관련하여 부가가치세법(제38

조 및 제39조)에 따라 공제되는 매입세액 외에는 매출세액 또는 납부세액에서 공제하지 않는다.

(5) 공급시기 및 납세지

① '(2) 용역 공급에 관한 특례'의 규정에 따라 국내로 공급되는 전자적 용역의 공급시기는 다음 시기 중 빠른 때로 한다.

ⓐ 구매자가 공급하는 자로부터 전자적 용역을 제공받은 때

ⓑ 구매자가 전자적 용역을 구매하기 위하여 대금의 결제를 완료한 때

② 간편사업자등록을 한 사업자의 납세지는 사업자의 신고·납부의 효율과 편의를 고려하여 국세청장이 지정한다.

예 규

• 수수료를 차감한 금액을 비거주자 등에게 송금하는 경우

비거주자 또는 외국법인이 애플리케이션 등 부가가치세법 제53조 제1항에 따른 용역을 전자상거래 등에서의 소비자보호에 관한 법률 제2조에 따른 통신판매업자인 통신판매중개자(이하 '앱스토어 운영사업자'라 함)가 운영하는 오픈마켓을 통해 국내 구매고객에게 공급하고, 앱스토어 운영사업자가 그 구매대금을 송금받아 수수료를 차감한 금액을 비거주자 또는 외국법인에게 송금하는 경우 「부가가치세법」 제53조에 따라 앱스토어 운영사업자가 해당 용역을 공급한 것으로 보는 것임(재부가-207, 2016.4.5.).

• 국외에서 시험성적을 제공하는 용역

국내사업장이 없는 외국법인이 국내의 시험응시자에게 인터넷을 통하여 시험문제를 전송하여 외국어능력시험을 치르게 하고 국외에서 해당 법인의 소속 직원이 채점(marking)과 점수를 산정하여(scoring) 시험응시자에게 시험성적을 제공하는 용역은 「부가가치세법」 제53조의 2 제1항에 따른 전자적 용역에 해당하지 아니하는 것임(재부가-374, 2017.7.25.).

Ⅵ 비거주자의 4대보험 이슈

1 외국인 근로자

"외국인근로자"란 대한민국의 국적을 가지지 않은 자[24]로서 대한민국에 소재하고 있는 사업 또는 사업장에서 임금을 목적으로 근로를 제공하고 있거나 제공하려는 자를 말한다(외국인근로자고용법 §2). 외국인근로자란 고용당시 국내거주 여부에 관계없이 모든 외국인 근로자를 의미하는 것이다(소득세제과-10, 2005.1.14.). 「출입국관리법」에 따라 취업활동을 할 수 있는 체류자격을 받은 외국인근로자도 내국인근로자와 동일하게 4대 사회보험의 적용을 받을 수 있다.

TIP

재외국민, 외국국적동포, 외국인의 구분[25]

1. 정의

구분		내용
재외동포	재외국민	대한민국의 국민으로서 외국의 영주권을 취득한 자 또는 영주할 목적으로 외국에 거주하고 있는 자(국내에 거소신고를 한 자로서, 외국의 시민권이 없는 자)(재외동포의 출입국과 법적 지위에 관한 법률 제2조 제1호, 동법 시행령 제2조) ① 외국의 영주권을 취득한 자 : 거주국으로부터 영주권 또는 이에 준하는 거주목적의 장기체류자격을 취득한 자 ② 영주할 목적으로 외국에 거주하고 있는 자 : 「해외이주법」 제2조의 규정에 의한 해외이주자로서 거주국으로부터 영주권을 취득하지 아니한 자
	외국국적동포	대한민국의 국적을 보유하였던 자(대한민국정부수립 이전에 국외로 이주한 동포를 포함한다) 또는 그 직계비속으로서 외국국적을 취득한 자(재외동포의 출입국과 법적 지위에 관한 법률 제2조 제1호, 동법 시행령 제3조)
외국인		대한민국의 국적을 가지지 아니한 자(출입국관리법 제2조 제2호) 외국인 등록을 한 자 또는 국내거소신고를 한 외국국적동포

24) 대한민국의 국민으로서 외국의 영주권을 취득한 자 또는 영주할 목적으로 외국에 거주하고 있는 자인 "재외국민"은 외국인근로자가 아님(재외동포의 출입국과 법적지위에 관한 법률 제2조 제1호).

2. 입증서류

구분		관련서류	발급처
외국인	90일 이하 체류	여권사본	해당국가
	위 이외	외국인등록증 사본	출입국관리사무소
재외국민		재외국민등록증 사본	재외공관
외국국적동포		외국인등록증 또는 거소신고증 사본	출입국관리사무소

(1) 국민연금

1) 외국인근로자 국민연금 사업장 가입

국민연금 당연적용사업장에 종사하는 18세 이상 60세 미만의 외국인사용자 및 외국인근로자는 내국인과 동일하게 당연가입대상이다. 다만, 다음의 어느 하나에 해당하는 외국인근로자의 경우에는 국민연금 사업장가입대상에서 제외한다.

① 다른 법령 또는 조약(협약)에서 「국민연금법」 적용을 배제한 자
예) 외교관, 영사기관원과 그 가족

② 해당 외국인의 본국법이 「국민연금법」에 의한 "국민연금에 상응하는 연금[26)]"에 관하여 대한민국 국민에게 적용되지 않는 경우

③ 체류기간 연장허가를 받지 않고 체류하는 자

④ 외국인등록을 하지 아니하거나 강제퇴거 명령서가 발급된 자

⑤ 체류자격이 문화예술(D-1), 유학(D-2), 산업연수(D-3), 일반연수(D-4), 종교(D-6), 방문동거(F-1), 동반(F-3), 기타(G-1)인 자

⑥ 사회보장협정에 따라 외국인근로자가 본국의 가입증명서를 제출한 경우

※ 사회보장협정의 우선적 효력

대한민국이 외국과 사회보장협정을 체결한 경우에는 「국민연금법」의 규정에도 불구하고 국민연금 가입 등에 관하여 당해 사회보장협정이 정하는 바에 의함.

25) 서울출입국관리사무소(www.immigration.go.kr)
26) "국민연금에 상응하는 연금"이란 사회경제적 위험분담형태의 소득보장제도를 말함.

2) 외국 연금제도 가입국가(2020.10월말 기준. 현재 133개국)

구분	국가
사업장·지역 당연적용국 (76개국)	가이아나, 카보베르데(까뽀베르데), 그리스, 네덜란드, 노르웨이, 뉴질랜드, 도미니카(연방), 독일, 덴마크, 라트비아, 러시아, 루마니아, 룩셈부르크, 리비아, 리투아니아, 리히텐쉬타인(리히텐슈타인), 모나코, 모로코, 모리셔스, 몬테네그로, 몰도바, 몰타, 미국, 바베이도스, 바하마, 버뮤다, 벨기에, 불가리아, 브라질, 세르비아, 수단, 세인트빈센트그레나딘, 스위스, 스웨덴, 스페인, 슬로바키아(슬로바크), 슬로베니아, 아르헨티나, 아이슬란드, 아일랜드, 알바니아, 아제르바이잔, 에스토니아, 영국, 오스트리아, 오스트레일리아(호주), 우루과이, 우즈베키스탄, 우크라이나, 이스라엘, 이탈리아, 이집트, 일본, 자메이카, 중국, 체코, 칠레, 캐나다, 콜롬비아, 크로아티아, 키프로스, 탄자니아, 터키, 토고, 튀니지, 트리나다드토바고, 파나마, 팔라우, 페루, 포르투갈, 폴란드, 프랑스, 핀란드, 필리핀, 헝가리, 홍콩
사업장 당연적용, 지역적용제외국 (34개국)	가나, 가봉, 그레나다, 타이완(대만), 라오스, 레바논, 멕시코, 몽골, 바누아투, 베네수엘라, 벨리즈, 볼리비아, 부룬디, 부탄, 스리랑카, 시에라리온, 아이티, 알제리, 에콰도르, 엘살바도르, 예맨(공화국), 요르단, 우간다. 인도, 인도네시아, 짐바브웨, 카메룬, 케냐, 코스타리카, 코트디부아르, 콩고, 키르기스스탄, 타이(태국), 파라과이
사업장·지역 적용제외국 (23개국)	그루지야, 나이지리아, 남아프리카공화국, 네팔, 티모르민주공화국(동티모르), 말레이시아, 몰디브, 미얀마, 방글라데시, 베트남, 벨로루시, 브루나이, 사우디아라비아, 싱가포르, 스와질란드(스와질랜드), 아르메니아, 에티오피아(이디오피아), 이란(사회보장협정에 의함), 캄보디아, 통가, 파키스탄, 피지, 카자흐스탄

※ 연금제도가 확인되지 않은 국가의 외국인은 국민연금 당연가입대상이며, 해당국가의 연금제도에 따라 향후 변경될 수 있음.

3) 주한외국기관 외국인근로자 적용기준(지장고객지원부-1434호, 2013.9.6.)

① 주한 외국기관 외국인근로자 적용 판단기준 요약

주한 외국기관 소속 외국인 근로자		가입대상 여부	비고
영주자(체류자격 F-5)		○	
영주자가 아닌 외국인	파견국(제3국)연금 가입	×	단, 가입의사가 있을 경우 가입가능
	파견국(제3국)연금 미가입		

② 처리절차 : 체류자격 외에 별도의 확인절차 없이 취득 처리

- 주한 외국기관에서 제출된 신고서로 「외교관계에 관한 비엔나 협약」에 따른 요건을 충족한 것으로 봄.

③ 시행시기 : 지침 시행일 이후 자격확인 건부터 적용

- 종전의 지침에 따라 처리된 경우는 동 지침에 따라 처리된 것으로 봄.
- 단, 비엔나협약 제33조 제1호 및 제2호에 따라 당연히 가입대상이 되는 주한 외국기관의 외국인이 가입자 자격을 소급하여 줄 것을 신청할 경우 2013년 12월말까지는 징수권 소멸시효에도 불구하고 소급취득 및 고지가능
- 2014.1.1. 이후 소급신청 건부터는 이미 시효가 완성된 기간에 대하여 징수권 소멸에 따른 고지제외 처리
- 1년 이상 소급취득 시 실제 근로여부에 대한 판단은 자격확인 절차의 사실조사 기준에 따라 확인하여 처리

④ 행정사항 : 당연 가입대상은 아니지만 비엔나협약 제33조 제4호에 따라 사업장가입을 원하는 가입대상자의 경우에는 신고서 접수일로 적용처리

수신 : 국민연금공단 이사장

제목 : 사회보장협정에 의한 국민연금 가입 면제 신청

한국-(　　) 사회보장협정에 따라 아래 대상자의 (　　)가입증명서를 제출하오니 국민연금 가입을 면제해 주시기 바랍니다.

ㅇ 사 업 장　명 칭 :
ㅇ 사업장관리번호 :
　※ 자영자는 '사업자 등록번호' 기재
ㅇ 사 업 장　주 소 :
ㅇ 전　화　번　호 :
ㅇ 면 제　대 상 자

순번	성 명	주민등록번호 또는 외국인등록번호	비 고*
1			
2			

* 면제 대상자가 "중국인"인 경우,　비고란에 반드시 "입사일"을 기재해주십시오.

신 청 일 :　　　년　　월　　일

신 청 인(사용자 또는 자영자):　　　　　　(직인/서명)

※첨부서류 : 1. 협정상대국 가입증명서 원본 1부.
2. 대상자 신분증(주민등록증, 외국인등록증, 여권 등) 사본 1부.

접수방법(접수처) : 방문 또는 우편(국민연금공단 국제협력센터)
- 우)54949, 전북 전주시 완산구 온고을로 13 국민연금 전주사옥 4층

■ 고용보험법 시행규칙 [별지 제1호 서식] 〈개정 2019.12.31.〉

외국인 고용보험 [ ]가 입 / [ ]가입탈퇴 신청서

※ 제2쪽의 작성방법 읽고 작성하시기 바라며, 색상이 어두운 란은 신청인이 적지 않습니다.

(제1쪽)

접수번호	접수일자	처리기간: 5일

사업장관리번호	하수급인관리번호
보험사무대행기관번호	보험사무대행기관명

신청인	성명	영 문	
		한글표기	성 별 [ ] 남 [ ] 여
	외국인등록번호		국 적
	생년월일		체류자격

채용일	직종 부호	주 소정근로시간
일용근로자 여부 [ ] 예 [ ] 아니오		월평균보수(원) 원

「고용보험법」 제10조의 2 제1항 단서, 같은 법 시행령 제3조의 3 제2호 및 같은 법 시행규칙 제2조에 따라 위와 같이 ([ ]가입, [ ]가입탈퇴)을 신청합니다.

년 월 일

신청인 (서명 또는 인)

사업장명 (전화번호 :)

소재지

대표자 (서명 또는 인)

보험사무대행기관 (전화번호 :)

소재지

대표자 (서명 또는 인)

근로복지공단 ○○지역본부(지사)장 귀하

신청인 제출서류	없 음	수수료 없음
담당 직원 확인 사항	「출입국관리법」 제88조에 따른 외국인등록 사실증명	

행정정보 공동이용 동의서

본인은 이 건 업무처리와 관련하여 담당 직원이 「전자정부법」 제36조 제1항에 따른 행정정보의 공동이용을 통해 위의 '담당 직원 확인 사항'을 확인하는 것에 동의합니다. *동의하지 않는 경우에는 본인이 직접 관련 서류를 제출해야 합니다.

신청인 (서명 또는 인)

※ 아래 란은 적지 아니합니다.

처리	승인 여부	1. 승인 2. 불승인	외국인등록번호	
	미승인 사유		자격취득일 또는 가입・탈퇴일	

210mm×297mm[백상지(80g/㎡) 또는 중질지(80g/㎡)]

(4) 산재보험

산재보험의 경우 외국인근로자도 내국인 근로자와 동일하게 적용된다. 산재보험은 근로자를 사용하는 모든 사업 또는 사업장에 적용되며, 불법취업자를 포함한 모든 근로자가 원칙적으로 적용대상이다.

2 해외파견근로자

※ 해외파견과 해외출장의 구별기준[27]

해외파견자와 해외출장자의 구별은 해외체재기간의 장단에는 관계없이 그 근로자의 해외에 있어서의 노사관계의 형태에 따라 결정된다. 즉, 단순히 노동의 제공장소가 해외에 있을 뿐 국내 사업장에 소속되고, 국내사업장 사용자의 지휘에 따르는가 아니면 해외사업장에 소속되고 그 해외사업장 사용자의 지휘에 따라 근무하는가 등 근무의 실태를 종합적으로 고려하여 판단할 수 밖에 없다. 보통 자사제품의 기술지도, 기계장치의 조작지도, 기계수리, 상업상담, 시찰, 기술습득 등의 목적일 경우에는 해외출장으로 인식되고, 반대로 근로자가 국내외 지점, 영업소, 공장 등 해외 사업소 주재원으로 나간 경우 또는 현지기업, 합작회사의 조직일원으로 근무하는 경우 등의 경우에는 파견으로 본다.

(1) 국민연금

해외파견자에 대한 우리나라의 국민연금 적용은 급여가 국내에서 지급되든 현지법인에서 지급되는 계속하여 우리나라 국민연금의 가입자격은 유지된다. 다만, 현지에서 급여가 지급되는 경우에는 사회보장협정에 따라서 우리나라에서는 납부예외신청하고 현지에서 보험료를 납부할 수 있다.

1) 가입대상

국민연금 적용 사업장의 근로자가 고용관계가 유지된 상태에서 해외에 파견된 근로자는 국민연금 사업장 가입자로서 연금보험료를 계속해서 납부를 해야 한다. 이 경우 국내 사업장의 임금지급 형태와는 무관하다.

27) 「건설업 노무관리실무」(삼일인포마인, 최정일)

구분	국민연금
국내에서 급여지급	① 대한민국의 국민연금 보험료 : 계속 납부 ② 현지국가의 보험료 : 적용제외 신청하여 보험료 납부면제(국민연금관리공단에서 국민연금가입증명서 발급받아 협정국가에 제출)
현지에서 급여지급	① 대한민국의 국민연금 보험료 : 납부예외신청(가입자격 유지) ② 현지국가의 보험료 : 사회보장협정에 따라 납부

2) 소득월액 결정기준

① 급여가 해외 현지법인에서 지급된 경우 : 사업장에서 신고한 소득으로 결정(∵ 국세청 신고자료 ×)

② 외국화폐로 지급되는 경우 : 대고객외국환매입률[28]을 곱하여 원화로 환가한 금액으로 소득월액을 결정

지급형태	소득월액
국내에서 급여지급	(전년도 소득총액 ÷ 해당 근무일수) × 30
현지에서 급여지급	[(전년도 해외소득 × 대고객외국환매입률) ÷ 해당 근무일수] × 30

3) 국민연금의 이중납부면제

해외파견근로자의 경우 우리나라에서도 국민연금을 납부하고, 현지 국가에서도 국민연금을 납부하는 이중납부문제가 발생할 수 있다. 이를 해결하기 위하여 우리나라의 국민연금에 가입되어 있는 해외파견근로자는 국민연금공단에서 사회보장협정에 의한 가입증명서를 발급받아서 현지 국가에 제출하는 경우에는 현지국가의 보험료 납부를 면제받을 수 있다.

28) 자격취득시에는 자격취득일이 속하는 달의 전월 말일 현재의 대고객외국환매입률을 곱하며, 가입기간 중에는 전년도 최종월 말일 현재의 대고객외국환매입률을 곱한다.

※ 사업장 파견근로자의 자격관리[29]

○ 원칙 : 고용주체(인사권 유무)에 따라 사용자를 판단하여 가입처리

○ 예외 : 인사권에 따른 사용자의 실체가 없거나 판단하기 곤란한 경우에는 원천징수 의무자를 사용자로 간주

<table>
<tr><th colspan="2">구분</th><th>자격정리</th><th>유의사항</th></tr>
<tr><td rowspan="2">국내에서 국외로 파견</td><td>국민 (재외국민)</td><td rowspan="2">국내사업장 가입자로 가입기간 인정
※ 파견근로자는 국내 거주하는 것으로 인정</td><td>외국으로 파견근로하는 경우 "사용관계종료일"까지 가입기간 인정</td></tr>
<tr><td>외국인</td><td>상동
※ 단, 사회보장협정 미체결국으로 파견되는 경우 체류기간만료일의 다음날로 자격상실</td></tr>
<tr><td rowspan="2">국외에서 국내로 파견</td><td>외국본점의 국내지점인 경우</td><td>국내지점의 사업장 가입자로 자격취득</td><td>외국본사에서 고용된 근로자가 국내지점으로 파견되는 경우, 외국본사 및 국내지점은 사업경영단위가 같다고 할 수 있으므로 근로소득의 지급주체와 무관하게 사업장 가입대상임</td></tr>
<tr><td>국내의 현지 법인인 경우</td><td>외국법인의 근로자이므로 사업장가입대상에서 제외</td><td>• 외국법인과 현지법인은 별개의 사업경영단위이며, 외국법인의 경우 사업경영단위로서 국내에 실체가 없음
• 국내 현지법인에 파견근로하는 경우 사업장가입대상에서 제외(지역가입대상)
※ 단, 현지법인에서 원천징수가 이루어지는 경우 현지법인의 근로자로 사업장 가입</td></tr>
<tr><td colspan="2">국내사업장 간 파견</td><td>파견한 (원소속) 사업장의 사업장 가입자로 자격유지</td><td>급여가 동시에 지급되고 각 사업장에서 원천징수하는 경우 둘 이상 적용 사업장가입자로 처리
※ 단, 파견받은 사업장에서만 원천징수하고, 파견보낸 원소속 사업장에서는 소득이 발생하지 않는 경우 원소속 사업장은 납부예외처리 가능</td></tr>
</table>

4) 국민연금 사회보장협정

① 체결목적

사회보장협정 당사국의 연금제도간에 서로 다른 점을 상호 조정하여 양 당사국 국민에게 다음과 같은 혜택을 부여하기 위함.

29) 국민연금공단, 가입기획부-2715(2014.7.18.), 사업장가입자 자격관리 업무처리 기준 개선사항 안내

ⓐ 단기파견 근로자의 연금보험료 이중납부 문제 해소(보험료 면제, 이중가입 배제)

ⓑ 외국 연금제도에 보험료를 납부한 경우 양국 가입기간을 합산하여 연금을 받을 수 있도록 함(가입기간 합산).

ⓒ 협정상대국 국민에 대해서는 연금 수급권 취득, 급여지급 등 법령 적용에 있어 자국민과 동등한 대우를 해주도록 함(동등 대우).

② 사회보장협정형태 및 협정체결 국가

사회보장협정은 대부분 양 당사국의 정부 간에 체결되고 있으며, 그 형태는 협정의 적용범위에 따라 "**가입기간합산 협정(보험료면제 포함)**"과 "**보험료면제 협정**"으로 구분한다.

③ 보험료 면제(이중가입 배제) 요청

ⓐ 보험료 면제 절차

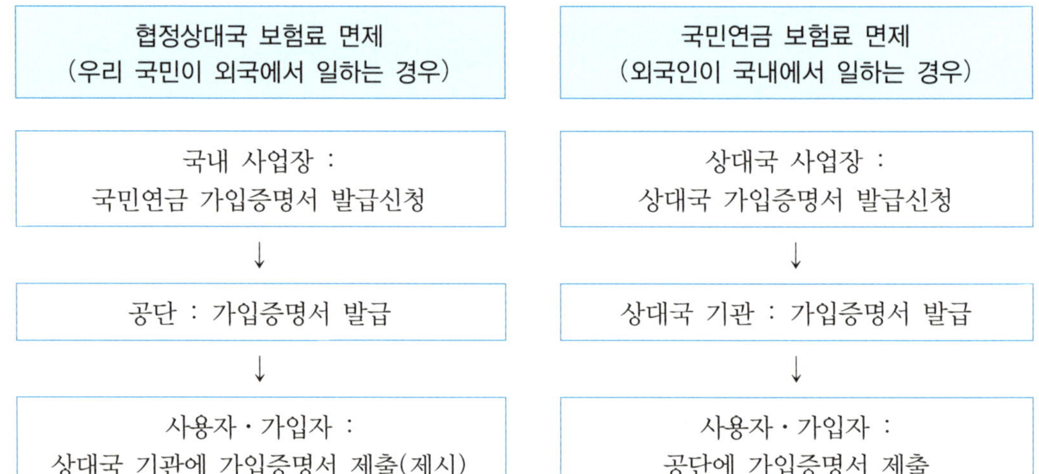

ⓑ 국민연금 가입증명서 발급신청(국민이 외국에서 일하는 경우)

- 신청대상자 : 국내에서 협정상대국으로 일정기간동안 파견된 근로자(연장 포함)
- 신청서 제출기관 : 국민연금공단 국제협력센터
- 제출서류 : 국민연금 가입증명발급신청서, 파견근무 명령서 등 파견을 입증할 수 있는 증빙서류

ⓒ 협정상대국 가입증명서 제출(외국인이 국내에서 일하는 경우)

- 신청서 제출기관 : 국민연금공단 국제협력센터 또는 지사
- 제출서류 : 협정상대국 가입증명서(협정합의서식) 원본(사본 불가), 해당 사업장 면제요청공문(임의양식) 및 외국인 등록증 사본

④ **급여 지급 요청**

ⓐ 가입기간 합산 절차

가입기간 합산 연금	협정에 의한 반환일시금
연금 수급을 위한 가입기간이 부족한 경우 상대국 연금기관에 정보제공 요청 ↓ 양국 가입기간을 합산하여 가상연금액 산정 ↓ 합산 가입기간 대비 국민연금 가입기간 비율에 따른 비례연금액 지급	• 외국인에 대한 반환일시금은 기본적으로 '상호주의'에 의하나, • 가입기간 합산 협정체결 상대국 국민에게는 귀국, 지급연령 도달등 반환일시금 수급사유가 발생되면 우리나라 국민과 동등하게 반환일시금이 지급됨(단, 아일랜드, 덴마크, 스페인, 스웨덴, 핀란드는 제외).

ⓑ 외국인에 대한 반환일시금

(i) 대상

- 외국인의 본국법에서 우리나라 국민에게 반환일시금에 상응하는 급여를 주는 경우
- **반환일시금 지급에 관한 사회보장협정이 체결된 경우**
- 체류자격이 E-8(연수취업), E-9(비전문취업), H-2(방문취업)인 경우

(ii) 제출서류

- 급여지급청구서, 신분증(여권, 외국인등록증), 예금계좌, 비행기티켓(1개월 이내 출국)
- 해외송금 신청시 해외송금신청서 추가

ⓒ 반환일시금지급대상 국가 : 45개국(2020.10.1. 기준)

국적에 상관없이 반환일시금이 지급되는 외국인의 체류자격	사회보장협정에 의한 대상국 (21개국)	상응성 인정에 의한 대상국(24개국)		
		최소 가입기간 6개월 이상 (1개국)	최소 가입기간 1년 이상 (7개국)	최소 가입기간 관계없이 인정 (16개국)
E-8 E-9 H-2	독일, 미국, 캐나다, 체코, 헝가리, 호주, 프랑스, 벨기에, 불가리아, 폴란드, 슬로바키아, 루마니아, 오스트리아, 인도 (2011.11.1.), 터키 (2015.6.1.), 브라질, 페루, 룩셈부르크, 슬로베니아, 크로아티아	벨리즈	그레나다, 요르단, 세인트빈센트그라나딘, 짐바브웨, 카메룬, 태국, 부탄	가나, 스리랑카, 버뮤다, 말레이시아, 엘살바도르, 인도네시아, 케냐, 카자흐스탄, 홍콩, 트리니다드토바고, 수단, 콜롬비아, 바누아투, 필리핀, 튀니지, 우간다

※ 인도, 스위스, 터키는 상응성 인정 대상국에서 사회보장 협정에 의한 대상국으로 변경

사회보장협정에 의한 가입증명서 발급 신청서	공단 확인	담 당	차 장	부 장

1. 국민연금 가입자에 관한 사항

성 명 (영 문)		국 적		영주국	
국민연금번호 (주민등록번호 등)		국내주소 (영 문)			
전화번호		이메일			
가입증명 신청사유 ※ 해당 사항에 표시하시오.	□ 해외지점(사) 파견 □ 해외 현지법인 파견 □ 파견기간 연장 □ 자영업 □ 현지고용 □ 기타/구체적으로 기재( )				

2. 국내 사업장(자영업)에 관한 사항

사업장 명 (영 문)		사용자 성명		자영업종명	
국민연금 사업장관리번호		사업장 주소 (영 문)			

3. 파견근로(자영업)에 관한 사항

주 재 국 (현지고용 국)		근로기간 (파견, 자영)	년 월 일 ~ 년 월 일
사업장 명 (영 문)		사업장(자영업) 주소(영문)	

본인은 **대한민국과 핀란드** 간의 사회보장협정 규정에 따라 상기 근로자(또는 본인)의 **핀란드** 체재기간 동안 한국의 협정 법령에 계속 적용됨을 확인하는 가입증명서의 발급을 신청합니다.

20 년 월 일

신 청 인(사용자 또는 자영자) (인 또는 서명)

▶ 신청인(사업장 담당자) 연락처:

▶ 증명서 수령 희망 주소(우편번호 기재):

국민연금공단 이사장 귀하

[구비서류] 해외근로사실을 증빙할 수 있는 서류

① 파견근로자

- 파견명령서 또는 인사발령문
- 고용보험가입 증빙자료(근로자고용정보현황 또는 4대보험 가입자 명부 등)

② 자 영 자: 현지 사업자등록증에 해당하는 서류

(2) 건강보험

1) 해외파견자의 건강보험

국외 현지법인에 파견되어 현지법인을 위하여 근로를 제공하고, 현지법인으로부터 보수를 지급받는 근로자는 직장가입자 자격이 상실된다. 다만, 해외법인이 아닌 국내법인의 해외지점 등에서 근무하는 근로자는 국내법인에 소속되어 근로를 제공하고 그 대가로 국내법인으로부터 보수를 지급받는 근로자는 직장가입자 자격이 유지된다.

임금이 지급되는 형태에 따라 해외파견근로자의 건강보험 가입자 자격이 변동된다.

임금지급	가입자 자격
국내법인에서 지급	직장가입자 자격 유지
해외법인에서 지급	직장가입자 → 지역가입자로 변동

※ 해외법인 파견근로자 지역건강보험 적용(서울행정법원 행정5부)

해외법인에 파견되어 해외법인에서 근로를 제공하고 보수도 받고 있는 경우에는 비록 파견기간이 끝나면 다시 국내사업장으로 복귀하더라도 해외법인에 소속된 시점부터는 직장가입자 자격이 상실된다. 해외법인에서 급여를 받고 있는 파견근로자의 경우, 국내법인의 해외지점 근로자(해외주재원)와 동일하게 취급해 직장가입자 자격을 부여할 수 없다.

2) 해외파견자의 보험료 감면

보험료 면제기준이 강화됨에 따라 기존 1개월 이상 국외에 체류하는 경우 보험료가 면제, 경감되었지만 국외 3개월 이상 체류하는 경우 보험료가 면제, 경감되게 되었다.

① 해외에 파견되는 근로자의 경우에는 국내 의료혜택을 받지 못하기 때문에 보험급여 정지사유에 해당되어 국내 부양가족 유·무에 따라 보험료 경감·면제가 적용된다. 해외파견자는 피부양자유무에 따라 감면비율은 아래와 같이 적용하며 사유발생일로부터 14일 이내에 「직장가입자(근무처·근무내역)변동신고서」에 여권사본 등을 첨부 제출하여 급여정지(감면)신고를 해야 한다.

국내 피부양자 유무	건강보험료
피부양자가 국내에 있는 경우	50% 감면
피부양자가 국내에 없는 경우	전액 감면

② 해외파견자의 건강보험료는 출국 월의 다음 달부터 입국 월까지 적용된다.

③ 일시귀국자의 보험료 부과

일시적으로 국내에 귀국하는 경우에도 건강보험료가 부과될 수 있다. 일시귀국하여 1개월 이상 국내에서 체류할 경우 입국월의 익월에서 출국월까지 보험료가 부과된다. 출입국관리를 잘 체크하여야 하며 퇴직시 반드시 확인해야 한다.

구분		보험료 부과
1월 이상 국내 체류		입국월을 제외한 출국한 날이 속하는 달까지 보험료 부과
1월 미만 국내 체류	진료사실이 있는 경우	
	진료사실이 없는 경우	미부과
당월(1일 제외) 입국하여 당월 진료하고 당월에 출국한 경우		2020.7.1. 입국자부터 부과됨. (국민건강보험법 제74조)

3) 외국인 및 재외국민 근로자로서 직장가입사 가입 제외 신청(2007.7.31.부터 적용)

① 대상 : 외국인 및 재외국민 중 다음에 해당되어 건강보험 제외하는 자(법 §109⑤2, 규칙 §61, 고시 §3, §4의2).

- 외국의 법령 및 보험에 따라 의료보장을 받는 경우
- 사용자와의 계약 등에 따라 의료보장을 받는 경우

② 자격상실일 : 신청한 날. 다만, 자격취득 신고일부터 14일 이내에 직장가입자자격상실 신고서를 공단에 제출한 경우에는 자격취득일

③ 신고서류(규칙 §61의4)

ⓐ 외국의 법령 및 보험에 따라 의료보장을 받는 경우(프랑스의 경우 계약 체결되어 있어 국적 확인만으로 제외신청가능, 일본의 경우 일본건강보험증 사본 제출로 제외신청가능)

- 외국법령 및 보험의 적용대상 여부에 대한 확인서나 보험계약서 등 국내에서 의료보장을 받을 수 있음을 증명하는 서류(한글 번역본 포함)
- 재외국민 및 외국인 건강보험 가입제외신청서

ⓑ 사용자와의 계약 등에 따라 의료보장을 받는 경우

- 근로계약서 등으로 국내에서 의료보장을 받을 수 있음을 증명할 수 있는 서류(한글 번역본 포함)
- 해당 사업장 소속 근로자에게 의료비를 지급한 사실을 증명하는 서류(한글 번역본 포함)

-재외국민 및 외국인 건강보험 가입제외 신청서

④ 유의사항

ⓐ 외국의 보험은 외국인등록, 국내거소신고 이전에 가입한 경우만 인정됨.

ⓑ 외국의 보험 또는 사용자와의 계약에 따라 가입제외되는 기간은 한 번에 최대 1년 이내임(가입제외기간 종료된 날의 다음 날로 직장가입자 자격을 취득하거나, 다시 가입제외를 신청할 수 있음).

ⓒ 사용자와의 계약으로 가입제외되고 사업장이 변경되는 경우에는 새로운 사업장에 입사한 날부터 직장가입자로 자격 취득됨.

4) 외국인 근로자 장기요양보험 가입제외신청(2009.9.19.부터 적용)

① 대상

직장가입자인 외국인 중 D-3(기술연수 (구)산업연수), E-9(비전문취업), H-2(방문취업)

ⓐ 상기체류자격 이외의 직장가입자 및 지역가입자인 외국인, 재외국민은 신청대상이 아님.

ⓑ 직장가입자가 장기요양보험에서 제외된 경우 그 직장가입자의 피부양자도 장기요양보험에서 제외됨.

② 자격상실일 : 신청한 날. 다만, 자격취득 신고일부터 14일 이내에 외국인근로자 장기요양보험 가입제외 신청서를 공단에 제출한 경우에는 자격취득일

③ 신청절차 : 「외국인 근로자 장기요양보험 가입제외신청서」를 사용자에게 제출하고, 사용자는 공단에 제출

ⓐ 장기요양보험만 가입제외되며, 건강보험 가입은 유지됨.

ⓑ 상기체류자격 변경 시 공단에 재가입 신청을 해야 함.

재외국민 및 외국인 건강보험 가입 제외 신청서

Application for Exclusion for Health Insurance for Overseas Korean and Foreigner

<table>
<tr><td rowspan="3">가입자
Applicant</td><td>성명
Name</td><td></td><td>외국인등록번호 등
Foreigners' Registration Number, etc.</td><td>-</td></tr>
<tr><td>가입제외 사유
Reason for Exclusion</td><td colspan="3">□ 외국의 법령에 따라 의료보장을 받는 경우
Health coverage guaranteed by foreign law.
□ 외국의 보험에 따라 의료보장을 받는 경우
Health coverage guaranteed by foreign insurance
□ 사용자와의 계약 등에 따라 의료보장을 받는 경우
Health coverage guaranteed by employer's contract
※ 해당 란에 "√" 표시 ※ Check the appropriate box</td></tr>
<tr><td>사업장 명칭
(Employer Name)</td><td></td><td>사업장관리번호
(Employer Number)</td><td></td></tr>
</table>

〈 유의사항 (Precautions to Take) 〉

1. 외국의 보험, 사용자와의 계약에 따른 가입제외기간은 한번에 1년 이내이고, 해당기간 종료 후에는 다시 가입 제외 신청 필요합니다.
(You can be exempted from enrollment to the National Health Insurance scheme of the Republic of Korea for a maximum of a year each time if you already have signed a contract with a foreign insurance company or insurance user. After the end of the relevant period, however, you must request exemption from enrollment once again if you do not want to subscribe to the scheme.)
2. 외국의 법령에 따른 가입제외는 1회만 가입 제외 신청 가능합니다.
(Exemption from enrollment according to foreign laws can be requested only once.)

장기체류 재외국민 및 외국인에 대한 건강보험 적용기준 (제4조의2) 규정에 의하여 위와 같이 재외국민 및 외국인 건강보험 가입 제외를 신청합니다.

In accordance with regulation article 4-2 of the health insurance coverage standard for long-term overseas korean and foreigner, the abovementioned exclusion application is being submitted..

년 월 일

신청인 Applicant (서명 signature)

국민건강보험공단 이사장 귀하

To: Director of the National Health Insurance Service

■ 노인장기요양보험법 시행규칙 [별지 제1호 서식] 〈개정 2013.6.10.〉

외국인근로자 장기요양보험 가입제외 신청서

※ 뒤쪽의 작성방법 및 유의사항을 읽고 작성하시기 바라며, 어두운 란은 신청인이 적지 않습니다.

(앞쪽)

접수번호	접수일자	처리기간 3일

구분	항목	항목
①사업장	명 칭	관리번호
	소재지	
②가입자	성 명	외국인등록번호
	주 소	
	전화번호	
	국 적	체류자격

「노인장기요양보험법」 제7조 제4항 및 같은 법 시행규칙 제1조의 2에 따라 장기요양보험 가입 제외를 신청합니다.

년 월 일

신청인 (서명 또는 인)

국민건강보험공단 이사장 귀하

신청(신고)인 제출서류	없 음	수수료 없 음
담당 직원 확인사항	외국인등록증 사본 또는 외국인등록사실증명 중 1부	

행정정보 공동이용 동의서

본인은 이 건 업무처리와 관련하여 담당 직원이 「전자정부법」 제36조 제2항에 따른 행정정보의 공동이용을 통하여 위의 담당 직원 확인사항을 확인하는 것에 동의합니다.

*동의하지 아니하는 경우에는 신청인이 직접 관련 서류를 제출하여야 합니다.

신청인 (서명 또는 인)

210㎜×297㎜[백상지 80g/㎡]

Application Form for Foreigner Worker Exemption for Subscription

<table>
<tr><td rowspan="2">①
Work
Place</td><td>Name</td><td></td><td>Administration No.</td><td></td></tr>
<tr><td>Location</td><td colspan="3"></td></tr>
<tr><td rowspan="4">②
Subscriber</td><td>Name</td><td></td><td>Foreigner Registration No.</td><td></td></tr>
<tr><td>Address</td><td colspan="3"></td></tr>
<tr><td>Phone</td><td colspan="3"></td></tr>
<tr><td>Nationality</td><td></td><td>Eligibility for Stay</td><td></td></tr>
</table>

I hereby apply for exemption for subscription of long-term care insurance according to clause 4 of article 7 of 「Long-term Care Insurance Law」and article 1-2 of 「Enforcement Regulations of Long-term Care Insurance Law」.

. . .

Applicant (Subscriber) (Signature or Stamp)

to President of National Health Insurance Corporation

<table>
<tr><td rowspan="2">Required
Documents</td><td>To be Verified by Staff Member
(Document submitted directly by applicant when not agreed or unable to check)</td></tr>
<tr><td>Either a copy of foreigner registration or a copy of proof of fact for foreigner registration</td></tr>
</table>

I hereby agree to a staff member checking items to be verified in the above through public use of administrative information according to clause 1 of article 22 2 of the 「Electronic Government Law」.

Applicant(Subscriber) (Signature or Stamp)

*Acceptance No.		*Date Accepted		Free of Charge

(3) 고용보험

국내사업장과의 고용관계가 유지된다면 출장이나 주재근무에 관계없이 별도의 신고절차 없이 보험료도 계속하여 부과되며, 파견기간은 동 사업장의 피보험단위기간에 계속 산입된다. 다만, 해외 현지 법인에서 급여전액이 지급된다면 보험가입대상에서 제외한다(월평균보수를 '0'원으로 신고). 이 경우 기준기간 연장사유에 해당되어 그 기간만큼 기준기간이 연장된다.

구분	보수지급		고용보험 적용
	국내법인	해외법인	
파견근로자	×	○	보험료 미부과(기준기간 연장사유에 해당)
	○	×	고용보험 적용(보험료 부과 · 징수)
	○	○	고용보험 적용(국내에서 지급한 보수에 대해서 보험료 부과 · 징수)

※ 해외파견자의 고용보험 피보험단위기간

피보험자가 해외현지법인에 파견되어 근무하면서 임금은 국내사업장에서 전액 지급받고, 국내사업장은 해외법인으로부터 파견 피보험자에게 지급한 임금액의 80%를 받아 정산하는 경우라면 피보험자는 국내사업장에서 임금의 100%를 지급받은 것으로 볼 수 있으므로 고용보험료 및 평균임금의 산정은 피보험자가 지급받은 임금전액을 기초로 하여야 할 것임(실업-68430-581, 1998.10.9.).

1) 기준기간의 연장

실업급여를 받기 위해서는 피보험자가 이직일 이전 18개월 동안에 질병 · 부상, 그 밖에 대통령령으로 정하는 사유로 계속하여 30일 이상 보수의 지급을 받을 수 없었던 경우에는 18개월에 그 사유로 보수를 지급받을 수 없었던 일수를 가산한 기간을 기준기간(3년을 초과할 때에는 3년)으로 한다(고용보험법 §40, §60).

회사에서 보수를 받지 못해 180일을 초과하지 못하는 경우가 발생할 경우 아래 사유에 해당하는 경우 기준기간을 연장할 수 있다. 다만, 노조전임자가 전임기간 동안 노동조합으로부터 임금상당액 등을 지급받는 경우에는 기준기간 연장사유에 해당하지 않는다.

※ 기준기간 연장사유(고용노동부고시 제2018-114호, 2019.1.1., 일부개정)

1. 사업주의 명에 의한 외국에서의 근무. 다만, 국내에서 보수가 지급되는 경우는 제외한다.
2. 「노동조합 및 노동관계조정법」에 따른 쟁의행위
3. 동거친족(민법 제777조에 따른 배우자, 8촌 이내의 혈족, 4촌 이내의 인척을 말한다)의 질병·부상을 간호하기 위한 휴직
4. 군복무를 위한 휴직
5. 사업주의 명에 의하여 고용보험이 적용되지 아니하는 사업장으로 파견되는 경우
6. 「고용보험법시행령」 제19조 제1항 제3호의 경영상 이유에 의한 휴직
7. 부당해고

(4) 산재보험

산재보험은 원칙적으로 해외에서 근로하는 근로자에게는 적용되지 않는다(속지주의 원칙). 다만, 단기간 출장의 경우이거나 근로복지공단에 「해외 파견자 산재보험가입신청서」를 제출하여 승인을 받은 경우에는 산재보험 적용을 받을 수 있다(해외파견자 보험요율 17/1,000).

「해외 파견자 산재보험가입신청서」에 대한 승인을 얻은 경우에는 국내에서 지급되는 보수에 대해서만 보험료를 징수하나, 급여 전액이 해외 현지법인에서 지급된다면 보험가입대상에서 제외된다. 이러한 경우에는 파견국가의 산재보험이나 우리나라 근재보험에 가입해야 한다.

구분	보수지급		가입 여부
	국내법인	해외법인	
파견근로자	×	○	× (가입불가) 파견국가의 산재보험이나 우리나라 근재보험 가입
	○	×	△ (선택가입)
	○	○	

1) 민영보험사의 근로자재해보장책임보험(근재보험)[30]

① 근재보험의 의의

업무수행 중 재해를 당한 근로자에 대하여 "사용자가 손해배상 책임을 부담하는 경우" 재해 근로자가 근로복지공단으로부터 수령하는 산재법 소정의 제급여를 초과하는 민사상 손해액을 지급하기 위해 일반 민간보험회사와 체결한 보험으로서 산재를 전제로 한다.

② 근재보험의 종류

근재보험은 사용자에 의해 고용된 근로자가 업무 수행 중 재해를 입은 경우 근로자 재해에 대한 사용자 손해배상 책임을 부담하며, 국내외 구분에 따라 국내 근재보험과 해외 근재보험으로 구분된다.

③ 해외 근재보험 개요

ⓐ 해외 근재보험은 「산재법」 제21조(국외의 사업에 대한 특례)에 따라 해외에서 발생한 근로자 재해에 대하여 산재보험 수준의 재해보상과 미사상 사용자 손해배상 책임 등을 부담한다.

ⓑ 상품의 구성

i) 근로기준법 수준의 재해보상책임담보 특약, 산재법 수준의 재해보상확장담보 특약과 비업무상재해확장 담보 특약이 모두 강제

ii) 사용자배상책임은 가입자 임의 선택

④ 해외 근재보험 보험료율

ⓐ 재해보상책임담보 특약의 참조순보험료율(보험개발원 제시) 기준으로 1.22%(2011년 기준)이며, 건설·비건설, 해외국가별 미구분

※ 다만, 사우디아라비아, 쿠웨이트에 한하여 당사국 법령에 따른 재해보상(현지치료비, 현지 휴업보상금 등) 실시로 별도의 보험료율 산정

ⓑ 실제 보험료율은 보험사의 부가요율(0.3~4%)과 강제 특약인 재해보상확장담보특약, 비업무상재해확장담보 특약의 요율을 포함할 경우 2% 이상

※ 보험사별 해외파견자 재해율에 따라 할인(40%)·할증(100%) 적용됨.

---

30) 「2012년 사이버직무교육 실무과정(적용실무)」(근로복지공단)

■ 고용보험 및 산업재해보상보험의 보험료징수 등에 관한 법률 시행규칙 [별지 제53호 서식] 〈개정 2012.1.3.〉

[ ]일반사업 [ ]건설업 등 해외파견자 산재보험가입신청서

※ 뒷면의 유의사항과 작성방법을 읽고 작성해 주시기 바라며, [ ]에는 해당되는 곳에 "√" 표를 합니다. (제1쪽 앞면)

접수번호	접수일	처리기간 5일

신청인 (사업주)	국내사업장 사업장관리번호	
	상호(법인명)	전화번호
	소재지	
	대표자	
해외 사업장 개요	파견사업장(공사)명	국가명
	파견사업장 소재지 (기등록지일 경우 작성 불필요)	
	국내사업장과의 관계 [ ]현지공장 [ ]지사 [ ]본사 [ ]기타( )	
	파견자수	공사기간
	생산품명	전화번호
파견 (예정)자 (1)	성명	주민등록번호
	파견(예정)기간	출국(예정)일
	보수지급방법 국내사업장[ ] 해외사업장[ ]	월평균(예상)보수액
	업무내용	※ 성립일
파견 (예정)자 (2)	성명	주민등록번호
	파견(예정)기간	출국(예정)일
	보수지급방법 국내사업장[ ] 해외사업장[ ]	월평균(예상)보수액
	업무내용	※ 성립일
파견 (예정)자 (3)	성명	주민등록번호
	파견(예정)기간	출국(예정)일
	보수지급방법 국내사업장[ ] 해외사업장[ ]	월평균(예상)보수액
	업무내용	※ 성립일

※ 해외파견(예정)자 인원이 많은 경우 제2쪽에 계속 적기 바랍니다.

「고용보험 및 산업재해보상보험의 보험료징수 등에 관한 법률」 제47조 제2항 및 같은 법 시행규칙 제42조 제1항에 따라 위와 같이 신청합니다.

년 월 일

신청인(보험가입자) (서명 또는 인)

[ ]보험사무대행기관 (서명 또는 인)

근로복지공단 ○○지역본부(지사)장 귀하

※ 처리 사항 (아래 사항은 민원인이 적지 않습니다)

해외사업장 사업장관리번호	
해외사업장 보험관계 성립일	

210mm×297mm[일반용지 60g/㎡(재활용품)]

제 3 장

비거주자의 케이스 Q&A

케이스 질문

Q

저는 미국 영주권자로서 제 가족은 전부 미국에서 거주하고 있습니다. 저는 한국에 어학강사로 취업하여 1년 계약으로 E-2 비자를 발급받아 한국에 와있습니다. 저는 한국의 거주자에 해당하나요?

A

거주자 여부의 판정은 국적이나 영주권의 취득과는 관계가 없습니다.
가족 전부가 미국에 있는 경우라 하더라도 계속하여 183일 이상 국내에 거주할 것을 통상 필요로 하는 직업(예 어학강사)을 가진 때부터 한국의 거주자에 해당합니다.

※ 관련법규

소득세법 제1조의 2【정의】

소득세법 시행령 제2조【주소와 거소의 판정】

Q

저는 재일교포입니다. 이번에 한국에서 사업을 하려고 합니다. 한국에서 사업을 하려고 하는 경우에 한국에서 발생한 소득에 대해서만 소득을 납부하면 되나요?

A

소득세법 상 "거주자"는 국내·국외에서 발생한 모든소득(전세계 소득)에 대하여 소득세 납세의무를 부담하지만, "비거주자"는 한국내의 국내원천소득에 대하여만 납세의무를 부담합니다.

따라서 한국에서 사업을 하려는 재일교포가 한국의 "거주자"에 해당하는 경우에는 한국, 일본을 포함한 전세계에서 발생한 소득에 대하여 세금을 납부하여야 합니다. 만약 "비거주자"에 해당하면 한국 국내원천소득에 대하여만 세금을 납부하면 됩니다.

다만, 외국인 단기거주자에 해당하는 경우라면 국외에서 발생한 소득은 국내에서 지급되거나 국내로 송금된 소득에 대하여만 과세합니다. 외국인 단기거주자란 해당 과세기간 종료일 10년 전부터 국내에 주소·거소를 둔 기간의 합계가 5년 이하인 외국인 거주자를 말합니다.

참고서식

은행 비거주자 확인서

참고서적

2019 세무실무편람, 한국세무사고시회

2016 국제조세의 이론과 실무, 김인근, 광교이택스

2016 국제조세 실무과정, 국세공무원교육원

국제상속은 처음이지?, 최세영 외 5인, 삼일인포마인

국제조세, 김용균, 삼일인포마인

Tax Guide for Foreign Taxpayers in Korea, 국세청, 2010

대한민국 비자포털, www.visa.go.kr

세법상 거주자와 비거주자의 판정기준에 관한 연구, 2015년 2월, 이중표

세법워크북, 이철재, 정우승, 유은종 공저, 2020, 상경사

2014 상속증여세무가이드북, 신방수, 매일경제신문사

2020 상속세및증여세 실무해설, 한국세무사회

2020 원천징수실무 & 근로소득간이세액표, 한국세무사회

2020 원천징수의무자를 위한 연말정산 신고안내, 국세청

2020 실제 신고서류를 반영한 양도소득세 실무, 더존테크윌

2020 양도소득세 실무해설, 한국세무사회

국세청 사이트(www.nts.go.kr)

2016 양도소득세, 안수남, 김동백, 김강영, 광교이택스

양도세 Topic 100, 김태우

2018 부동산 절세백서, 신방수, 위너스북

2020 부가가치세 신고실무, 배택현, 한국세무사회

2018 부가가치세, 한장석, 광교이택스

2017 국제조세 실무, 서윤식, 한국세무사회

2017 국제조세 실무, 국세공무원교육원

2010 외국인 세무상담 사례집, 국세청

2020 4대보험 실무, 신현범, 한국세무사회

2014 인사노무급여관리 실무, 이민석, (주)미래와경영

| 저 | 자 | 소 | 개 |

저자 **김 철 훈**

저자 약력

- 과천외국어고등학교 일본어과
- 성균관대학교 경영학과
- 고려대학교 법무대학원 조세법학과 석사과정중

- 누리세무그룹 대표세무사
- 세무법인 하나 국제조세 본부 근무
- 일본 동경 소재 세리사사무소 근무
- 한국세무사회 국제협력위원 역임
- 한국세무사회 시험관리위원장 역임
- 사이버한국외대 회계학부 겸임교수
- 강동세무서 영세납세자지원단 세무도우미
- 네이버 지식iN 전문상담세무사
- 서울지방세무사회 감리위원
- 서울특별시 마을세무사
- 한일세무사친선협회 국제이사
- 한일세무사친선협회 총무이사
- 택스데일리 신문 전문위원
- 아이파경영아카데미 강사
- AT커뮤니케이션 강사
- 월간 '국세' 칼럼니스트
- NH투자증권 세무자문
- (주)글로벌 금융판매 VVIP영업본부 세무사(TA)지점 명예지점장
- 한국세무사회 국제조세지원센터 위원

- 블로그 : taxblog.kr
- 이메일 : ctakimch@gmail.com
- 유튜브 : 철수네 세금연구소

최신판 **비거주자 실무**

2021년 3월 19일 초판 인쇄
2021년 3월 25일 초판 발행

저 자 김 철 훈
발 행 인 이 희 태
발 행 처 **삼일인포마인**

저자협의
인지생략

서울특별시 용산구 한강대로 273 용산빌딩 4층
등록번호 : 1995. 6. 26 제3－633호
전 화 : (02) 3489－3100
F A X : (02) 3489－3141
I S B N : 978－89－5942－966－0 93320

♣ 파본은 교환하여 드립니다.

정가 25,000원